创新型职业教育精品教材

教育改革新形态新理念教材

跨境电商

平台运营实战

主 编 王 丽 王菲菲

辽宁教育出版社

·沈阳·

© 王丽 王菲菲 2024

图书在版编目（CIP）数据

跨境电商平台运营实战 / 王丽，王菲菲主编. 一 沈阳：辽宁教育出版社，2024.4（2024.10重印）
ISBN 978-7-5549-4141-6

Ⅰ. ①跨… Ⅱ.①王… ②王… Ⅲ.①网络营销
Ⅳ.①F713.365.2

中国国家版本馆CIP数据核字（2024）第069854号

跨境电商平台运营实战
KUAJING DIANSHANG PINGTAI YUNYING SHIZHAN

出 品 人：张 领
出版发行：辽宁教育出版社（地址：沈阳市和平区十一纬路25号 邮编：110003）
电话：024-23284410（总编室）024-23284652（购书）
http://www.lep.com.cn
印 刷：沈阳百江印刷有限公司

责任编辑：赵姝玲
封面设计：意·装帧设计
责任校对：黄 鲲
幅面尺寸：185mm×260mm
印 张：23
字 数：430千字
出版时间：2024年4月第1版
印刷时间：2024年10月第2次印刷

书 号：ISBN 978-7-5549-4141-6
定 价：98.00元

本书编委会

院 校 主 编　王　丽　王菲菲

院校副主编　侯　瑞　张　博

企 业 参 编　张爱华

院 校 参 编　赵景芬

前　言

本书以跨境电商B2B平台和B2C平台运营流程为基础，以阿里巴巴国际站、速卖通等跨境电商平台实际工作内容为题材编写。本教材内容安排由浅入深、循序渐进。从跨境电子商务业务岗前准备，到熟悉阿里巴巴国际站、速卖通等平台的基本规则，重点讲述速卖通等平台的业务流程、商机获取的方法，速卖通等平台的运营技能。

本书属于跨境电商平台业务运营一体化实训教程，创新处在于：一是立足实践，融入跨境电商平台运营的日常工作；二是贯彻生本课堂理念，实操性强，涵盖跨境电商业务全流程；三是脉络清晰，组织有序，融入思政元素；四是资源丰富，易于教学、自学，网络获取便捷。主要内容包括：跨境电子商务业务岗前准备、速卖通等平台操作流程、业务履约流程等。本课程既可以作为电子商务和跨境电商专业学生的生本课堂教学用书，也可供中小型跨境电商企业、跨境电商平台商家等相关从业者学习和参考，还可作为跨境电商平台培训班的培训教材。书中的项目一和项目六由辽宁生态工程职业学院王丽编写，项目二由辽宁生态工程职业学院王菲菲编写，项目五由辽宁生态工程职业学院王菲菲、张博共同完成编写，项目三和项目四由辽宁生态工程职业学院侯瑞编写，项目七由辽宁生态工程职业学院王丽（任务一、任务二）、沈阳农业大学赵景芬（任务三到任务七）共同完成编写，俄速通企业张爱华经理负责全书指导，王丽负责统稿排版等工作。本教材提供教学资源包：习题、网络微课、网络视频资源等，扫描书中二维码即可观看。在学习的过程中，如果遇到问题，也欢迎您与我们交流，我们将竭诚为您服务。

目 录

项目七　跨境电商外贸综合服务平台及商品通关规定

跨境电商平台运营岗前准备

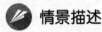 情景描述

党的二十大报告提出，推动货物贸易优化升级，创新服务贸易发展机制，发展数字贸易，加快建设贸易强国。作为发展速度最快、潜力最大、带动作用最强的外贸新业态，跨境电商不仅是数字贸易的重要组成部分，也是推动建设贸易强国的新动能。2022年以来，面对复杂严峻的国内外形势和多重超预期因素冲击，我国外贸展现出较强的韧性与活力，前10个月，我国货物进出口总值34.62万亿元，同比增长9.5%。其中，作为新兴贸易业态，跨境电商凭借线上交易、非接触式交货、交易链条短等优势成为稳外贸、促消费的重要抓手。跨境电子商务的雏形源于传统海淘、海外个人代购等模式，在多种因素刺激下，我国跨境电子商务市场迅速发展，大量的跨境电子商务平台应运而生。经过十多年的发展，跨境电商B2B和B2C平台逐步实现了正规化、规模化，越来越多的企业相继涌入跨境电子商务市场。

建议课时

8课时

工作流程与活动

1. 运营业务岗位认知
2. 运营人员职业素养

3. 知识储备

4. 交易规则

5. 任务测评

6. 任务总结与评价

📖 知识目标

1. 了解跨境电商平台的含义

2. 了解跨境电商平台运营人员职业素养

3. 了解跨境电商平台运营人员知识储备要求

4. 了解跨境电商平台运营交易规则

5. 了解跨境电商平台运营所需要的知识和技能

📋 能力目标

1. 能够正确认识跨境电商平台的价值

2. 能够通过相关渠道了解跨境电商平台运营人员的需求现状

3. 能够明确跨境电商平台所需要的知识和技能

📕 思政目标

1. 弘扬"敬业 诚信"的社会主义核心价值观

2. 树立正确的跨境电商平台运营观念

3. 培育终身学习、不断改进的精神

4. 培育工匠精神

5. 培育积极进取的人生态度

任务一 跨境电商平台运营业务岗位认知

◎学习目标

1. 能够正确认识跨境电商平台的价值
2. 能够描述不同跨境电商运营平台的差异性
3. 能够掌握跨境电商平台发展的现状和趋势
4. 能够通过相关渠道了解跨境电商平台的运营人员的岗位能力要求

◎建议课时

2 课时

◎情景描述

2022 年 11 月，国务院批复同意在廊坊等 33 个城市和地区设立跨境电子商务综合试验区，至此，中国跨境电商综试区数量达到 165 个，这表明了我国进一步扩大改革开放力度的决心。跨境电子商务已成为外贸发展的新动能、转型升级的新渠道和高质量发展的新抓手。以第一个跨境电商综试区所在地浙江杭州为例，设立 7 年来，杭州共培育跨境电商卖家 4.9 万家，海外注册商标超过 2000 个，跨境电商进出口额超过 1000 亿元。在江苏，近 3 年跨境电商业务规模年均增长超过 4 倍，建成 90 余家跨境电商产业园和孵化基地，280 多家海外仓覆盖"一带一路"等重点市场，成为稳住外贸基本盘的强劲新动能。据海关统计，2021 年我国跨境电商进出口规模达 1.92 万亿元，增长 18.6%，连续两年实现高速增长。今年我国跨境电商保持平稳较快增长，上半年跨境电商进出口交易额同比增长 28.6%。走出去也引进来，跨境电商进口已成为消费升级新路径。中国贸促会研究院发布的《2022 年中国电子商务发展趋势报告》认为，在居民消费升级的过程中，模仿式、排浪式消费逐渐淡出，个性化和多样化渐成主流，跨境电商的非中心化和全球性的特性，恰好可以满足消费者追求个性化生活的需要。

请思考：跨境电商是什么？跨境电商有哪些传统贸易所不具备的优势？

◇活动实施

一、跨境电子商务的含义

跨境电子商务（Cross-border Electronic Commerce），简称跨境电商，是指分属不同关境的交易主体，通过电子商务平台达成交易，进行支付结算，并通过跨境电商物流及异地仓储送达商品，从而完成交易的一种国际商业活动。

实际上，跨境电商就是把传统国际贸易加以网络化、电子化的新型贸易方式。它以网络、电子技术和物流为手段，以商务为核心，把原来传统的销售、购物渠道转移到互联网上，打破了国家与地区间的交易壁垒。

二、跨境电子商务的类型

根据交易主体属性的不同，可将跨境电子商务分为 B2B、B2C、C2C 三类。

（一）B2B（Business-to-Business）

企业对企业的跨境电子商务，即分属不同关境的企业之间通过互联网进行产品或服务的交易。通过电商平台进行支付结算，并通过跨境物流送达商品、完成交易的一种国际商业活动，现已纳入海关一般贸易统计。从广义层面来看，跨境电商 B2B 指互联网化的企业对企业跨境贸易活动，亦即"互联网+传统国际贸易"。从狭义层面来看，跨境电商 B2B 指基于电子商务信息平台或交易平台的企业对企业跨境贸易活动。我们平时谈论的跨境电商 B2B，一般都是使用这个狭义概念。B2B 跨境电商平台的代表企业主要有敦煌网、中国制造、阿里巴巴国际站、环球资源网等。跨境 B2B 的特点总结，如表 1-1 所示。

表 1-1　跨境 B2B 的特点

跨境 B2B 的特点	
交易规模	成交金额大，成交周期长
电子化程度	一般在线发布信息为主，之后的交易在线下完成
物流方式	一般以海运、空运、集装箱运输等传统国际贸易物流为主
结算方式	以电汇、银行转账、信用证等方式进行结算
海关监管	交易金额纳入海关统计

（二）B2C（Business-to-Customer）

B2C 是企业对个人的跨境电子商务，即企业以网上零售的方式，将产品或服务直接售卖给境外个人消费者。它是分属不同关境的企业直接面向消费个人开展在线销售产品和服务，通过电商平台达成交易、进行支付结算，并通过跨境物流送达商品、完成交易的一种国际商业活动。

这种模式单笔订单金额小，但是订单数量多，主要的手段是通过跨境电子商务平台。整个业务流程涉及多语言产品描述，跨境支付，跨境物流，售后客服，平台运营，等等，业务流程确实很长，但是核心是"产品＋运营"。B2C 跨境电商平台的代表企业主要有速卖通、亚马逊、eBay、兰亭集势、米兰网、大龙网等。跨境 B2C 的特点总结，如表 1－2 所示。

表 1－2　跨境 B2C 的特点

跨境 B2C 特点	
交易规模	成交金额较小，成交次数多
电子化程度	全部交易过程都在线上完成
物流方式	一般通过邮政、快递完成货物配送
结算方式	一般通过网上支付完成结算
海关监管	大部分交易未纳入海关登记

（三）C2C（Customer – to – Customer）

个人对个人的跨境电子商务。C2C 模式是跨境电子商务发展的初级阶段，目前无论是在 eBay 还是在速卖通，基本都是企业在经营店铺。C2C 指分属不同关境的个人卖方对个人买方开展在线销售产品和服务，由个人卖家通过第三方电商平台发布产品和服务售卖产品信息、价格等内容，个人买方进行筛选，最终通过电商平台达成交易、进行支付结算，并通过跨境物流送达商品、完成交易的一种国际商业活动。具有代表性的 C2C 跨境电商平台有淘宝全球购、洋码头、海蜜等。

三、跨境电商平台的类型

（一）跨境电商 B2B 平台类型

跨境电商 B2B 平台的代表企业主要有阿里巴巴国际站、敦煌网、中国制造、环球资源网等。跨境 B2B 平台在近些年发展得很快，以平台型 B2B 为主要业务模式，是我国最早的跨境电商模式，解决了传统贸易中信息高度不对称的问题。通过提供信息发布平台，使买卖双方信息互通，相比传统贸易，效率得到大幅提升。大宗商品批发贸易平台又分为综合型和垂直型两类，主要用户为生产企业及大型贸易企业，其赢利模式主要来源于平台的入驻费用。

1. 以阿里巴巴国际站为代表的"批发贸易平台模式"

该模式以信息撮合为重点，以平台型 B2B 为主要业务模式，是我国最早的跨境电商模式，解决了传统贸易中信息高度不对称的问题。通过提供信息发布平台，使买卖双方信息互通，相比传统贸易，效率得到大幅提升。大宗商品批发贸易平台又分为综合型和垂直型两类，主要用户为生产企业及大型贸易企业，其赢利模式主要来源于平台的入驻费用。

近年来随着互联网金融和供应链金融的创新发展，以金融为典型代表的供应链服务推动 B2B 进入交易发展新阶段，其赢利模式为供应链服务费。此类平台信息量丰富，从出口规模上看，是目前我国跨境电商出口的主要形式。

2. 以敦煌网为代表的"批零兼售平台模式"

该 B2B 模式以在线一站式交易为核心，以平台型小额 B2B 和 B2C 为主要业务模式。将信息撮合、在线交易、物流实时追踪进行一站式整合，解决了中小企业碎片化、高频化、个性化的需求。2008 年全球金融危机以后，我国外贸产生了明显的碎片化、个性化等需求，此类电商企业得以迅速成长。此类平台的用户主要为中小贸易商、中小零售商和终端消费者，其赢利模式主要为交易产生的佣金。随着电子商务在全球的迅速渗透、"一带一路"合作的推进，特定市场的活力被激发，近年跨境电商 B2B 平台呈现爆发增长的趋势。但特定市场受到基础设施、消费习惯、宗教文化等因素影响较大。

（二）跨境电商 B2C 平台类型

1. Amazon——亚马逊全球开店

亚马逊，是一家土生土长的美国公司，成立于 1995 年，位于美国华盛顿州的西雅图，是最早通过网络经营电子商务的公司之一。刚开始，亚马逊平台只是经营书籍，但是随着业务区域的不断扩大，经营的产品类目也不断地扩大。Amazon 逐步推出这些服务，使其不断超越网络零售商的范围，成了一家综合服务提供商。目前，亚马逊平台上的经营包括影视、音乐和游戏、电子和电脑、家居园艺用品、玩具、婴幼儿用品、食品、服饰、鞋类和珠宝、健康和个人护理用品、体育及户外用品、玩具、汽车及工业产品等。Amazon 分为北美平台、欧洲平台、亚洲平台。北美平台主要分为美国、加拿大；欧洲平台主要分为英国、德国、意大利、法国、西班牙；亚洲平台主要是中国、日本。

2．AliExpress——全球速卖通最懂中国商家的跨境平台

全球速卖通（AliExpress）正式上线于 2010 年 4 月，是阿里巴巴旗下唯一面向全球市场打造的在线交易平台，被广大卖家称为"国际版淘宝"。全球速卖通面向海外买家，通过支付宝国际账户进行担保交易，并使用国际快递发货，是全球第三大英文在线购物网站。全球速卖通已经覆盖 230 多个国家和地区的买家；覆盖服装服饰、3C、家居、饰品等共 30 个一级行业类目；其优势行业主要有服装服饰、手机通信、鞋包、美容健康、珠宝手表、消费电子、电脑网络、家居、汽车摩托车配件、灯具，等等。全球速卖通（AliExpress）是阿里巴巴帮助中小企业接触终端批发零售商，小批量多批次快速销售，拓展利润空间而全力打造的融合订单、支付、物流于一体的外贸在线交易平台。

3．Wish——定义国货出海新未来

Wish 于 2011 年 12 月创立于美国旧金山硅谷，当时的 Wish 只是一个类似于国内蘑菇街和美丽说的导购平台。目前，Wish 是北美最大的移动跨境电商平台，注册用户突破 4.2 亿，每天新增用户达 50 万，日活跃用户达 1000 万，平台用户的周重复购买率达到 80%。据统计，Wish 卖家有 90% 来自中国，且该比例仍在增长，大部分产品都直接从中国发货。Wish 用户的年龄主要分布在 18 岁到 30岁，其中 70% 的用户为女性。

4．eBay——线上拍卖购物网站

eBay 是一家 B2C 跨境电商平台，可以说是全球电商的鼻祖。eBay 于 1995年 9 月成立于美国加州硅谷，1999 年开启全球扩张进程，首个海外站点设在德国，2002 年 eBay 与贝宝（PayPal）合并，又于 2015 年将 PayPal 拆分出去成为独立企业。eBay 是最为典型的第三方跨境电子商务交易平台，不提供任何自营商品。根据注册地不同，eBay 卖家账户分为海外账户和国内账户。按照注册主体的不同，卖家账户又可分为普通账户和企业商户。其中，普通账户再分为个

人账户和商业账户。个人账户和商业账户区别在于：如果要在 eBay 欧洲站销售产品，卖家账户必须为商业账户（与欧洲法律法规的规定有关）。

四、跨境电商平台的发展现状

跨境电子商务的雏形源于传统海淘、海外个人代购等模式，在多种因素刺激下，我国跨境电子商务市场迅速发展，大量的跨境电子商务平台应运而生。经过十多年的发展，跨境电子商务逐步实现了正规化、规模化，越来越多的企业相继涌入跨境电子商务市场。

2013 年阿里巴巴速卖通的成立，标志着新一轮的跨境电子商务在中国正式兴起。新时代的跨境电子商务具有 5 个方面的特征：大型工厂进入互联网、海外企业买家形成规模、中大额订单比例提升、大型服务商加入、移动用户量爆发。

跨境电子商务在此阶段逐渐向正规化发展，个人卖家退出市场，跨境电子商务平台企业也逐步向价值链两端延伸，通过整合上下游资源，谋求在产品质量、服务和价格上建立起全方位的优势。除了一些巨头跨境电子商务平台如阿里巴巴国际站、速卖通、eBay、亚马逊、Wish、Lazada 等牢牢地占据大部分市场份额之外，中小型创业公司的平台也已在跨境电商市场觅得突围良机。其中，进口跨境电商市场上，天猫国际、京东全球购、苏宁海外购等传统电商已经牢牢占据大部分市场份额。出口跨境电商行业既有速卖通、eBay、亚马逊等老牌电商雄踞市场，也有敦煌网、兰亭集势及 DX 等品牌进一步分羹，伴随 wish、小笨鸟等后起之秀的崛起，百花齐放局面逐渐显现。

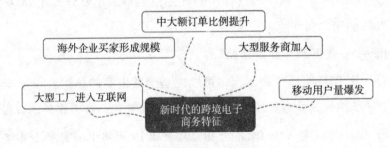

图 1-1　新时代的跨境电子商务的特征图

五、跨境电商平台的发展趋势

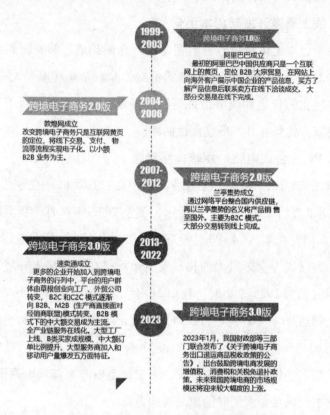

图1-2　中国跨境电子商务的发展历程图

跨境电商是未来国际贸易发展的必然趋势。在未来的发展过程中，它将向着有利于降低交易成本、促进全球贸易活动便利化、有利于营造良好商务环境的方向发展。

（一）从代工生产转向培养自主品牌

跨境电商平台经过多年的孕育和发展，已经令一部分工厂型的跨境卖家意识到了培养品牌的重要性，他们开始从后端走向前台，开始构建自身的海外销售渠道，试图改变传统的贴牌、代工生产模式，在扩大出口交易额的同时建立海外客户对自身品牌的认知。一些中国品牌已经在这方面取得了不错的成效。

（二）从信息闭塞转向阳光透明

以往因跨境电商平台中国生产制造商在销售方面的弱势，让跨境贸易公司在出口跨境电商的整体链条中占据了重要的位置。这些跨境贸易公司因为售卖的产品众多，很难对每个产品的参数、使用、优点和适用范围进行深刻的了解，只是进行产品的低买高卖，赚取其中的差价。

（三）从线上渠道开发转向本土化

跨境电商平台本土化最核心的内容是海外仓的构建。拥有海外仓可以更好地进行发货和退换货，增强当地消费者的消费体验。企业规模再大一些的时候，还要考虑到本地化的售后和线下销售渠道的搭建，以线上促进线下，以线下带动线上，使得双方优势互补，形成良性循环。

（四）从 PC（台式电脑）端转向移动端

2022 年 8 月 31 日，中国互联网络信息中心（CNNIC）在京发布第 50 次《中国互联网络发展状况统计报告》显示，截至 2022 年 6 月，我国网民规模为 10.51 亿，互联网普及率达 74.4%。全球知名咨询公司麦肯锡最近发布的一份报告则指出，中国已成为全球最大的移动支付市场，在网络接入环境方面，网民人均每周上网时长为 29.5 个小时，较 2021 年 12 月提升 1.0 个小时。网民使用手机上网的比例达 99.6%；使用台式电脑、笔记本电脑、电视和平板电脑上网的比例分别为 33.3%、32.6%、26.7% 和 27.6%。因此，随着移动技术的不断发展，智能手机、平板电脑的迅速普及，未来跨境电商在跨境电商平台上运营，将以移动端为主，满足企业随时随地采购的需要。

（五）从产品质量转向服务质量

过去跨境电商的竞争，主要集中在产品品质、产品性价比方面，但随着消费者习惯的改变，商家的服务质量开始成为买家衡量是否做出购买动作的一个重要参考指标。因此，从产品走向服务，也是跨境电商平台运营可以预见的发展趋势。

六、认识跨境电商平台运营岗

（一）岗位职责

从 2022 年 11 月 30 日的智联招聘网站上某公司的招聘要求来看，跨境电商 B2B 平台——阿里巴巴国际站店铺的跨境电商运营岗的岗位职责要求主要有以下八个方面：

（1）优化阿里国际站店铺的店铺排名，搜索排名，提高转化率，提高询盘数量及质量；

（2）及时统计平台相关数据和操作记录数据，根据数据分析总结问题做好工作规划；

（3）熟练掌握阿里后台产品发布流程和平台规则，操作和管理产品推广和优化工作，维护和策划平台界面更新，提升店铺数据；

（4）负责阿里巴巴国际站平台搜索排名和产品优化曝光，产品及关键词优化；

（5）负责询盘分配工作以及能和业务部门之间有良好沟通；

（6）负责阿里巴巴国际站的全面运营、管理、推广，产品的上下架以及布局；

（7）制定推广方案并负责实施，对推广效果进行评估，进行数据维护和数据分析；

（8）公司交代其他工作。

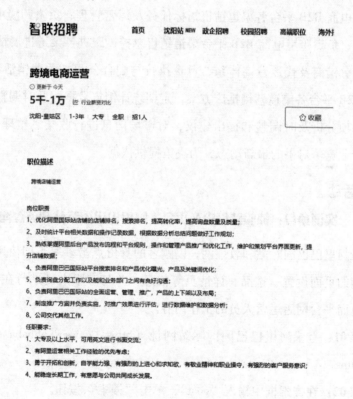

图 1-3 智联招聘网站招聘信息

（二）任职要求

从 2022 年 11 月 30 日的智联招聘网站上某公司的招聘要求来看，跨境电商 B2B 平台——阿里巴巴国际站店铺的跨境电商运营岗的任职要求主要有以下四个方面：

（1）大专及以上水平，可用英文进行书面交流；

（2）有阿里运营相关工作经验的优先考虑；

（3）勇于开拓和创新，自学能力强，有强烈的上进心和求知欲，有敬业精神和职业操守，有强烈的客户服务意识；

（4）能稳定长期工作，有意愿与公司共同成长发展。

综上所述，跨境电商 B2B 平台运营是一种国际商业活动，分为不同国家的贸易实体，通过电子商务手段展示传统的进出口贸易，谈判和贸易联系，通过跨境物流和非现场仓储提供货物。跨境电商运营指分属不同关境的交易主体，通过电子商务平台达成交易、进行支付结算，并通过跨境物流送达商品、完成交易的国际商业活动。跨境电商 B2B 平台运营人员要根据跨境电商企业要求，完成跨境电商 B2B 平台各渠道销售指标任务及运营管理；负责跨境电商 B2B 平台的跟进；负责跨境电商 B2B 平台渠道销售总控，跟进各渠道进展情况，管理、扩展线上分销商及代运营商体系，负责执行与配合公司相关营销活动，策划跨境电商 B2B 平台各渠道营销推广方案，定期统计销售数据，及时调整销售策略，并根据各项分析及时调整和提出建议，对市场信息进行收集、整理、分析，及时跟踪行业竞争对手的最新动态，为决策提供依据。

◇实训活动

实训项目：体验跨境电商平台：阿里巴巴国际站和敦煌网

登录阿里巴巴国际站和敦煌网，以顾客的身份点击多家不同信用等级店铺，浏览店铺的页面设置、选品、详情页等信息，并与客服人员进行在线沟通，了解跨境电商平台网店运营人员的工作内容。

步骤 01：登录阿里巴巴国国际站网址（https：//www.alibaba.com/）和敦煌网（https：//www.dhgate.com/）。

步骤 02：在搜索框中输入"coat"，单击"搜索"按钮。

步骤 03：点击你感兴趣的商品页面，打开商品页面，浏览页面商品信息，就商品的大小、颜色、促销等信息进行咨询。再重复上一步的操作，多找几家店铺进行体验。

步骤 04：总结跨境电商平台各网店运营人员的工作内容，请将你了解的店铺和产品情况填在下面的记录表中，进行评价。

表1-3 跨境电商平台网店类型统计表

	平台名称	店铺名称	产品信息	评价	备注
1					
2					
3					
4					
5					
6					

任务二　跨境电商平台运营人员职业素养

◇学习目标

1. 熟知跨境电商平台运营人员岗位的基本素质
2. 了解跨境电商平台运营人员应具备的基本素质
3. 掌握跨境电商平台运营人员提升自我素质的方法

◇建议课时

2课时

◇情景描述

随着技术在发展，速卖通成为全球最大的跨境电子商务市场之一，拥有来自全球180多个国家和地区的1.5亿活跃买家，全球分布超过25000家店铺。其目标市场是中小企业经营家庭装饰、美容、艺术品等生活和文化类产品。速卖通平台旨在帮助客户尽快进入全球市场，轻松快速和流程简便，致力于提供更好的商业服务。园艺之家是一家专门销售植物和园艺用品的跨境电商公司，在速卖通上也取得了口碑不错的成绩。他们的成功之处体现在：首先，通过对市场的深度分析，他们锁定了目标客户群体，并提供了这群客户所需要的产品和服务；其次，他们采取了物美价廉的策略，把生产成本压到最低，打造了高性价比的产品。由此，他们在速卖通上获得了很高的评价和销售额。仔细考量这些跨境店铺成功要素,就会发现跨境电商平台运营人员良好的基本素质在其中起到了积极作用。随着社会的进步,我们面临的是一个越来越讲究效率的环境、紧张的生活节奏和快餐文化,这些都使人心变得越来越浮躁,不管是学习还是工作,都希望立竿见影和马到成功,却忘记了睿智的人生需要沉淀和积累。

学生张小妍在网上看到了一则跨境店铺招聘运营人员的信息,她想要应聘,她就应该对跨境电商平台运营人员应该具备的基本素质、工作内容有一定的了解,同时,她还应对跨境企业的相关情况进行了了解。跨境电商可以说是目前比较火爆的行业,跨境电商平台运营人才也是相对稀缺的。

请思考:跨境电商平台运营人员需要具备的核心素质有哪些呢?

◎活动实施

跨境电商企业具有对外贸易和电子商务双重特点,对人才的综合素养要求较高,既懂计算机技术,又掌握外贸知识,还具有一定经济管理能力的复合型人才备受企业的欢迎。跨境电商涉及的工作岗位,包括跨境电子商务操作员、营销策划推广员、网页编辑美工员、平台运营管理员、在线客服专员等,特定的工作岗位要负责完成相应的工作任务。跨境电商不同岗位有各自的特殊性和技能要求。总体来看,从业人员要具备外贸、外语、营销、物流、客服、财务等综合性知识外,综合能力素养要求也较高。

一、跨境电商平台运营人员岗位的基本素质

商务部在2023年6月发布的《中国电子商务报告(2022)》显示,当前,我国跨境电商已经进入了高质量发展阶段,行业竞争日趋激烈,模式迭代创新将成为增长的重要动力。一方面,新技术应用将加快跨境电商模式迭代创新。随着5G、VR、AR、人工智能、区块链等新技术在跨境电商各环节的深度融合应用,已经出现了线上试穿(用)、多语种客服、个性化定制、虚拟人直播等新模式,线上消费体验持续提升。未来,"新技术+场景应用"将成为我国跨境电商模式迭代创新的常态。另一方面,内容互动将形成新的跨境消费模式。当前,针对不同地域、行业和品类,第三方平台、独立站以及跨境电商卖家采取本地化、垂直化、精细化深耕,同时消费者需求更加多样化,已经出现了跨境直播

电商模式。内容互动型销售方式，更有助于激发用户消费需求，未来，有利于消费者和供应商之间建立双向沟通的内容互动模式将持续创新。

随着外贸企业向跨境电商方向转型，企业更加关注人才的综合实践能力和职业素养，看重的是学生是否具有过硬的专业技能，是否具有爱岗敬业、忠于职守的职业意识，认真负责、严谨细致的工作作风，大局为重、团结互助的合作精神。查阅相关资料显示：被调查企业电商人才应具备的素质中，学习能力占 48%，责任心和敬业度占 46%，专业知识和技能占 38%，工作执行能力占 38%。在职业素质中，合作与沟通能力、组织与协调能力是所有企业都看重的；其次是创新能力，占 85.66%；学习能力与认真负责的工作态度位居第三，占 71.43%。在跨境电商人才的职业技能中，企业最看重的是网络营销、电子交易与支付（包括网络采购、网络贸易、网络支付等），分别占 100%、84.89%，其次是电子商务物流、办公自动化、网站建设、数据库应用能力。

二、跨境电商平台运营人员应具备的基本素质

跨境电商行业是一个高风险和高回报的行业，跨境电商从业者需要具备丰富的业务能力、团队合作、创新思维、抗压能力和诚信可靠的品牌形象。跨境电商从业者还需要具备网站建设、物流管理、海关申报、税务政策和市场推广等方面的技能和能力。因为跨境电商行业面对的挑战日益严峻，从业者需要不断地学习和更新自己的知识，成为具备综合能力和技能的专业人士。

跨境电商人才的综合素养是指人的"个性"特征，包括能力、气质、性格、体质、习惯等因素而形成的"个性"特征。综合素养是指外在的文化知识与社会规范内化为一体的心理结构而形成的身心品质，包括人文素养和专业素养。现代社会是经济和科技高度发达的社会，大大突破了行业的分界，表现出多元化和一体化的特征。综合素养能够直接反映出员工自身的工作能力和质量，综合素养高的员工是企业所需要，更是社会发展的需要。

（一）强大的心理素质

1. "处变不惊"的应变力

所谓应变力，是对一些突发事件的有效处理，拥有耐心与宽容。跨境电商的客人来自世界各地，有着不同的语言和风俗，复杂性和不可控性大大增加，

存在着很多风险，如产品质量、资金支付、网络安全、交易主体信用等风险。跨境电商人才要防范好风险，善于发现问题，学会思辨和处理问题，迎接一个又一个的挑战。要保障产品质量，未达到质量标准的产品会导致客户投诉甚至诉讼，给店铺带来恶劣影响。

2. 挫折打击的承受能力

作为运营人员，每天都要面对各种各样的买家的误解甚至辱骂，所以需要态度谦和，有一定承受能力，勇于承担责任。

3. 情绪的自我掌控及调节能力

你会不会把第一位客户带给你的不愉快转移给下一位客户呢？这就需要掌控情绪，调整自己的情绪，不在工作时间使用客服工作以外的社交软件。

4. 满负荷情感付出的支持能力

具有团队精神和集体荣誉感，合理交接岗位工作，做事有始有终。运营人员需要对每一位客人都提供最好服务，热情主动，不能有所保留。

5. 积极进取、永不言败的良好心态

爱岗敬业，诚实守信，永远保持积极进取、永不言败的心态，对商家及消费者信息严格保密，终会让幸运垂青。

（二）职业化的素养

职业化的素养可以提升运营人员的工作效率，明确运营人员岗位职责，规范各岗位运营人员工作标准和行为。一般来说，运营人员岗位职业化素养如下：

1. 业务能力

跨境电商从业者必须具备丰富的业务知识和经验，包括网站建设、物流管理、海关申报、税务政策和市场推广等方面的技能。对于从事 B2B 业务的跨境电商从业者来说，还需要了解国际贸易流程和行业中的政策法规。因此，持续学习和更新自己的知识是非常重要的。速卖通平台能到达今天这个高度，离不开平台的不断发展，平台的规则在不断完善，行业知识在不断更新。市场环境和竞争程度不断发生着变化，需要我们不断去学习新知识、巩固旧知识，以应对这些不可预见的新变化。

2. 团队合作

在跨境电商行业中，团队合作是非常重要的。跨境电商从业者需要和供应商、物流公司、运输商、海关以及其他相关机构合作。有效的团队合作需要良好的沟通能力、合作精神和协调能力，规范工作时间和工作范围，做好本职工作。一家稍微大点的跨境电商公司，一般都包含选品团队、美工团队、运营团队、物流团队、客服团队等等，每一部门之间需要相互配合才能更好地保证工作效率与工作结果。在这种多部门公司工作，团队协作能力尤为重要。每个部门擅长的技能不同，你需要一张精美的图片，美工团队能帮助你；你需要解决某个产品的售后问题，客服团队能帮助你。一个人的能力可能是有限的，但是每个人都发挥自己的专长，相互协作才能使得团队能够收获更高的效率和最大的回报。

3. 创新思维

跨境电商的行业非常具有挑战性，从业者需要具备创新思维来应对市场的变化和竞争的同时，还要严格遵守各电商平台规则。不同于传统的商业模式，跨境电商的商业模式需要不断地创新，以满足消费者的需求和顺应市场变化。创新思维就是基于互联网技术变革商业关系、优化跨境电商业务流程，为不同贸易主体创造商业价值，表现为商业模式创新、业务流程创新、业务能力创新、用户体验创新等。它是一种新的商业逻辑思维，应用跨境电商专业知识创造性地解决业务中的问题，支持日常业务活动，包括交易、服务、沟通和协作等。通过业务分析、商业模式设计，运用在线技术和营销策略进行创新，是贸易手段、网络技术、经营模式的变革。

4. 抗压能力

从事跨境电商的从业者需要面对诸多挑战，包括货物运输的延误、海关的审批、硬件故障以及市场的压力，禁止和消费者发生争吵，谩骂和报复消费者等。因此，从业者需要具备较强的抗压能力以及应对突发事件的能力。

5. 诚信可靠

跨境电商行业对从业者的要求非常高，从业者需要建立诚信可靠的品牌形象，遵循公司的规章制度。诚信可靠不仅仅是价值观，还可以帮助跨境电商从业者赢得客户的信任，建立长期的稳定合作关系。

以阿里巴巴为例进行分析，马云将阿里巴巴的价值观称为"六脉神剑"，时刻指导阿里巴巴的日常运行。这六大条价值观每一条又可被细分为五小条。第一，客户第一，即客户就是衣食父母。第二，团队合作，即共享共担，平凡人做非凡事。第三，拥抱变化，即迎接变化，勇于创新。第四，诚信，即诚实正直，言行坦荡。第五，激情，即乐观向上，永不放弃。第六，敬业，即专业执着，精益求精。可以看出阿里巴巴价值观的核心是：一起实现创业的梦想，一起实现改变历史的梦想，一起实现创造财富的梦想，一起实现分享财富的梦想。

三、注重职业人格培养和企业文化共融

（一）注重职业人格培养

职业人格是个人在真实的职业情境中，按照行业准则、规范、标准、要求，承担并胜任企业岗位各种工作角色的需要而具备的基本品德、资格及心理面貌，是价值取向、理想情操、行为方式在某个人职业活动过程中的综合体现。健康的职业人格表现为乐观、自信、主观满意、自我决策等。职业人格对个人的职业行为会产生重要的影响，它决定了一个人的生活与工作的方式，是用人单位考察员工的思想、情感和行为的综合标准。

跨境电商人才的职业人格在岗位上体现出较强的创造力，充满乐观的态度，对跨境电商行业有良好的认同感。在激烈的同行竞争中，个人能够表现出较强的心理承受能力，在未来的职业活动中表现出积极向上的行为方式和精神面貌。跨境电商的工作不是一个人的工作，而是要靠一个优秀团队共同努力，强调团队合作精神，处理好与上司和同事的关系，营造和谐的工作环境。跨境电商业务较为碎片化和分散化，这要求从业者有足够的耐心和细心、善于灵活应变。具有跨境电商职业人格的员工会更加在意在专业能力与专业目标方面的进展，懂得有选择性地获取新知识，获得专业素养的积累和提升。认同职业角色，工作积极进取，善于化解工作压力，对工作的满意度高。具有健全人格和高尚品德、诚实守信，富有社会责任感。工作中求真务实，无论做任何事情，都要把事情做扎实，懂得扬长避短，做出一番事业。

（二）注重企业文化共融

跨境电商平台运营人员不仅要有厚实的职业技能，还要具备良好的职业素养。因此，学生在学习专业知识的过程中，要接受素质文化教育，获得综合素养，成为适应新时代社会发展需要的高素质人才。在新员工上岗之前，开展企业文化的培训十分必要。另外，企业文化是公司员工长期积累并得到公司认可的价值观和行为体系，将公司文化传授给新进入者可以使他们快速融入公司。

1. 经营哲学

作为一名跨境电商运营人员，需要熟练掌握平台的各项操作、熟悉平台各项规则，要知道平台的流量入口、排名规则、各类绩效指标、关键词提升机制、网店页面布局等。要清楚如何撰写一条 listing，优秀的运营需要分析出竞品标题撰写的技巧、五行描述的技巧、产品详情的技巧等等，一个好的产品，需要一个好的链接呈现，优秀的链接自己会说话。跨境电商平台不仅仅专注于产品优质和有竞争力的价格，还需要重视新型消费口碑。通过使用有效的技术、优质的售后服务，让消费者有一流的消费体验，不断改善平台建设以及消费者诉求。以此不断对海外消费者进行推送并打造良好的口碑，从而推动平台的发展。

课堂互动

越南海外购物中心是一家来自越南的跨境电商公司，这家公司最初在速卖通上开店的时候几乎没有任何销量，但是经过一段时间的调整和优化，他们终于迎来了大量的订单和客户。他们的成功之处在于：一是发现了越南市场上所缺乏的、适合当地人的产品；二是在客服方面下了功夫，给客户提供快速、优质的售前售后服务。收获了一个又一个满意的客户之后，越南海外购物中心在速卖通上成了高评分卖家，销售额不断攀升。

请大家讨论：

1. 什么是全员市场化意识？

2. 为何要树立全员市场化意识？

2. 全员市场化意识

利用大数据分析和了解客户，清楚地知道客户有哪些、忠诚客户有哪些、最有价值的客户有哪些，他们之前搜索过哪些产品，购买过哪些产品。企业借助大数据可重新设计开发客户需要的产品，整合原有资源优势，进一步拓展产品类目，进行品牌运营，提升渠道效率，使各个商业领域得到融合发展，达到高效的商务运作。它以核心产品或服务为导向，充分利用跨境电商的信息流、资金流和物流，重新构建资源配置模式，降低经营成本，提高用户体验。

3. 文化理念

跨境电商企业文化是指跨境电商企业在经营过程中形成的，并为全体员工所遵循的理想、目标、宗旨、口号、路线图、价值观等思想观点和看法。其主要内容包括跨境电商企业的经营理念、价值观念、企业使命、宗旨、目标等。企业文化是企业在经营实践中形成的，并为全体员工所共同遵循的理想、信念、价值、追求和准则。企业文化对跨境电商企业的发展和经营起着重要的作用。

4. 使命目标

跨境电商平台是一种将国外商品或服务推广到海外市场的电子商务模式，这是一个增长最快的行业之一。跨境电商平台的使命是帮助消费者获得海外的商品或服务的优质选择，并且让消费者有更充分的选择和更具吸引力的价格。跨境电商平台的使命是努力提升商户的服务水平，从技术上帮助商户实现全球贸易，大大减少他们的成本和时间投入，致力于提供便捷、安全、高效的购物体验，让消费者有更多的购买选择，而且能够从全球各地获取优质服务和产品。通过跨境电商平台，商家可以拓宽自己的市场范围，尤其是地域较小或处于发展不足地区的企业，通过跨境电商可以实现跨国销售，极大地帮助企业实现发展。

通过跨境电商平台，拓宽国内企业到海外商机、打开国外市场的门路，让国内企业更有效地获得客户支持，更好地了解市场的需求，以此推进商机的开发，并实现行业发展。跨境电商平台需要通过技术进步以及资源有效配置，最大化客户数量、规模和关系，确保可持续可靠的发展和盈利。未来跨境电商平台需要发挥其所拥有的巨大潜力以便推动世界各国商业发展。

◇**实训活动**

实训项目：了解跨境电商平台运营人员的基本素质和技能要求

登录招聘网站（网址：https：//www.51job.com/），搜索跨境电商平台运营人员岗位。以智联招聘为例，注册智联招聘网站个人账号并登录该网站。在智联招聘主页搜索栏搜索关键词"跨境电商平台运营人员"。

步骤01：登录招聘网站，搜索跨境电商平台运营人员。

步骤02：对搜索结果进行筛选。

步骤03：单击任意职位，进入职位信息页面。

步骤04：通过自己寻找与匹配，对一些跨境电商平台运营人员要求进行了解。

步骤05：对照岗位要求，进行自我分析。

步骤06：总结跨境电商平台运营人员的招聘要求，请将您了解的招聘信息整理填在下面的记录表中，进行分析。

表1-4 招聘网站对跨境电商平台运营人员招聘信息统计表

	招聘网站名称	招聘企业名称	职位描述	岗位要求	任职要求	薪资福利
1						
2						
3						
4						

任务三 跨境电商平台运营知识储备

◇**学习目标**

1. 能够熟知跨境电商平台运营流程

2. 能够熟悉商品知识范畴

3. 能够具备平台建设和数据分析的能力

◇建议课时

2 课时

◇情景描述

近年来，跨境电商蓬勃发展，不断帮助我国制造业拓展海外市场，国家也对跨境电商的具体环节，如税收、支付、通关、检验检疫等相继推出了支持政策。我国跨境电商发展速度快、市场潜力大、带动作用强。我国跨境电商货物进出口规模占外贸比重达到 5% 左右。我国跨境电商主体已超 10 万家，建设独立站超 20 万个，综合试验区内跨境电商产业园约 690 个。我国的跨境电商贸易伙伴遍布全球，与 29 个国家签署双边电子商务合作备忘录。跨境电商能够低成本高效率匹配供需，为更多的外国企业和终端消费者提供个性化优质服务。2022 年，即时零售、直播电商、短视频电商、社区团购等新业态加速演进，无人零售、大规模订制、小程序电商等新消费场景不断涌现。"丝路电商"提质扩容，跨境电商蓬勃发展，促进外贸进出口持续增长。

目前，全国各地正把握我国跨境电商发展机遇，扎实推进综试区建设，推动外贸创新发展的速度和质量，大力推进贸易数字化应用，提升通关便利化水平。在跨境电商大力发展的新时代，辽宁省也吸收梳理成熟经验做法，加快外贸新型基础设施建设，构建跨境物流网络，探索金融服务新模式，优化跨境电商线上服务平台功能，积极开拓新兴市场，加强国际的交流与合作。2023 年一季度商务大数据监测显示，从原产地看，原产自日本、美国和中国的商品跨境进口额位居前三位，占整体跨境网络零售进口额的 37.5%；从进口品类看，化妆品、粮油食品和服装鞋帽、针纺织品跨境进口额位居前三位，占整体跨境网络零售进口额的 71.8%。

一直以来，国家始终高度重视跨境电商发展，跨境电商总体呈现较快的发展态势，经营主体逐渐增多、销售规模不断扩大，跨境电商已经开始步入快速发展轨道。以辽宁为例，截至 2023 年 5 月，辽宁省有大连跨境电商综试区、沈阳跨境电商综试区、抚顺跨境电商综试区、营口跨境电商综试区和盘锦跨境电商综试区共 5 个，数量位居全国前列。在这些综试区里跨境电商企业的忙碌场景，彰显了辽宁省对外贸易创新发展的澎湃活力。

　　跨境电商的迅猛发展产生了大量的人才需求，据统计，辽宁省跨境电商企业各类人才都短缺的占40%、急需跨境电商运营推广人才的超过30%、急需跨境技术性人才的超过20%、急需跨境物流供应链人才的超过10%。在经济全球化和全球信息化的今天，跨境电商已经成为辽宁省稳外贸的新力量。跨境电子商务类专业属于新兴专业，目前辽宁生态工程职业学院于2020年已申报成功跨境电子商务专业，2021级和2022级跨境专业学生近百名，跨境电子商务专业人才培养方案正在不断地修订中。跨境电子商务类专业的毕业生已经成为服务区域经济发展的重要力量，社会需求量很大，但目前即便是跨境电商的相关从业者素质和能力也普遍较低，跨境电商人才仍然十分紧缺。

　　请思考：当前，社会非常渴求跨境电商人才，尤其是具有良好综合素养的人才，而跨境电商人才的综合素养到底包括哪些内容？

◇活动实施

一、职业通用能力知识储备要求

（一）基础的商务英语沟通能力

　　具有对企业及产品信息的英文描述能力、向国外客人推荐新品、帮助客人选择产品，日常商务活动中撰写英文邮件、电话回访客人、交易磋商中的英语谈判能力。

（二）了解国际贸易知识和跨境电商法律法规

　　掌握国际贸易知识，熟悉各个国家关于跨境电商最新的政策条例和实践，了解进出口业务各个环节的操作，如货款支付、收发货、海关监管、关税缴纳、货物保险等。海关申报是跨境电商从业者必须了解的重要内容。

　　跨境电商从业者需要了解不同国家的海关法规和程序，并熟练地填写海关清单和其他相关文件。跨境电商的税务政策也非常重要。从业者需要了解不同国家的税收政策，以及如何根据自己的业务模式来合理规划税务。我国很多跨境电商卖家没有专利、商标侵权意识，不知道自己产品中某些文字或图片在国外已经被注册，结果受到国外的侵权警告，遭遇巨额索赔。更严重的是账户受到限制，账户资金被冻结。因此，在产品交易前，要注意进行专利、商标注册、品牌授权的查询，以防造成侵权。还要熟悉我国有关跨境电商的法律法规，如《反洗钱法》《商标法》《专利法》《著作权法》《产品质量法》《消费者权益保护法》《海关法》《进出口商品检验法》等，利用法律保护自身权益。

（三）基本的跨境电商文化意识和较好的交际能力

东西方国家的消费者有着不同的消费趋向和习惯，跨境电商面对的是不同国家和地区的消费者，因此了解跨境电商的主要参与国家和地区消费者的特点与消费习惯是十分有必要的。

1. 美国

美国市场规模大、消费者购买能力强。我们在与美国人洽谈商务合作时，不需要拐弯抹角，开门见山地直奔主题即可。美国人穿衣以舒适为原则，通常不会强制规定在什么场合应该穿什么类型的衣服。美国采用 8 小时工作制，一般工作时间为上午 9 点到下午 5 点，就美国东部时区的夏令时而言，这相当于中国的晚上 9 点到凌晨 5 点。美国人一般不加班，所以最好在工作时间与他们联系。

一般来说，美国买家追求时尚，爱好高科技，喜欢使用社交工具，所以卖家在平时的沟通中也可以多使用一些新潮的词汇或者社交工具，尤其可以提及商业相关性较高的词汇和话题，这可能更易吸引美国买家。美国买家很重视产品质量和包装，产品质量的优劣是能否进入美国市场的关键。在美国市场上，高、中、低档产品的价差很大，如一件中高档服饰的零售价在 300 美元以上，而低档服饰的零售价可能不到 5 美元。在美国，产品稍有质量缺陷，就只能被放在商店的角落，减价处理。包装也是一个重要因素，产品不但要质量好，更要包装精美，以给人较好的视觉体验。

美国是一个注重效率的国家，买家希望下单后可以尽快收到让自己满意的产品，所以卖家在设置运费模板的时候最好选择高效率的物流方式。在美国市场，每个季节都有一个产品换季的销售高峰，如果错过了这个销售高峰，卖家就要对产品进行降价处理。美国大商场的销售高峰是 1—5 月和 7—9 月，主要以销售学生用品为主；11—12 月为节日期间，且恰逢退税季节，消费者会趁机添置生活用品，购买节日礼物，此时的美国市场最为火爆，许多产品均能很快被一扫而空，所以卖家要利用好节日进行营销。

2. 法国

法国网上购物的消费者主要集中在 25～40 岁，女性客户多于男性客户。因为法国旅游业很发达，所以很多法国消费者购买的产品都与旅游、文化和服务有关，当然也有一些法国消费者购买 3C、服装、美容类产品。法国买家一般会在网站上直接搜索自己想要的产品，准确、全面和富有吸引力的产品信息能够更有效地吸引他们。他们的网购目的性相对而言比较强，很多时候都是确定了要跨境购买什么产品才会去网上进行购买。

在法国，银行卡支付是主流的在线支付方式，对于其他的支付方式，法国人使用得比较少。当然 PayPal 是个例外，它在法国在线支付市场上深受喜爱，是除银行卡支付以外的第一大支付方式。

3. 俄罗斯

俄罗斯市场和中国市场是一个高度互补的市场，俄罗斯买家对日常消费品的进口需求很大，其中包括服装、鞋子、电子产品、配饰等。这也给中国的跨境电商卖家带来了机遇和挑战。目前俄罗斯共有 1.43 亿左右的人口，市场容量和规模还是很大的。俄罗斯的网购人数逐年增长，网购人数占比高。俄罗斯买家比较关注的是产品的性价比，在产品的选择上有一定的滞后性。过去在中国网站上购买跨境产品的多是一些低收入消费人群，现在俄罗斯的一些主流的消费人群也渐渐开始在线上购买产品了，这也给中国跨境电商卖家带来了不少机会。

这几年，俄罗斯市场在不断地发生变化，变得更加包容和开放，这让中国跨境电商卖家在俄罗斯拥有了进一步深入市场的可能性，如设立一些办事机构，或者寻找一些当地的核心的合作伙伴进行渠道的开拓，甚至可在当地提供品牌的售后服务。

4. 英国

英国是世界上主要的贸易国家之一。英国买家比较关注产品细节，追求产品的质量，奉行实用主义。近几年来，英国电商快速发展，网络下单和支付规模不断刷新着以往的纪录。据统计，80% 以上的英国网民在网络上有多次购物行为，这个比例在 G20（二十国集团）中是非常高的。面向英国市场的中国跨境电商卖家，可以根据英国买家的习惯、喜好、风俗文化、消费特征等因素进行本地化的运营，了解英国的历史和节日，在这方面策划相应的活动，或许会收到意想不到的效果。

5. 巴西

巴西是世界人口大国之一，国内生产总值（GDP）排名位居世界前列。巴西的电子商务发展迅速，消费人群以女性为主，主要是高收入群体，英语较好。巴西买家的消费偏好主要为服装配饰、化妆品、手机、电器、家具和运动产品等。他们喜欢的服装以休闲大气、配色夸张的风格为主。他们追求潮流，普遍喜欢包邮的产品。巴西买家更倾向于朋友之间互相推荐，也喜欢在社交网站上分享好的产品。他们在购物时会参考其他买家的评论，因此高质量的产品会获得更高的回购率。巴西买家在消费方面还有一个特点，即他们非常注重售后服务和产品的耐用性，所以卖家销售产品时最好附带说明书，并且要提供完善的售后服务。

（四）能够使用基本办公软件（Word、Excel）或常用图片处理软件（Photoshop）

熟悉办公室软件及系统操作，灵活使用网页设计开发软件、图片编辑美化软件、数据统计分析软件等。数据分析的思维能力可以说是整个运营的核心竞争力，对于店铺的每次调整都不可能是空穴来风，都是有依据的，想要成为一名出色的运营就要具有收集数据、整理数据、筛选数据以及分析数据的能力。

运营人员要具有数据敏感度，对于跨境电商运营而言，数据分析的思维能力是运营的核心竞争力，你的每一步调整并非空穴来风，而是根据后台确切的数据。一名出色的运营一定要有收集数据、整理数据、筛选数据、分析数据的能力。数据给了你提示，出色的运营要从数据中去深究造成此状况的原因所在。以周为维度，找出工作日与非工作日用户的购物偏好，找出单量最多的那一天判断是否加大推广力度；以月为维度，拉长时间维度看整个月的变化情况，通过整个月的数据去找出一些异常的数据分析其中的原因；以年为维度，尤其针对季节性产品，当然更建议记录下每次调整和推广的情况，方便追溯查询；但不管是以周为维度，还是以月或是年为维度，规律的总结是一个漫长的过程，运营需要时刻积累数据来作为支撑进行推断。

二、职业专门能力知识储备要求

（一）熟悉各种跨境电商平台，了解各自的定位和经营模式

跨境电商的平台是其商业模式的核心，因此，跨境电商从业者需要具备良好的跨境电商平台建设能力。需要跨境电商从业者具备平台的设计、开发、内容更新、搜索引擎优化（SEO）等方面的技能。熟悉 B2B、B2C、C2C 三大电子商务模式，利用电商平台进行贸易，熟悉各大平台规则，具有一定的跨境电商平台运营能力，如开设店铺、选择经营的产品、上传产品、掌握产品盈利核算技巧，设置运费模板、支付、收取货款等。

（二）网店选品和定价能力

国际市场上卖家之间的竞争异常激烈，有的"唯低价是举"，甚至恶性竞争。我国卖家可以布局海外仓，实现本地快速发货，采用机器人和人工智能作业实现仓库自动化进出货，降低成本，提高竞争力。

选品对于整个团队和公司有着至关重要的影响，那怎样的产品才算是一个不错的产品呢？无非就是平台在售且销量不错但没有出现垄断的产品。要选出这样的一个产品，首先是品类调研，判断此类目的产品是否出现垄断，销量是否可人，是否还有机会进入；其次是产品调研，现有的或者是即将开发的具体产品是否有机会计入市场，是否能够填补现在市场的某类产品空白，或者弥补某类产品市场上的通病；最后则是运营调研，调研产品的季节性、判断市场容量、专利产权、竞争分析等等各方面。当一个产品的市场容量、利润空间，以及可操作度吸引了我们，我们就将此产品纳入自己的选品库。这种市场调研能力能够有效规避盲目选品后期带来的产品滞销以及各种客诉问题。

当然一个好的产品也不会说永远一帆风顺，一定要对这个类目的大环境变化有极高的敏感度，今天你发现了别人的痛点加以改进有了这个产品，明天别人会发现你的痛点再次创造出一个新的产品去满足市场日益增长的需求。一名优秀运营能够不断分析改进产品，不断研发周边产品，才能深耕类目，才能紧跟市场潮流。

（三）图片处理能力

好的产品页面，能让买家知道它的适用人群和适用场景，满足买家的想象

空间，能促使更快地成交。任何一个网络卖家，都希望自己的店铺名称或者自己的品牌能被买家所记住，并能深入买家的脑海中。

（四）产品上传和优化能力

产品的主图非常重要，产品的图片要尽量从不同的角度展示产品各个角度和性能，随着平台打击侵权力度的加大，卖家在选品的时候要多关注"侵权列表"，商品名称应与商品图片、商品描述等其他信息要素相符，应尽量准确、完整、简洁，可使用商品通称等。卖家可设置1~3个与商品相符的关键词（可选择品牌、型号、风格、功能、材质等关键词）便于买方搜索，同时可设置商品使用场景的关键词。不具有品牌授权不得使用品牌关键词等有知识产权风险的词汇。

商品应选择相关性高且最合适的最小类目下。商品属性内容应与商品实际情况相符，如实填写成分、材料、尺码、品牌、型号、产地、保修信息、年龄是否合适等。防止重复铺货，卖家发布的不同商品信息之间要区别商品属性、描述（包括但不限于品牌、规格型号、材质、图片信息等）。商品图片应与文字信息相符，应真实反映商品的实际情况。除指定情形外，图片应清晰完整无涂抹无遮挡（平台规定需要遮挡的图片除外）。图片规格建议满足：图片比例在1:1~1:1.3之间，图片像素大于800px×800px，图片大小不超过5M。增加白底图和营销场景图，有利于提升转化。商品发布时，至少要提供2张图片，建议上传满5张。

商品的简要描述和详细描述应以商品实际情况为准，可以介绍商品的功能、风格、特点、具体使用说明、包装信息、配件，展示商品实物全图、细节图、包装图、效果图等。商品有独立的APP详描，现在大量用户使用APP进行购物，独立的APP详描可以提升转化。

（五）了解跨境物流模式，具有跨境物流定价能力

熟悉跨境物流基本流程和操作，能够制定原料采购、商品生产、储存、配送的流程设计与优化，提高物流效率。跨境电商的物流是跨境电商成功的关键之一。从业者需要了解不同国家的物流政策、速度、可靠性和成本，以及如何选择最合适的物流供应商。企业可自建物流仓储体系，重构产品配送模式，提高运营效率。

（六）熟练应用站内或站外推广工具的能力

站内或站外推广不仅可以给 listing 带来流量，还可以给我们的运营带来可分析的数据，这是运营人员必须掌握的非常重要的能力。分析站内或站外推广数据报告，发现问题和机会，通过优化广告来提高广告的投入产出比，等等，都是需要不断积累的技巧。广告优化和市场推广能力的培养，首先要熟悉后台的基本操作，比如上传 listing，发货补货，设置促销，投放广告，创建变体，下载各种数据报告，开 case 找客服，找到跨境电商平台的相关政策规则。开展活动分享、数据分析、会员营销、社交互动、精准营销、SEO 优化关键词排名，利用 CPM、CPC、OPCM 的方式进行推广，利用主要产品的流量带动其他产品的销售，获得利润。

三、职业综合能力知识储备要求

（一）利用各种工具和平台进行有效客户开发、维护和管理的能力

了解各国的风土人情，善于分析客人的类别和性格特点，通过专业能力和沟通技巧，赢得客人的信任。熟悉自己的产品、引导客户下单、妥善处理纠纷，帮助客人解决有关产品问题。

（二）根据具体平台和店铺提出营销方案的能力

在速卖通（AliExpress）后台对老客户进行分析总结，按照客户的成交次数或者按照客户的成交金额进行筛选，从而确定优质客户加入我们的 Facebook、VK、Twitter 或者 Pinterest 账号成为粉丝好友。把搜索出来的客户名字加入 Facebook 或者 Twitter 等 SNS 账号中，或者给客户发邮件，让客户主动添加账号。把老客户加入 SNS 推广渠道，和老客户进行互动营销。针对新客户开发，最重要的操作就是增加粉丝量，主要是通过搜索添加好友。也可以在 Facebook 中针对新老客户参考日历创建活动，从而实现定期举办促销活动等。

（三）具有接待店铺询盘、处理订单、物流管理的能力

跨境电商企业要树立跨境电商意识，注重运营人员品牌意识和服务意识的提高，加快发展"体验店＋直播"模式、会展新经济模式，探索"保税仓＋直播"模式，畅通"中欧班列＋跨境电商"新通道，推动"海公铁联运""邮快跨"融合，布局日韩等海外仓，持续提升跨境电商产业规模和质量。

四、职业拓展能力知识储备要求

（一）具有国际会展策划、组织、接待、协调能力

良好的市场推广能力可以帮助跨境电商从业者增加产品和品牌知名度，从而提高销售额。跨境电商从业者需要了解不同国家的市场规模、竞争状况、市场营销渠道和文化等方面的知识。掌握国际网络营销知识，制定网络营销策略，策划有吸引力的网络营销活动，具有一定的国际会展营销推广能力。

（二）跨境电商网站网页设计能力

跨境电商网页面对的是全球用户，因此必须支持多语言和多货币。在设计时要考虑到这一点，页面上应该有多语言切换和货币切换的功能，并且在不同语言和货币下保持页面的一致性。清晰明了的导航和分类非常重要，用户可以通过导航和分类快速找到自己想要的商品，提高用户体验和转化率。跨境电商网页的支付方式也是非常重要的，用户需要感到安全可靠才会放心购买。因此，设计网页时应该考虑到支付方式的安全性和可靠性，并且提供多种支付方式供用户选择。跨境电商网页的商品来自不同国家和地区，用户可能对商品不太熟悉。因此，网页设计时应该提供清晰的商品介绍和图片展示，让用户能够更好地了解商品，提高用户购买的信心和转化率。在网页设计时应该考虑到网页的加载速度和响应式设计，让用户能够在不同设备上快速访问和浏览网页。只有在设计网页时考虑到这些因素，才能够提高用户体验和转化率，实现跨境电商业务的拓展。

（三）移动跨境电商运营能力

随着全球移动互联网的普及，跨境电商将加快移动端布局，移动端购物需求快速增长，将成为我国跨境电商未来布局的重点。一是全球移动电商快速发展。据 eMarketer 估算，2022 年全球移动电商交易额为 3.64 万亿美元，同比增长 13.7%，占全球零售电商交易额的 65.7%，预计到 2025 年全球移动电商交易额将达到 4.99 万亿美元，占全球零售电商交易额的 67.6%。二是从区域来看，新兴市场移动电商发展较快。目前，北美及欧洲的网民逐渐向移动设备消费过渡，据 eMarketer 估算，2022 年，北美移动购物渗透率为 40.1%，西欧为 46.8%。同时，新兴市场在互联网和智能手机的普及下，移动购物占比更高。

据 eMarketer 估算，2022 年，亚太地区移动购物渗透率达到 79.9%，中东非洲为 66.4%，东南亚为 64.6%，拉丁美洲为 59.4%。未来，我国跨境电商走出去将加快 APP 等移动端入口建设。

◇**实训活动**

实训项目：根据商品知识，制作商品手册

步骤01：登录速卖通网站（https：//www.aliexpress.com），搜索一款商品且进入商品详情页

步骤02：阅读商品详情页

步骤03：概括商品知识，制作商品手册

表 1-5　商品手册

商品名称	
材质颜色	
规格型号	
功效作用	
风格潮流	
物流方式	
配套商品	

任务四　跨境电商平台运营交易规则

◇**学习目标**

1. 能够熟知各跨境电商平台运营规则总则

2. 能够理解各跨境电商平台交易规则

3. 能够在各跨境电商平台规则框架下熟练做好运营工作

◇**建议课时**

2 课时

◇情景描述

近年来，中国跨境电商快速发展，在"买全球、卖全球"方面的优势和潜力持续释放，全球越来越多的消费者享受到跨境电商带来的更多选择和便利。跨境电商主要包括四类主体，一是亚马逊等传统的跨境电商平台；二是入驻平台的电商；三是为商家提供产品的供应商；四是提供跨境电商相关服务的服务商，服务范围包括物流、软件开发、海外仓等。

河北省邢台市南和区有着"中国宠物产业之都"之称，近年来引导企业通过跨境电商平台，将产品远销至韩国、日本、马来西亚等十余个国家和地区。某宠物用品科技有限公司负责人靳某杰便是跨境电商的受益者。靳某杰曾经在北京从事家装工作时就喜欢做一些宠物小窝，看到家乡宠物产业发展势头强劲，2018年回到南和创办了宠物家具公司。随着公司生产的"猫别墅"等产品受到国内市场青睐，靳某杰萌生了通过跨境电商出海的想法。由于不熟悉跨境电商的运营模式，公司通过和有经验的外贸公司合作实现了在亚马逊等平台销售。靳某杰介绍，目前跨境电商销售势头迅猛，已经占公司总销量的三分之一。跨境电商正在经历服务创新、业态创新、模式创新，有助于传统产业加速转型升级，推动中国对外贸易高质量发展。

请思考：在交易规则约束下，跨境电商该如何发力，做好运营工作呢？

◇活动实施

一、速卖通平台规则

速卖通平台有自己的各种规则，卖家想要在这个平台上顺利经营，就必须遵循平台的相关规则。没有规矩，不成方圆。没有规则就无法保障买卖双方的权益，卖家可以在全球速卖通卖家首页，单击"经营支持"中的"规则频道"，点击进入后，在相应的页面中查看相关规则。

速卖通平台商家规则分为自运营商家规则和全托管商家规则两种。自运营商家规则又分为总则（基础规则和其他基础规则）、招商入驻、商品管理、行业管理、国家规则、交易管理、营销推广、违规管理、协议专区、历史规则共十个模块的内容；全托管商家规则包括全托管总则（商家基础规则和其他规则）、履约模式、协议专区、历史规则共四个模块的内容（如图1-4所示）。下面简要介绍一下自运营商家部分规则，其他未介绍内容请参看速卖通官网。

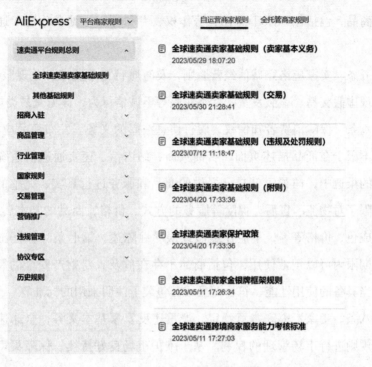

图1-4　速卖通平台商家规则

（一）速卖通平台规则总则

基础规则包括卖家基本义务、交易、违规及处罚规则和附则等内容。如卖家基本义务包括以下内容：

第一条　卖家在平台的任何行为应遵守中国及其他国家可适用的法律、法规、规章、政令、判决等规范性文件。对任何涉嫌违法的行为，平台有权依照本规则进行处罚或处理。同时，速卖通对卖家的处理不免除其应尽的任何法律责任。

第二条　作为交易市场的卖方，卖家应就双方达成买卖交易自主对买家负责，切实履行卖家的信息披露、质量保证、发货与服务、售后及质保等义务。同时，卖家有义务了解并熟悉交易过程中的平台对买家市场规定，遵守并提供善意、合理的配合。

第三条　遵守平台各类目的商品发布规则；禁止发布禁限售的商品或信息，

详见全球速卖通禁限售违禁信息列表。

第四条　尊重他人的知识产权，严禁未经授权发布、销售侵犯第三方知识产权的商品，包括但不限于商标、著作权、专利等，详见全球速卖通知识产权规则。

第五条　卖家应恪守诚信经营原则，及时履行订单要求，兑现服务承诺等，不得出现虚假交易、虚假发货、货不对版等不诚信行为，详见交易类规则。

第六条　保障消费者知情权，履行信息披露的义务。发布商品应如实描述，包括但不限于在商品描述页面、店铺页面、站内信、速卖通通信系统等所有平台提供的渠道中，向买家就自己提供的商品和服务进行真实、完整的描述，包括但不限于对物流、售后、保险等服务的方式、价格，商品的基本属性、功能、包装、成色、价格等等，不应作虚假或误导性陈述。第七条　保证出售的商品在合理期限内可以正常使用，包括商品不存在危及人身财产安全的风险，具备商品应当具备的使用性能、符合商品或其包装上注明采用的标准等。

第八条　卖家不遵守本章约定，严重违反卖家基本义务，全球速卖通保留依照本规则进行市场管理的权利。基于维护市场良好持续、保障买家权益的目的，全球速卖通有权进行商品品质抽检及真假鉴定（包括但不限于通过自购或从消费者处获取，通过独立第三方质检机构或品牌权利人进行鉴定、指令合作物流公司协助抽检等）；在速卖通不定时地检查卖家出售商品是否具有合法来源、是否为真时，卖家有义务保留并出示相关商品合法进货来源的凭证。对于速卖通有理由认为检查结果不良，或卖家无法提供相关凭证的，速卖通有权对卖家或店铺采取限制措施，包括但不限于扣分、删除商品、关闭店铺、限制其他技术服务等。

（二）招商规则

招商规则频道涵盖了入驻具体规范和保证金规则，全球速卖通店铺类型及相关要求以及保证金规则具体内容请参看速卖通官网的招商规则页面或者扫码观看。

1. 每个速卖通账号只准选取一个经营范围经营，并可在该经营范围下经营一个或多个经营大类。

2. 保证金按店铺入驻的经营大类收取，如果店铺入驻多个经营大类，则保证金为多个经营大类中的最高金额。

3. 本保证金规则适用于2019年11月27日后入驻的新卖家，针对之前已经入驻的卖家，仍适用年费规则。

4. 部分经营大类下类目需要额外提供资质。

（三）知识产权规则

违规管理规则涵盖了违规及处罚总则、知识产权规则、禁限售规则、交易行为违规规则、商品信息类违规规则、其他行为规则等。以知识产权规则为例，速卖通会按照侵权商品投诉被受理时的状态，根据相关规定对相关卖家实施适用处罚。因此速卖通建议卖家：

1. 尊重知识产权

请卖家朋友们即日起严格排查自己的在线及下架商品，若存在侵权行为，请立即将侵权商品删除。同时，严格把控进货来源，杜绝来源不明的产品，建议实拍图片，提高图片质量，让买家更直观地了解商品，获得更多订单。

2. 发展有品质的自营品牌

如果你的产品有品质，注册自有品牌，跟平台一起，扩大自营品牌影响力，让自己的品牌商品出海，不断增加附加值。

3. 完成品牌准入流程

完成品牌准入再发布品牌商品，不要发布未获得发布权限的品牌商品。

表1-6 知识产权具体规则

侵权类型	定义	处罚规则
商标侵权	严重违规：未经注册商标权人许可，在同一种商品上使用与其注册商标相同或相似的商标	三次违规者关闭账号
	一般违规：其他未经权利人许可使用他人商标的情况	1. 首次违规扣0分 2. 其后每次重复违规扣6分 3. 累达48分者关闭账号
著作权侵权	未经权利人授权，擅自使用受版权保护的作品材料，如文本、照片、视频、音乐和软件，构成著作权侵权。 实物层面侵权： 1. 盗版实体产品或其包装 2. 实体产品或其包装非盗版，但包括未经授权的受版权保护的作品 信息层面信息： 产品及其包装不侵权，但未经授权在店铺信息中使用图片、文字等受著作保护的作品	1. 首次违规扣0分 2. 其后每次重复违规扣6分 3. 累达48分者关闭账号

侵权类型	定义	处罚规则
专利侵权	侵犯他人外观专利、实用新型专利、发明专利、外观设计（一般违规或严重违规的判定视个案而定）	1. 首次违规扣0分 2. 其后每次重复违规扣6分 3. 累达48分者关闭账号 （严重违规情况，三次违规者关闭账号）

（四）违规处理

平台有权根据发布信息本身的违规情况及会员行为做加重处罚或减轻处罚的处理。恶意行为举例：包括但不限于采用对商品信息隐藏、遮挡、模糊处理等隐匿的手段，采用暗示性描述或故意通过模糊描述、错放类目等方式规避监控规则，同时发布大量违禁商品，重复上传违规信息，恶意测试规则等行为。对于恶意违规行为将视情节的严重性做加重处罚处置，如一般违规处罚翻倍，或达到严重违规程度，将关闭账号。一般违规加重处罚：对于被认定为恶意行为的一般违规将做加重处罚处理（如发现同类重复违规行为，二次处罚分数加倍）。

表1-7　发布禁限售商品违规处理规则

处罚依据	行为类型	违规行为情节/频次	其他处罚
《禁限售规则》	发布禁限售商品	严重违规：48分/次（关闭账户）	1. 退回/删除违规信息 2. 若核查到订单中涉及禁限售商品，速卖通将关闭订单，如买家已付款，无论物流状况均全额退款给买家，卖家承担全部责任。
		一般违规：0.5分~6分/次（1天内累计不超过12分）	

禁限售违规和知识产权一般侵权将累计积分，积分累计到一定分值，将执行账号处罚。

表1-8　知识产权禁限售违规处理规则

积分类型	扣分节点	处罚
知识产权禁限售违规	2分	严重警告
	6分	限制商品操作3天
	12分	冻结账号7天
	24分	冻结账号14天
	36分	冻结账号30天
	48分	关闭

二、亚马逊平台规则

亚马逊成立于 1995 年 7 月，总部在美国西雅图。2015 年，亚马逊全球开店业务进入中国，旨在借助亚马逊全球资源，帮助中国卖家抓住跨境电商新机遇，发展出口业务，拓展全球市场，打造国际品牌。目前，亚马逊美国、加拿大、墨西哥、英国、法国、德国、意大利、西班牙、荷兰、瑞典、比利时、日本、新加坡、澳大利亚、印度、阿联酋、沙特和波兰等 18 大海外站点已面向中国卖家开放，吸引数十万中国卖家入驻。

（一）店铺页面的规则

电商平台一般都是比较重视店铺设计的，但亚马逊平台则是比较重视卖家销售的产品，因此在营运过程中，如何进行产品的展示是非常重要的。由于线上的特点，消费者一般对产品的展示信息会有比较深刻的印象，同时，这些信息对消费者后续是否会购买也会产生较大的影响，因此，我们在进行产品运营时，一定要做好产品的展示，从而可以最大限度地吸引消费者，提高消费者的购买欲望。

（二）知识产权的保护的规则

亚马逊对其知识产权的保护也是非常严苛的。政策主要涵盖的是对版权、专利权以及商标权的保护。即使是商家在不知情的情况下侵犯了他人的知识产权，也一样会受到处罚。同时其卖家账户还有可能会受到警告，或者是被暂停的可能。拥有品牌商标的卖家，只要提交过品牌审核，一经发现品牌被侵权了，平台就会进行迅速的处理，以此来保障卖家的销售权益。

（三）账号管理规则

亚马逊对账号管理也是非常严格的，特别是其审核的制度。对于新手，在注册账号的时候，一般需要营业执照、法人的身份证、双臂引流卡等资料。即使资料齐全，也并不能保证注册就可以一次成功。如果你想拥有一个亚马逊的账号，千万不要嫌麻烦，也要有耐心。

（四）亚马逊防伪的规则

亚马逊对于销售假货的行为是一种零容忍的态度，只为致力于打造一个让消费者可以放心的购物电商平台。因此大家可以放心，只要是亚马逊销售的产品，都会是正品。如果买家一旦发现，卖家有销售假冒伪劣产品的行为，可以向亚马逊平台提供侵权申诉。如果卖家的行为严重，可能会遭到暂停或者终止卖家的亚马逊销售的账户。

三、eBay 平台规则

eBay 平台有一系列严格的规定，以保障买家和卖家的安全和利益。eBay 发布规则和平台规则是 eBay 平台上非常重要的规定，目的是为了保障买家和卖家的权益，确保交易的安全和顺利进行。因此，卖家在 eBay 平台上销售商品时一定要遵守这些规定，否则将会承担相应的法律责任。下面就是 eBay 平台规则的详细介绍：

（一）账号使用规则

eBay 平台要求卖家使用真实、准确的账户信息，并保证账户的安全。卖家不得分享或转让自己的账户给他人，并需遵守 eBay 关于账户的其他规定。

（二）处理纠纷

在交易过程中，买家和卖家之间可能会出现一些纠纷，这时 eBay 会提供相关的解决方案，帮助双方达成协议。如果卖家无法遵守 eBay 提供的解决方案，将被追究相应的责任。

（三）处理退款

买家在购买商品后，可能会发现商品与描述不符或存在质量问题，这时就需要进行退款。eBay 要求卖家及时办理退款手续，并确保买家能够及时收到退款金额。

（四）交易规则

eBay 平台还有一系列关于交易的规定，比如买家支付的款项只能用于购买商品和运费，卖家不能要求买家支付超出商品合同价的费用等。如果卖家违反这些规定，将面临处罚。

四、wish 平台规则

和大多数跨境电商平台不同，wish 对购物的便捷性进行了有效的提升，还弱化了关键词查找。

（一）wish 的注册规则

wish 注册的时候需要提供真实无误的信息，虚假信息会导致账户冻结。因此卖家在注册 wish 账户的时候，一定要严格地核实自己的注册信息，避免因为信息错误导致的严重后果，影响店铺发展。

每个企业只允许注册一个 wish 账户，这是为了保证 wish 店铺的公平竞争。关联账户会面临封店的风险。

（二）wish 的产品促销规则

Wish 的产品促销是不定时的，有可能会随时地促销某款黄钻产品。而且，wish 会对商品的库存、定价进行核查，如果不准确就有违规行为。同时，wish 规定卖家不能在进行促销前对商品进行提价，包括运费。不能随意降低促销产品的库存。如果店铺销售禁售的商品，将会面临巨额罚款。

（三）wish 的推送规则

wish 要求商品的标题、图片、标签以及价格都严谨审核。标题描述一定要简洁、一目了然，商品图片需要清晰、美观，大小建议使用系统推荐大小，图片要抢眼，一下子能吸引到更多的目光。wish 标签设置简单清楚。价格设定须符合产品行情。

（四）wish 的客户服务规则

wish 要求卖家提供良好的购物环境给买家。做好客户服务需要卖家严格把控产品质量，采用优质的物流渠道，避免交货延迟等情况的发生。其次做好售后服务工作，定时与买家进行沟通，以增加客户的回购率。

五、阿里巴巴国际站规则

阿里巴巴国际站卖家可以在阿里巴巴国际站卖家首页，拉到底部就能看到"重要规则"中的禁限售规则、知识产权保护政策、隐私权政策和使用条款四个模块，点击进入后，在相应的页面中查看相关规则。

阿里巴巴国际站平台规则分为首页、规则辞典、规则解读、业务公告、我的体检中心、违规公示六个模块内容，在规则词典模块中又包括总则、经营管理、商品合规规则、交易规则、违规规则、规则解读、营销规则、买家保障、会员权益公告、协议专区、供应链规则、违规公示、第三方服务市场规则、其他、历史规则等模块内容。下面简要介绍一下阿里巴巴国际站交易违规处罚规则，其他未介绍内容请参看阿里巴巴国际站官网。

（一）线上交易违规行为处理

1. 订单达成后不发货

订单生效后，卖方拒绝履行发货义务或在合同约定发货期满后截至阿里巴巴国际站受理纠纷时仍未发货：纠纷协商阶段如卖方与买方协商解决纠纷，阿里巴巴国际站未介入调处的，每次扣1分；如阿里巴巴国际站判定卖方违反发货义务，且卖方提供有效解决方案的，每次扣2分；如阿里巴巴国际站判定卖方违反发货义务，且卖方未提供有效解决方案的，每次扣4分等。

2. 延迟发货

阿里巴巴国际站受理纠纷时卖方已发货，但卖方未在交易合同或双方约定期限发货：如阿里巴巴国际站判定卖方违反发货义务，且卖方提供有效解决方案的，每次扣1分；如阿里巴巴国际站判定卖方违反发货义务，且卖方未提供有效解决方案的，每次扣3分。

3. 交付货物不符合约定

卖方实际交付货物状况不符合交易合同约定（包括货物材质/成分含量/类别/安全标准等与约定不符、货物主要功能缺失或无法使用、质量掉档、短装等）：如阿里巴巴国际站判定卖方违反交易合同约定，且卖方提供有效解决方案的，每次扣1分；如阿里巴巴国际站判定卖方违反交易合同约定，且卖方未提供有效解决方案的，每次扣3分。

4. 违背承诺

卖方违背相关承诺的，每次扣3分：如卖方按照双方约定或阿里巴巴国际站其他规则向买方支付违约赔偿金或者双方达成和解协议，则不予扣分。

5. 不履行和解约定或者阿里巴巴国际站纠纷调处决定

卖方拒绝履行或未履行双方一致协商和解的约定，或阿里巴巴国际站做出的纠纷调处决定的，包括但不限于退款、换货、补货、重新发货、维修、支付违约金或赔偿金等，每次扣3分。

阿里巴巴国际站规则网页

6. 销售假冒商品

卖方销售侵犯他人商标权或著作权等知识产权的商品,且阿里巴巴国际站判定卖方承担责任的,将按照《阿里巴巴国际站知识产权规则》相关规则进行处罚。

7. 恶意串通

买卖双方串通利用阿里巴巴国际站从事法律或阿里巴巴国际站其他规则禁止行为,或谋取不正当利益的,卖方每次扣 12 分。买方存在上述行为的,阿里巴巴国际站将就事件严重程度作出判定,处罚方法包括但不限于关闭账号的处理。

8. 提供虚假凭证或履约凭证不完整

买卖双方在纠纷协商或纠纷调处过程提供伪造、虚假、变造的证据或冒用他人凭证的,卖方每次扣 12 分。买方存在上述行为的,阿里巴巴国际站将就事件严重程度做出判定,处罚方法包括但不限于关闭账号的处理。如果卖方出现以上违规行为被阿里巴巴平台认定为情节严重,危及平台健康运营的,阿里巴巴有权直接采取包括关闭卖方账户等措施。如果卖方在交易中,无法按照平台要求提供相应完整有效发货凭证,或者不符合平台履约要求的,卖方每次扣 1 分。

(二)线下交易欺诈行为处理

卖方存在收款不发货、严重短装、销售假冒伪劣商品等欺诈行为:如阿里巴巴国际站判定卖方欺诈行为成立,且卖方提供有效解决方案的,每次扣 6 分;如阿里巴巴国际站判定卖方欺诈行为成立,且卖方未提供有效解决方案的,每次扣 48 分。

买方存在收货不付款等欺诈行为的,阿里巴巴国际站将就事件严重程度做出判定,处罚方法包括但不限于关闭账号的处理。

六、敦煌网平台规则

敦煌网:买全球,卖全球,一站式跨境电商平台 254 万中国商家出海的选择,中国领先 B2B 跨境电商交易服务平台,专注小额 B2B 出口,为中小企业对接全球批发采购需求建立公平、诚信、透明的平台运营环境。

敦煌网平台规则

为规范敦煌网平台经营秩序,更好地保障敦煌网用户的合法权益，根据《DHgate.com 对注册商户的服务协议》，敦煌网有权根据国家法律法规、敦煌网政策规则，以及买卖家提供的证据材料、敦煌网记录的相关信息等，对卖家行为进行违规认定与处理。

课堂互动

2013 年的冬天，消费类电子的卖家 Emily 从大雪纷飞的北方校园来到了如诗如画的厦门，开始了她的外贸之旅。那一年，她开始接触了 DHgate，至今始终如一。她们店铺从一开始也是懵懵懂懂地跟着热卖大潮，做过箱包、鞋服、运动户外、家居、健康美容等等，其间起起伏伏，成功过也失败过。直到 2019 年，她们开始接触消费类电子，一直到现在只精做这一品类，虽不算多么顶尖，但也算出类拔萃做出来门道，同样也有些许难忘的故事，始终激励着她们继续奋斗。消费类电子这个品类的客群都是以 B 类客户为主，她们跟 C 类客户很不相同，除了做好进来的每个订单，成功地抓住这类客户，提高复购率才是首要目标。这几年来，她深刻地体会到，服务和品质的重要性。

记得 2021 年年初，国内到国外的物流费用一直在上涨，她们接的很多订单，无疑在发货的时候犯了难，物流费用太贵了。既要稳住她们的老客户不能涨得太厉害，又不能让店铺亏损严重……无奈还是自掏腰包，她自己垫了费用发货，在没有让客户有一单加钱或退款的前提下，硬着头皮快速地把货物送到了客户手中。

当然，付出是有回报的。客户也很给力，大部分都沉淀下来了，跟她们达成了长期且稳定的合作，订单也逐渐地增多。至此，她们公司一直把"倾力成就客户"作为她们服务的宗旨和核心，用心服务用心经营，维护好客户。

请大家讨论：

1. 卖家 Emily 用心服务和用心经营的意义是什么？

2. 如何入驻敦煌网，敦煌网的经营规则有哪些？

◇**实训活动**

实训项目：了解查阅速卖通平台规则的途径，学习速卖通规则

其他平台规则详细步骤，可百度搜索各大平台主页查看。

步骤01：登录速卖通卖家首页，https：//sell. aliexpress. com/，单击"经营支持"

步骤02：在网站导航分类界面，找到"规则频道"，并点击进入

步骤03：打开规则频道左侧标题，阅读规则全文及规则解读

步骤04：找出有关商品发布的相关细则，也可点击"商品管理相关和商品召回相关"查看商品管理规则

步骤05：在营销推广等规则里，找到相关资料进行学习

任务五　任务测评

一、填空题

1. 党的_____提出，推动货物贸易优化升级，创新服务贸易发展机制，发展数字贸易，加快建设贸易强国。

2. _____是指分属不同关境的交易主体，通过电子商务平台达成交易，进行支付结算，并通过跨境电商物流及异地仓储送达商品，从而完成交易的一种国际商业活动。

3. 根据交易主体属性的不同，可将跨境电子商务分为_____、_____、_____三类。

4. 阿里巴巴国际站属于跨境电商_____平台类型。

5. 2013 年阿里巴巴_____的成立，标志着新一轮的跨境电子商务在中国正式兴起。

二、选择题

1. 速卖通买家页面网址（　　）。

A. www. alibaba. com

B. seller. aliexpress. com

C. http：//daxue. aliexpress. com/

D. www. aliexpress. com

2. （ ） 是最为典型的跨境 B2B 电子商务平台。

A. 天猫网　　　B. 兰亭集势　　　C. 阿里巴巴国际站　　　D. 海淘贝

3. 速卖通平台会有哪些针对账号的处罚？（　　）

A. 警告　　　　　　　　　B. 冻结账号

C. 关闭账号　　　　　　　D. 清退账号

4. 新时代的跨境电子商务具有（　　）方面的特征。

A. 大型工厂进入互联网　　　　　　B. 海外企业买家形成规模

C. 中大额订单比例提升　　　　　　D. 大型服务商加入

E. 移动用户量爆发

5. 跨境电商人才的综合素养是指人的"个性"特征，包括（　　）方面。

A. 能力　　　B. 气质　　　C. 性格

D. 体质　　　E. 习惯

三、简答题

1. 运营人员岗位职业化素养有哪些内容？

2. 企业文化共融体现在哪些方面？

3. 职业通用能力知识储备要求有哪些？

4. 职业专门能力知识储备要求有哪些？

5. 自运营商家规则有哪十个模块的内容？

四、案例分析题

全球跨境电商增速将回归2020年前水平

"2023年是全球零售电商从震荡到企稳的重要节点。"亚马逊中国副总裁、亚马逊全球开店中国卖家拓展负责人宋晓俊在近日举行的第七届全球跨境电商峰会上表示，过去几年，全球线上消费经历了大起大落，全球跨境电商经历了初期高速发展和后期回落后，2023年增速预计回归到2020年之前的水平，达到17%。

未来5年，全球零售电商年复合增长率预计维持在两位数以上。其中，拉美、中东、亚洲、东欧等地区增速将领先全球；而巴西、中东、土耳其、印度、墨西哥等新兴市场电商发展会更加亮眼。同时，世界各地电商零售渗透率仍然比较低，除了中国之外的大多数国家，包括美国、德国、日本这些消费强国，电商的渗透率只超过10%，有些国家处在个位数的水平。这些造就了海外电商的巨大增长潜力，也增强了跨境电商强劲发展的确定性。

近几年来，中国出口跨境电商展现出了强大韧性。中国跨境电商企业早期聚焦在消费电子、服装品类，而过去几年在家居、厨房、宠物、户外、运动等品类全面开花。近期，更是有中国跨境电商企业凭借大规模 IP 潮玩、健身设备、储能这些新兴品类在国际市场上打出知名度，为行业发展开辟了新的增长路线。

请思考：为了更好促进我国跨境电商高质量与全球化发展，应该采取哪些行之有效的对策和建议呢？

任务六 任务总结与评价

一、任务总结

【学习目标】

1. 能以小组形式，对学习过程和实训成果进行汇报总结

2. 完成对学习过程的综合评价

【建议课时】

1~2 课时

【活动实施】

以小组为单位，选择 PPT、图片、海报、视频等形式中的一种或多种，向全班展示、汇报学习成果。汇报的内容应包括：

1. 跨境电商 B2B 平台与跨境电商 B2C 平台的区别。

2. 登录智联招聘网站，查看对跨境电商 B2B 和 B2C 平台运营人员的招聘要求，网店平台运营人员应具备哪些职业素养与职业技能。

3. 熟悉跨境电商 B2B 和 B2C 平台规则对于跨境店铺日常运营的重要性。

二、综合评价表

姓名：				学号：		日期：	
评价项目	评价内容	评价标准	评价方式			创新能力	综合等级
			自我评价	小组评价	老师评价		
职业素养	学习态度	A. 积极参与活动，全勤 B. 缺勤达本任务总学时的 10% C. 缺勤达本任务总学时的 20% D. 缺勤达本任务总学时的 30% 及以上					
	团队合作	A. 与同学沟通、合作意识强 B. 与同学沟通、合作意识较强 C. 与同学沟通、合作意识一般 D. 与同学沟通、合作意识较差					
	执行能力	A. 按时保质完成任务能力强 B. 按时保质完成任务能力较强 C. 按时保质完成任务能力一般 D. 按时保质完成任务能力较差					
专业能力	任务一 跨境电商平台运营业务岗位认知	A. 学习活动评价成绩为 90 ~ 100 分 B. 学习活动评价成绩为 80 ~ 89 分 C. 学习活动评价成绩为 60 ~ 79 分 D. 学习活动评价成绩为 0 ~ 59 分					
	任务二 跨境电商平台运营人员职业素养	A. 学习活动评价成绩为 90 ~ 100 分 B. 学习活动评价成绩为 80 ~ 89 分 C. 学习活动评价成绩为 60 ~ 79 分 D. 学习活动评价成绩为 0 ~ 59 分					
	任务三 跨境电商平台运营知识储备	A. 学习活动评价成绩为 90 ~ 100 分 B. 学习活动评价成绩为 80 ~ 89 分 C. 学习活动评价成绩为 60 ~ 79 分 D. 学习活动评价成绩为 0 ~ 59 分					

姓名：			学号：			日期：	
评价项目	评价内容	评价标准	评价方式			创新能力	综合等级
			自我评价	小组评价	老师评价		
专业能力	任务四 跨境电商平台运营交易规则	A. 学习活动评价成绩为 90～100 分 B. 学习活动评价成绩为 80～89 分 C. 学习活动评价成绩为 60～79 分 D. 学习活动评价成绩为 0～59 分					
	任务五 任务测评	A. 学习活动评价成绩为 90～100 分 B. 学习活动评价成绩为 80～89 分 C. 学习活动评价成绩为 60～79 分 D. 学习活动评价成绩为 0～59 分					
加分							
最终得分							

项目二

跨境电商平台介绍与选择

 情景描述

　　加快建设贸易强国是在党的二十大报告中提出的。作为一种新业态新模式，跨境电子商务已成为我国外贸发展的新动能、转型升级的新渠道和高质量发展的新抓手。跨境电子商务平台是基于网络发展起来的，跨境电子商务平台作为推动经济一体化、贸易全球化的技术基础，具有非常重要的战略意义。除了一些巨头跨境电子商务平台如阿里巴巴国际站、速卖通、eBay、亚马逊、Wish 等牢牢地占据大部分市场份额之外，中小型创业公司的平台也已在跨境电商市场觅得突围良机。

　　跨境电商平台是通过整合商流、信息流、物流和资金流，实现跨境电商活动在互联网上顺利进行的场所。近年来，我国出台了多项政策支持跨境电商行业快速发展，跨境电商平台数量在不断增加。截至 2017 年，我国跨境电商平台的数量增加到 7000 个，专门为中小企业与买家服务的 B2C 跨境电商平台的数量高达 4000 个，从事跨境电商的企业超过 2 万家。表现比较活跃的跨境电商平台各有自己的特点和优劣势，企业根据自身的条件以及经营产品的特点，做出战略决策和竞争策略，是赢得市场的第一步。

 建议课时

6 课时

工作流程与活动

1. 阿里巴巴国际站：全球领先的数字化出海服务平台

2. 敦煌网：通往全球的线上"丝绸之路"

3. Shopee 平台：为跨境电商提供一站式服务

4. 全球速卖通平台：国际版淘宝

5. 跨境电商平台的选择依据

6. 任务测评

7. 任务总结与评价

知识目标

1. 了解跨境电商阿里巴巴国际站平台

2. 了解跨境电商敦煌网平台

3. 了解跨境电商 Shopee 平台

4. 了解跨境电商平台的选择依据

5. 了解跨境电商各大平台的基本操作技能

能力目标

1. 能够正确认识不同跨境电商平台的不同

2. 能够通过相关渠道了解各大跨境电商平台的基本操作方法

3. 能够根据自身企业需求完成平台对照

4. 能够明确跨境电商平台的选择

思政目标

1. 弘扬"敬业、诚信"的社会主义核心价值观

2. 树立正确的跨境电商平台运营观念

3. 培育终身学习、不断改进的精神

4. 培育工匠精神

5. 培育积极进取的人生态度

任务一　阿里巴巴国际站：全球领先的数字化出海服务平台

◎学习目标

1. 能够正确认识跨境电商阿里巴巴国际站平台的价值
2. 能够掌握跨境电商阿里巴巴国际站平台功能和注册流程
3. 能够描述跨境电商阿里巴巴国际站运营平台的赢利方式
4. 能够掌握跨境电商阿里巴巴国际站平台服务种类

◎建议课时

2 课时

◎情景描述

2020 年 3 月，某茗成立"某茗同学"服饰品牌公司，注册资本为人民币 30 万元，专门从事童装品牌的销售。该公司集网上销售、订单加工和商贸合作于一体，承接服装加工、贴牌加工以及 OEM&ODM 订单，主要以生产卫衣为主，目标对象是 4~6 岁的儿童。目前，该公司同时进行线下销售和网络直营，线下销售以代加工和批发销售为主。在境内业务方面，该公司不仅设有自建电商平台，而且针对批发业务在阿里巴巴 1688 平台开店，针对零售业务在京东、淘宝经营和销售产品。在外贸方面，该公司还设有自己的工厂，主要与品牌合作商进行贴牌生产。近年来，随着人力成本以及原材料成本的增加，该公司在代加工上的利润越来越低。因此，该公司开始走自创品牌之路，在 2021 年 1 月首次推出自创品牌有机 T 恤 1 万件，在一个星期内通过线上和线下销售方式销售一空。目前，跨境电商发展迅速，小茗作为公司总经理，迫切想选择一个合适的跨境电商平台推广公司的有机 T 恤。

想要迈进跨境电商行业，首先，需要了解各个电商平台的销售市场、物流特点、赢利方式、平台特点等；其次，通过数据分析各个行业以及行业热销产品；最后，根据销售的产品，寻找合适的货源，不仅需要确定货源的质量，还需要注意货源的可靠性。

请思考：如何选择跨境电商平台？跨境电商平台都有哪些特点？不同的跨境平台都有哪些优势？

◇活动实施

一、平台概述

阿里巴巴国际站是阿里巴巴集团最早创立的业务，是目前全球领先的跨境B2B电子商务平台，服务全世界数以千万计的采购商和供应商。阿里巴巴国际站专注服务于全球中小微企业，在这个平台上，买卖双方可以在线更高效地找到适合的彼此，并更快更安心地达成交易。此外，阿里巴巴外贸综合服务平台提供的一站式通关、退税、物流等服务，让外贸企业的出口流通环节也变得更加便利和顺畅。

阿里巴巴国际站基于全球领先的电子商务网站——阿里巴巴国际站贸易平台，向海外买家展示、推广供应商的产品，进而获得贸易商机和订单。阿里巴巴国际站贸易平台是出口企业拓展国际贸易的首选网络平台。

阿里巴巴国际站提供一站式的店铺装修、产品展示、营销推广、生意洽谈及店铺管理等全系列线上服务和工具，帮助企业降低成本、高效率地开拓外贸大市场。阿里巴巴国际站的定位是为全国中小企业提供网上贸易市场。

二、平台功能和注册流程

阿里巴巴国际站成立于1999年，是阿里巴巴集团的第一个业务模块，现已成为全球领先的数字化贸易出口平台。阿里巴巴国际站支持16种语言，拥有5900多个产品类别，业务范围覆盖200余个国家和地区，每天询盘订单量超40万单，涉及40多个不同行业，致力于让所有的中小企业成为跨国公司。阿里巴巴国际站为卖家打造更公平、绿色、可持续的贸易规则，提供更简单、可信、有保障的交易平台。它始终以创新技术为内核，高效链接生意全链路，用数字能力普惠广大外贸中小企业，加速全球贸易行业数字化转型升级。

（一）阿里巴巴国际站的功能

阿里巴巴国际站为卖家提供成熟完善的跨境贸易解决方案，具体服务项目。

（二）阿里巴巴国际站的注册流程

阿里巴巴国际站的注册流程主要分为4步，如表2-1所示。

表2-1　阿里巴巴国际站的注册流程

1	2	3	4
填写信息	合同支付	实地认证	开店上线

阿里巴巴国际站是一个面向全球的 B2B 电子商务平台，可以帮助企业拓展海外市场。本文将详细介绍阿里巴巴国际站开设的流程。

1. 注册阿里巴巴账号

在阿里巴巴国际站开设账号之前，首先需要注册一个阿里巴巴的账号。可以通过阿里巴巴国际站的官网或者阿里巴巴 PP 进行注册。

2. 选择账号类型

在注册阿里巴巴账号之后，需要选择账号类型。阿里巴巴国际站提供了企业账号和个人账号两种类型，选择适合自己的账号类型进行注册。

3. 提交企业信息

如果选择的是企业账号，需要提交企业信息进行认证。认证需要提供公司注册证书、税务登记证、组织机构代码证等相关证件。

4. 编辑公司信息

在认证通过之后，需要编辑公司信息，包括公司名称、联系方式、公司介绍等。

5. 创建产品展示页面

在阿里巴巴国际站开设店铺之前，需要创建产品展示页面。在产品展示页面中可以上传产品图片、介绍产品特点等。

6. 开设店铺

在完成以上步骤之后，可以开设自己的店铺。店铺的开设需要上传店铺 LOGO、店铺背景图等。

7. 发布产品信息

在店铺开设完成之后，可以发布自己的产品信息。在发布产品信息时需要填写产品名称、价格、描述等。

8. 接收询盘、成交订单

在发布产品信息之后，可以接收来自全球买家的询盘。当成交订单时，需要及时发货并提供跟踪信息。

以上就是阿里巴巴国际站开设的流程。在开设店铺之后，需要不断优化店铺信息和产品信息，提高店铺曝光率和成交率，才能在全球市场上取得更好的业绩。

（三）入驻费用及条件

1. 入驻费用

主要是"年费制＋广告"，因为国际站是 B2B 平台，实际成交无法完全量化。平台主要收取会员费。

（1）会员年费：基础会员年费 29800 元/年，高级会员年费 80000 元/年。

（2）广告：主要是直通车，按点击付费，很多商家一年几万元花在直通车。高阶广告如顶展、问鼎等，少则几千元，多则上十万元。

2. 入驻条件

"营业执照＋法人身份证＋小二上门实地考察"，工厂、贸易、个体户均可；经营范围要求：需要有销售实体产品，如果只是技术、服务、物流类型不行。

（四）提供的服务内容

1. 线上收款

阿里提供信保账户收外汇，支持提现到公司公户和法人私户；需交手续费每笔 1.6%～2%（若使用阿里物流则 1.6%，否则 2%），单笔 100 美金封顶。

2. 物流报关退税

阿里提供一站式外贸解决方案，阿里有自建物流和合作物流，商家可以根据订单情况自由选择。阿里一达通可以协助客户完成从收款到发货的环节。

3. 国际站提供两个赛道模式

开通平台后发品可以选择两种产品模式，两个都选或者选其一都可以。

第一种：Ready to ship 模式，简称 RTS。快速交易模式，买家可以直接下单，卖家需要 15 天内发货。一般标品、自有品牌品，选这种模式比较多。卖家发品时需要设置好产品规格、库存、价格、发货期、运费等确定性信息。

第二种：OEM 模式，定制模式，即定牌生产或授权贴牌生产、代工生产。买家不能直接下单，需要把要求跟商家沟通，再下单，生产。这种模式是阿里巴巴国际站主打的模式。

三、平台赢利方式

（一）会员费

企业通过阿里巴巴国际站参与电子商务交易，必须注册为会员，每年要交纳一定的会员费，才能享受网站提供的各种服务，目前，会员费是阿里巴巴国际站最主要的收入来源。

免费会员：免费买家只能采购商品，不能销售商品；国际免费会员不仅能采购商品，还可以在国际站发布供应信息进行产品销售。

全球供应商会员：指中国以外的付费卖家会员，可以在国际站采购商品，同时可以发布产品信息进行销售，还可以在国际站继续搜索产品或者供应商的信息，针对后台的管理系统，可以提供英语、简体中文和繁体中文三种语言，在英语系统下，部分功能只开放如一些增值外贸服务。

中国供应商会员：是阿里巴巴国际站的主要付费会员，主要依托国际站寻找海外买家，从事出口贸易。他有一个非常强大的后台管理，在这里可以进行商品管理以及店铺装修等操作，而对于卖家来说不仅可以通过产品信息，还可以通过公司吸引买家，达成最后的交易，同时中国供应商也可以在网站上发布采购信息，进行原材料的采购操作。

出口通会员：29800 元/年。

金品诚企会员：138800 元/年。

（二）会员体系

下面介绍一下国际站的会员体系，以及国际站会员能够享有的权益，这样可以对国际站的会员费用有一定感知。

出口通和金品诚企两种国际站会员模式。阿里巴巴国际站的会员体系分为两种，一是出口通，二是金品诚企。类比在国内其他电商平台来看，出口通就类似于淘宝或者 1688 的诚信通这类平台入门级店铺，金品诚企就类似于天猫或者 1688 的超级工厂这类平台高级店铺。

1. 出口通会员

出口通会员（Gold Supplier），是 Alibaba.com 平台基础会员产品，面向海外买家展示产品制造能力和企业实力进而获得贸易商机与订单的付费会员服务。对于出口通会员而言，能够享受到国际站的基础权益：如不限量的商品发布，多媒体商品表达（包括短视频、店铺直播等权益），RFQ 报价权益，店铺数据效果分析，专属服务等。目前出口通会员的年费为 29800/年。

2. 金品诚企会员

另一个国际站会员则是金品诚企会员（Verified Supplier），金品诚企会员是阿里巴巴国际站联合独立第三方机构为优质供应商进行权威实力认证的高端会员产品，是经过 Alibaba.com 平台权威实力验真的，面向平台实力商家推出的高级会员产品，通过线上线下结合的方式，平台对商家的企业资质、商品资质、企业能力等全方位实力进行认证验真和实力透传。除享有出口通会员服务，金品诚企会员还将享有专属营销权益和专属营销场景，帮助企业赢得买家信任，匹配优质买家。目前金品诚企会员的年费为 80000 元/年。

在阿里巴巴国际站的生意链路中，出口通和金品诚企会员的价值体现。

（1）金品诚企的三大价值：差异化优势表达、多元化营销权益、专业化服务保障。

（2）金品诚企会员进化历程

除此之外，在合作国际站的时间点上，如果碰上国际站的促销活动，针对入驻为国际站金品会员官方会有 VR Showroom 的限量资源赠送，不仅 1:1 实景还原商家的线下展厅，多元化呈现企业实力和商品细节，还有专属的 3D 商品标注、AI 智能带看及音视频导览能力，助力商家谈单转化，获取海外商机。

（三）竞价排名

企业为了促进产品的销售，都希望在 B2B 网站的信息搜索中将自己的排名靠前，而网站在确保信息准确的基础上，根据会员交费的不同对排名顺序做相应的调整。

阿里巴巴国际站关键词搜索排名，钻石词仅售 1~20 名。第一名 96000 元/年；第 2~10 名 43200 元/年；第 11~20 名 24000 元/年。

（四）增值服务

阿里巴巴国际站通常除了为企业提供贸易供求信息以外，还会提供一些独特的增值服务，包括企业认证、独立域名、提供行业数据分析报告、搜索引擎等。

视频拍摄：5000 元/次；时长 60~70 秒。

橱窗展示：12000 元/组/年（每组五个橱窗产品）。

外贸直通车：

（1）开户金额：20000 元/30000 元；自主设置，按照点击收费。

（2）续充金额：10000 元/100000 元；账户总金额不能超过 150000 元。

（五）线下服务

线下服务主要包括展会、期刊、研讨会等。通过展会，供应商和采购商面对面地交流，一般中小企业还是比较青睐这个方式的。期刊内容主要是关于行业资讯等信息，期刊里也可以植入广告。

（六）商务合作

商务合作包括广告联盟，政府，行业协会合作，传统媒体的合作等。广告联盟通常是网络广告联盟，联盟营销还处于萌芽阶段，阿里巴巴国际站对联盟营销还有很大的发展空间。

（七）按询盘付费

区别于传统的会员包年付费模式，按询盘付费模式是指从事国际贸易的企业不是按照时间来付费，而是按照海外推广带来的实际效果，也就是海外买家实际的有效询盘来付费。其中询盘是否有效，主动权在消费者手中，由消费者自行判断，来决定是否消费。尽管 B2B 市场发展势头良好，但 B2B 市场还是存在发育不成熟的一面。这种不成熟表现在 B2B 交易的许多先天性交易优势，比如在线价格协商和在线协作等还没有充分发挥出来。因此传统的按年收费模式，越来越受到以 ECVV 为代表的按询盘付费平台的冲击。"按询盘付费"有四大特点：零首付、零风险；主动权、消费权；免费推、针对广；及时付、便利大。广大企业不用冒着"投入几万元、十几万元，一年都收不回成本"的风险，零投入就可享受免费全球推广，成功获得有效询盘，辨认询盘的真实性和有效性后，只需在线支付单条询盘价格，就可以获得与海外买家直接谈判成单的机会，主动权完全掌握在供应商手里。

四、平台服务种类

（一）免费会员

限制性申请：如公司是在中国，只有加入中国供应商才能使用卖家的功能。国际免费会员不仅能采购商品，还可以在国际站发布供应信息，进行产品销售。

（二）全球供应商会员

全球供应商会员指中国以外的付费卖家会员，可以在国际站采购商品，同时可以发布产品信息进行销售，还可以在国际站继续搜索产品或者供应商的信息，针对后台的管理系统，可以提供英语、简体中文和繁体中文三种语言，在英语系统下，部分功能只开放如一些增值外贸服务。

（三）中国供应商会员

中国供应商会员是阿里巴巴国际站的主要付费会员，主要依托国际站寻找海外买家，从事出口贸易。具有一个非常强大的后台管理，在这里可以进行商品管理以及店铺装修等操作，而对于卖家来说不仅可以通过产品信息，还可以通过公司吸引买家，达成最后的交易，同时中国供应商也可以在网站上发布采购信息，进行原材料的采购操作。

中国供应商会员有专享的中国供应商服务，包括以下专享服务。

1. 拥有专业的二级域名网页。

2. 拥有强大的后台管理系统。

3. 可以与所有买家直接联系。

4. 信息排名游戏。

5. 不限量产品发布。

6. 多账号外贸邮。

7. 买家 IP 定位。

8. 视频自主上传

9. 数据管家。

10. 橱窗产品。

11. 其他服务，包括在线推广、客户培训、海外展会、售后服务等。

◇实训活动

实训项目：阿里巴巴国际站平台操作

了解阿里巴巴国际站平台店铺注册，熟悉阿里巴巴国际站平台特点，能够为在阿里巴巴国际站平台上开店准备好资料，掌握开店所需工作和流程。

完成以下阿里巴巴国际站平台操作：

（1）登录阿里巴巴国际站了解开店流程及费用

（2）登录阿里巴巴国际站平台官网，点击"我要开店"了解或完成注册。

按流程完成注册：

1）准备好公司 ID 和邮箱

2）提供营业执照及法人身份证

3）核对通过。

4）确认合作方案，并且让客户经理拟一份合同，仔细查看合同

5）确认合同并付款

6）配合客户经理做实地认证

7）提交公司信息，完成公司信息审核。

8）做好英文版的公司名片、公司介绍、产品目录。

任务二　敦煌网：通往全球的线上"丝绸之路"

◇学习目标

1. 能够正确认识跨境电商敦煌网平台

2. 能够描述跨境电商敦煌网平台的赢利方式

3. 能够掌握跨境电商敦煌网平台注册流程与开店方法

4. 能够了解跨境电商平台策略及规则

◎建议课时

2 课时

◎情景描述

敦煌网集团入选"2023 胡润中国产业互联网 30 强"

《"十四五"数字经济发展规划》提出,数字经济发展速度之快、辐射范围之广、影响程度之深前所未有,正推动生产方式、生活方式和治理方式深刻变革,成为重组全球要素资源、重塑全球经济结构、改变全球竞争格局的关键力量。数字经济建设和发展的重要性不言而喻。

2023 年 6 月 27 日,中小企业数字化转型论坛的专场分论坛"2023 年琶洲产业互联网峰会",在广州市海珠区正式举办。会上,"2023 胡润中国产业互联网 30 强"(Hurun China IIoT Top 30 List 2023)榜单重磅发布。敦煌网集团凭借在数字经济领域出色的业务表现,以及推动中小企业以数字化方式融入全球产业价值链等成就,上榜"2023 胡润中国产业互联网 30 强——B2B 交易平台 10 强"。同期上榜的还有阿里巴巴(1688)、国联股份、京东工业品等产业互联网领先企业。

据了解,"2023 胡润中国产业互联网 30 强"榜单由中国建设银行广东分行、胡润百富联合首发。榜单分为智能制造 10 强、定制化业务管理 10 强与 B2B 交易平台 10 强,经中国商界权威机构胡润百富及榜单专家组委会前期全面深入调研后,优选出了各领域最具影响力的产业互联网企业。胡润百富 CEO 兼集团出版人吕能幸提到,榜单的发布旨在鼓励智能制造、B2B 等企业在各自的领域不断开拓创新,也希望更多企业参与数字中国建设。

图 2-1 互联网峰会

作为跨境电商平台，敦煌网集团不遗余力深耕产业互联网、发力数字经济。集团长期助力中小企业通过电商平台创业、参与数字经济；敦煌网集团一直以来全力支持女性等中小创业者参与数字经济。曾于 2016 年发起 APEC Women Connect，为全球女性打造数字化创业共享社区。于 2020 年推出社交电商平台 MyyShop，提供基于社交媒体的开店、选品、供货、营销和履约等服务，通过全面的支持体系，帮助用户得到数字技能和全链路贸易知识培训，给予商业资源对接，降低创业门槛，助力更广泛的人群参与数字经济。2022 年和 MyyShop 建立合作的网红超过 10 万个，主要集中在欧美发达国家市场。他们为敦煌网卖家带来了 100 亿粉丝人群覆盖；稳定带流量 & 带货网红 3 万个，日均单量超过 10000 单，涉及的行业包括服装、配饰、箱包、3C、家居等等品类。

敦煌网集团表示将长期紧跟产业互联网及数字经济发展趋势，不断整合产业上下游资源、升级 AI 等数字技术，通过平台赋能更多中小企业融入数字贸易生态圈，将中国品牌、中国供应链优势带向全球，助力更多中小创业者共享数字经济时代红利。

请思考：跨境电商敦煌网平台的理念是什么？跨境电商敦煌网平台有哪些独特的优势？

◎活动实施

一、平台概述

敦煌网集团由王树彤女士于 2004 年创立，是领先的 B2B 跨境电子商务交易平台。以在线交易为核心的"B2B + B2C"双赛道跨境平台，一站式布局全球千亿级市场，全方位的平台资源政策，赋能商家起步成长，帮助中小企业实现"买全球，卖全球"的梦想，助力中国品牌无忧出海。

敦煌网作为中国最领先的在线外贸交易品牌，是商务部重点推荐的中国对外贸易第三方电子商务平台之一。工信部电子商务机构管理认证中心已经将其列为示范推广单位。敦煌网开创了"为成功付费"的在线交易模式，突破性地采取佣金制，免注册费，只在买卖双方交易成功后收取费用。敦煌网一直致力于帮助中国中小企业通过跨境电商平台走向全球市场，开辟一条全新的国际贸易通道，让在线交易变得更加简单、更加安全、更加高效。

图 2 - 2　平台数据

敦煌网是全球领先的在线外贸交易平台，致力于帮助中国中小企业通过跨境电子商务平台走向全球市场，开辟一条全新的国际贸易通道，让在线交易不断地变得更加简单、更加安全、更加高效。

敦煌网是国内首个为中小企业提供 B2B 网上交易的网站，它采取佣金制，免注册费，只在买卖双方交易成功后收取费用。

二、平台注册流程与开店方法

DHgate 的核心业务品类主要为时尚产品，包括服装鞋帽、配饰、各种时尚包包、户外用品、家居百货用品、3C 类产品。因为这个平台拥有与其他平台不同的海外线上线下零售商资源，选择做海外批发的众多中国商家优先选择了敦煌网。怎么才能在敦煌网这个全球最大的批发市场开档口呢？我们一起来看看。

（一）DHgate 的开店条件

无论是企业还是个体商户，都能够以卖家身份在敦煌网平台上进行销售，一个企业或者个体工商户最多可以开 10 个店铺，分别属于不同的品类，前提是需要在卖家营业执照的经营范围之内。开店资质要求如下：

1. 营业执照

2. 法人以及经营者的身份证

3. 货品的进货发票

4. 产品图片

（二）DHgate 的开店流程

1. 登录 www. dhgate. com。登录敦煌网卖家首页后，点击"免费注册"或者"免费开店"，进入注册页面；

2. 点击首页频道栏"商家首页"，在下拉菜单中点击"我要开店"。

3. 在注册流程页面填上相应信息。

4. 在手机和邮箱中验证。

5. 缴费。敦煌网平台使用费是 299 元一个季度，或者 599 元半年，或者 999 元一年。

6. 认证。需要上传营业执照、法人身份证、联系人身份证，并要求联系人手持身份证拍照。

7. 认证通过就可以上传产品。

表 2 - 2　身份验证所需资料

个人	大陆公司	香港公司
手持身份证拍摄的正、反面头部照。	·公司名称 ·公司法人名字 ·营业执照号、执照副本图片 ·法人手持身份证拍摄的正、反面头部照 ·敦煌网联系人手持身份证拍摄的正、反面头部照 ·带有企业门牌及企业名称的图片	·公司名称 ·董事姓名 ·公司编号、注册证明书 ·香港公司注册处法团成立表第四页 ·董事手持身份证件拍摄的正、反面头部照 ·敦煌网联系人手持身份证拍摄的正、反面头部照 ·带有企业门牌及企业名称的图片

注意：营业执照号是指营业执照的注册号，而并非是营业执照编号。

（三）店铺产品上传流程

1. 添加新产品

首先登录到"我的 DHgate"—"我的产品"—"添加新产品"页面，然后点击"添加新产品"选项。

2. 填写产品基本信息

产品标题——清楚、完整、形象，最多可输入 140 个字符；

产品基本属性——根据您的产品，选择页面所提供的属性选项，比如品牌、款式、尺寸、材质、颜色等，填写的属性值将会直接显示在买家页面；

产品规格——根据产品规格的不同，设置不同的零售价，并在前台展示给买家。

3. 填写产品销售信息

销售方式——可以选择按件销售或按包销售。如选择按包卖，请您输入每包产品的数量，其中单位为"件"；或者在右侧选择其他销售单位，比如双、套等单位；

备货状态——可以选择有备货，或者待备货。有备货可以选择备货地、备货数量，备货期2天（有备货的产品备货期小于等于2天）；待备货的产品可以设置客户一次最大购买数量，并且备货期可以设置为1~60天；

产品价格区间——可以针对同一产品的不同数量区间，分别设置各个数量区间的不同报价；如果同一产品还有不同的规格，也可以针对不同的规格在不同的数量区间设置各自的价格。

4. 填写产品内容描述

产品图片——用生动真实的图片展示产品，上传产品之前要准备好图片，图片格式为JPEG，大小在2M以内，同一产品内容描述中，可以使用8张图片展示；

站内外推广图片——上传一张高质量的图片用于站内外推广，图片无人为修改，无促销、产品属性、名称等信息，无PS修改涂痕；

产品组——为方便自己管理产品，可以创建产品组，将同一类别的产品添加到同一个产品组中；

产品描述——填写产品描述，将产品的特色、功能、服务、包装及运输信息等展示出来（敦煌网面对的是国外买家，用英文填写产品描述）。

5. 填写产品包装信息

输入产品包装后的重量及大小（长、宽、高）。

6. 运费设置

如果卖家是第一次上传产品，需要创建一个运费模板，步骤如下：第一，点击"运费模板管理"链接，打开添加运输模板页面；第二，点击"添加新模板"，添加"运费模板名称"并选择想要使用的物流方式；第三，填好模板名称并设置好物流方式之后，点击保存，完成模板创建。

注意：如果需要修改某个运费模板的信息，可以点击"运费模板管理"，到"运费模板"页面去修改。

7. 填写其他信息

填写比如产品有限期等其他信息，填写完成后，产品基本就上传完成了，最后点击"同意接受《敦煌网产品发布规则》"就行了。

（四）敦煌网收款方式

敦煌网平台收款方式有两种，一种是人民币收款，一种是外币收款。

设置收款方式步骤：登录"我的 DHgate"—"资料设置"—"银行账户"，就可以直接看到需要填写的内容，按照要求填写就可以了。

敦煌网以 3C、健康美容、时尚类（鞋包配饰）、家居户外、婚纱礼服、饰品手表等品类为主，针对的市场主要是北美和西欧，想入驻敦煌网的卖家可以在了解了北美和西欧市场之后，从上面几个品类中选择一个自己熟悉的品类入手，有目的性地进入。

（五）如何上传高质量产品

产品是由文字和图片组成的，详细的文字描述和清晰的图片可以更多地吸引买家的眼球。上传产品时需要填写如下板块：

1. 基本信息：产品标题、产品关键词（非必填）、产品基本属性、产品规格、是否支持定制。

2. 销售信息：销售计量单位、销售方式、备货状态、库存扣减方式、备货地、备货数量、备货期、产品价格区间、商品编码（非必填）。

3. 内容描述：产品图片、站内外推广图片、是否上传主图视频、商品分级管理（非必填）、产品卖点＆特性、产品详细描述。

4. 包装信息：包装后重量、包装后尺寸。

5. 设置运费：选择运费模板。

6. 其他信息：售后服务模板。

首先请您登录"我的 DHgate"—"我的产品"—"添加新产品"页面。

点击"添加新产品"首页需要选择产品类目。

（六）店铺基础装修及操作

如何添加橱窗产品：

1. 添加产品到橱窗

如果您没有创建店铺，点击"我的 DHgate"—"产品"—"店铺"就会出现店铺创建页面。

创建店铺的前提条件：

①通过 DHgate 认证

②通过审核的在线产品必须大于 10 件

③至少在橱窗中设置一个产品

系统会自动检测，如果满足以上要求，点击"创建店铺"按钮，就可以立即创建您的店铺了。

2. 添加产品到橱窗

橱窗内分为"New Arrivals""HotItems""Free Shipping"三个选项。点击页面上方的标签进行各分类产品设置，您可以添加产品到当前橱窗，批量修改产品有效期，批量移除产品。店铺创建成功后，可以选择产品添加到橱窗。

在产品添加页面，系统列出的是卖家所有上架且通过审核、且尚未加入任何橱窗的产品。选择产品后，点击"添加"，完成产品加入橱窗的操作。

对于"Free Shipping"橱窗，添加的产品同时还要满足免运费产品的定义；"New Arrivals"橱窗中的产品，是平台"New Arrivals"的产品展示的重要参考，因此很好地应用"New Arrivals"，可以大大提高产品的曝光率。

3. 调整显示顺序

产品加入橱窗后，可以调整产品的显示顺序。卖家自己定义的产品顺序，就是买家访问店铺时看到的产品显示顺序。

4. 预览店铺

设置好"New Arrivals""HotItems""Free Shipping"三个特色橱窗后，您就可以预览店铺并查看店铺的效果了。

5. 开放店铺

卖家可以通过"点击开放店铺"按钮自行开放或关闭店铺。只有您的店铺状态为"开放"时，买家才可以浏览到您的店铺。如果您需要暂时关闭商铺，可以点击"关闭"商铺按钮。此时，买家还可以搜索并查看您的产品，只是无法访问您的商铺；如需再次恢复只需点击开放商铺按钮即可。

三、平台策略及规则

对海外的线上线下中小零售商而言，敦煌网是一个能够快速了解中国供应商的货品，并能直接小批量采购的好渠道。

（一）平台策略

随着移动互联网的普及，用户消费行为发生了很大变化，线上和线下多渠道采购、消费需求多样化成为不可逆转的趋势，中小零售商也需要快速适应消费者需求的变化，他们需要获得更多的进货渠道，而敦煌网恰好能非常好地解决他们面对的用户需求多样化的问题。

对中国的工厂、批发商来说，敦煌网的买家和别的 B2C 平台的买家不一样，别的跨境 B2C 平台的买家是最终的消费者，他们对价格敏感，但是忠诚度却很不容易建立起来；敦煌网的买家大多是中小零售商，线上线下都有，他们其实是渠道，这些中小零售商一旦和敦煌网的卖家建立起联系，就会相对忠诚，因为敦煌网会成为他们的主要进货渠道之一，而且轻易不会调整，尤其在没有更多选择的情况下。

敦煌网基于多年的翻译语料，联合搜狗推出的翻译 AI，解决了很多外语不好的商家的跨境沟通问题。国外买家发送的邮件、站内信和使用敦煌的即时聊天工具发来的信息，都会被自动翻译成中文，卖家只要回复中文，国外买家收到的信息就是他们自己国家的语言。另外还有一个产品——敦煌网跨贸云，可以一键将敦煌网店铺直接搬到亚马逊和 Wish 上。这两个产品确实为商家提供了很不错的便利服务。

（二）敦煌网搜索排名规则

敦煌网搜索的排序，一部分的加权来自增值付费产品——骆驼服务，在其他的加权因子中，主要还是销量和转化率，同时发货时间、客户评价等也是很重要的影响因素。敦煌网的广告投放和各个海外搜索引擎的 SEO 做得不错，敦煌网上的商家如果店铺多，产品数量多，在获取免费流量上会有一定优势。目前一般店铺可以发布 2000 个产品。

（三）DHgate 禁限售商品清单

1. 禁售清单（见表 2-3）

表 2-3　禁售清单

产品类别	禁售产品及信息	说明及举例（不仅限于以下举例）
毒品类	毒品、麻醉品、制毒原料、制毒化学品、致瘾性药物	罂粟花种子、白粉、海洛因等
	帮助走私、存储、贩卖、运输、制造、使用毒品的工具	大麻生长灯等
	制作毒品的方法、书籍	
	吸毒工具及配件	
枪支武器类	核武器等其他大规模杀伤性产品	弹药、军火等
	枪支及枪支配件	真枪、消音器、枪托、子弹匣、握把、扳机等

2. 限售清单

限制销售的产品，指需要取得商品销售的前置审批、凭证经营或授权经营等许可证明才可以发布的产品。卖家须将已取得的合法许可证明提前提交至敦煌网授权邮箱 shouquan@dhgate.com 进行审核，审核通过后方可发布，如表2-4所示。

表 2-4　限售清单

产品类别	需提供销售许可证书	说明及举例
I 类、II 类医疗器械	需同时提供如下销售许可证书： 1. 持有中国国家食品药品监督管理总局医疗器械经营许可证或医疗器械经营备案证 2. 持有美国食品药品监督管理局的 FDA 认证或 510K 报告	听诊器、体温计、血压计、血氧仪等
食品饮料	需同时提供如下销售许可证： 1. 生产型企业须提供《出口食品生产备案证》，贸易型企业须提供《食品经营许可证》及《出口食品生产备案证》与其相关授权及进货证明文件（合同、发票等） 2. 须符合进口国家要求，如销往美国须提供 FDA 认证，销往加拿大须提供 CFIA 认证	包装食品、休闲食品、茶叶等

（注：敦煌网将不时调整以上禁止销售/限售产品名单，其他更多禁止销售的产品请参看中国海关及限制进出口商品，美国法律法规禁止进口商品，英国法规禁止销售产品）

3. DHgate 收费政策

敦煌平台使用费：一个季度 299 元，半年 599 元，一年 999 元。

佣金政策是当单笔订单金额少于 300 美元，平台佣金率调整至 12.5% ~ 19.5%（中国品牌手机平台佣金率调整至 5.5%）。

当单笔订单金额大于等于 300 美元且小于 1000 美元，平台佣金率调整至 4.0% ~6.0%。

当单笔订单金额大于等于 1000 美元，平台佣金率调整至 0.5% ~1.5%。

4. 卖家账户放款规则

目前，敦煌网支持 EMS、DHL、FedEx、UPS、TNT、USPS、HKPost、ChinaPost、燕文、Equick 等可在线跟踪的货运方式。针对有货运跟踪号的放款方式，设置订单放款规则。

5. 买家主动确认签收

买家确认签收的订单（除被风控调查订单），敦煌网会对订单的货运信息进行核实，如果订单查询妥投，会根据妥投信息作出如下处理，如表 2 - 5 所示。

表 2 - 5　买家确认签收的订单处理

类别	货运情况	订单完成时限
第一类	妥投且时间、邮编和签收人都一致	此订单款项可放款至卖家资金账户，订单完成
第二类	妥投且时间、邮编和签收人任意一项不一致	账户放款将可能被延迟或暂停
第三类	部分未妥投、全部未妥投或无查询信息	

6. 买家未主动确认签收，卖家请款

买家未主动确认签收的订单，卖家请款后，敦煌网会先根据卖家上传的运单号核实妥投情况并作出相应处理，如表 2 - 6 所示。

表 2 - 6　买家未确认签收的订单处理

类别	货运情况	订单完成时限
第一类	妥投且时间、邮编和签收人都一致	发送催点信给买家，买家在 5 天内未发起任何投诉、协议或者纠纷，也没有邮件回复，将该订单款项放款至卖家资金账户，订单完成

类别	货运情况	订单完成时限
第二类	妥投且时间、邮编和签收任意一项不一致	账户放款将可能被延迟或暂停
第三类	部分未妥投、全部未妥投或无查询信息	

7. 卖家当前账户纠纷率过高

当卖家当前账户纠纷率过高时，卖家账户放款将被延迟，如表 2 - 7 所示。

表 2 - 7　卖家纠纷率过高处理办法

卖家账户情况	最早可放款时间
25% ≤纠纷率＜40%	20 天
40% ≤纠纷率≤50%	45 天
纠纷率＞50%	120 天

8. 无固定期限暂停放款判定规则

当卖家账户或交易违反以下一条或几条规则时，放款将可能被无固定期限暂停：

（1）交易为虚假交易。

（2）卖家实际销售产品为侵权品或禁销品。

（3）卖家关联账户处于因平台调查账户关闭状态。

（4）卖家关联账户处于无固定期限限制提款状态。

（5）卖家账户被司法机关调查中。

（6）卖家账户及其交易涉及其他违法行为。

◇实训活动

实训项目：完成敦煌平台店铺注册熟悉敦煌平台

完成敦煌平台店铺注册熟悉敦煌平台特点，为在敦煌上开店准备好资料，顺利完成注册、认证和开店工作；完成平台产品上架与设置。

步骤 01：注册入口

登录 https：//seller. dhgate. com/，点击"轻松注册"，阅读完《政策》后，点击同意协议，进入注册页面。

步骤 02：填写商户信息

步骤 03：验证邮箱

在提交信息后，选择"手机短信验证"或"登录邮箱激活"。您的注册手机号或者邮箱会收到一封激活邮件，请您及时查看您的手机短信或者登录到您的注册邮箱，点击激活链接。

在手机短信或者邮箱验证通过后，您的敦煌网开店注册就成功啦！

步骤 04：缴纳费用

开店注册成功后，点击"立即缴费"进入卖家后台。

卖家根据自己的需求选择需要的使用版本，选择完成后，点击"缴纳费用"进行付费。

步骤 05：身份认证

缴费成功后，开始进行身份认证。

进入到认证页面，首先会让您选择用户类型，共分为三种类型：中国大陆企业、中国香港企业、个体工商户。

资质类型分为：品牌卖家、品牌代理卖家、工贸一体卖家、贸易型卖家、工商型卖家。

步骤 06：企业卖家补充企业信息

在认证过程中，企业卖家还需要补充企业信息（个体工商户是不需要的）

（注意：未补充企业信息，上传产品，产品是不会进行审核的）

步骤 07：经营品类绑定

任务三　Shopee 平台：为跨境电商提供一站式服务

◇**学习目标**

1. 能够正确认识跨境电商 Shopee 平台

2. 能够掌握跨境电商 Shopee 平台注册流程与准备

3. 能够描述跨境电商 Shopee 平台战略与开店成本

4. 能够了解跨境电商平台功能

◎**建议课时**

2 课时

◎**情景描述**

Shopee11.11 大促收官，数万跨境卖家售出商品数大涨超 10 倍

〔2022 年 11 月 14 日，中国〕近日，领航电商平台 Shopee 宣布"11·11"大促圆满收官。大促当天，数万跨境卖家售出商品数较平日大涨超 10 倍，手机平板及配件、女装、家居生活、美妆、时尚配饰等强势跨境品类热卖东南亚与拉美。跨境新卖家在细分赛道表现尤为亮眼，小家电、服饰外套、宠物食品、厨房用具等类目售出商品数较平日涨超 50 倍。同时，东南亚消费者向国货品牌释放巨大热情，跨境 Shopee Mall 售出商品数增至平日 7 倍。

作为一年一度的网购盛宴，今年"11·11"大促 Shopee 持续以多重福利回馈消费者，并通过 Shopee Live、Shopee Prizes 等娱乐化方式为消费者打造轻松愉悦的购物体验。大促期间 Shopee Live 观看量破 15 亿，激发跨境店铺消费者购买力提升 5 倍。

战略性布局细分类目，Shopee 携手四大品类卖家满足消费者多元需求。面对不断变化的外部环境，消费者希望可以对自己的生活有更强掌控力，倾向于根据自身的确切需求选择相应产品。基于对行业新生态的洞察，Shopee 不断优化服务，围绕电子、时尚、生活、快消四大品类配置专业化团队，更好支撑卖家精细化运营，全方位满足消费者个性化需求。

请思考：跨境电商 Shopee 平台的理念是什么？跨境电商 Shopee 平台有哪些特点和优势？

◎**活动实施**

一、平台概述

Shopee 是东南亚及中国台湾地区的电商平台。自 2015 年在新加坡成立以来，Shopee 业务范围辐射新加坡、马来西亚、菲律宾、泰国、越南、巴西等 10 余个市场。Shopee 是东南亚发展最快的电商平台，是国货出海东南亚首选平台。

Shopee 自成立起，一直保持成长。2019 年第一季度，Shopee 季度 GMV 同比

增长 81.8%，总订单数同比增长 82.7%，APP 下载量超过 2 亿。2021 年，Shopee 的 GAAP 收入为 51 亿美元，同比增长 136.4%；总订单数为 61 亿单，同比增长 116.5%；GMV 为 625 亿美元，同比增长 76.8%。

图 2-3　Shopee 情况

2022 年 Shopee 总订单量达 76 亿，保持稳健增速，同比增长 23.7%。

图 2-4　Shopee 情况预览

根据应用分析平台 Apptopia 数据，Shopee 为 2021 年全球下载量最高的购物应用，下载量达 2.03 亿，在购物类应用中排名第一。

根据权威移动数据分析平台 data. ai，Shopee 跻身 2022 年全球购物类 APP 平均月活数增速前三，并囊括东南亚及巴西市场购物类 APP 平均月活数增速第一。同时，Shopee 品牌影响力广泛，入榜 YouGov2022 全球最佳品牌榜第五，为前十强中仅有的电商品牌。

据 data. ai，Shopee 取得了 2022Q2 全球购物类 APP 中用户使用总时长第一，平均月活跃用户数第二的成绩。

Shopee 于 2016 年在深圳和香港设立办公室，开展跨境业务，为中国跨境卖家打造一站式跨境解决方案，提供流量、物流、孵化、语言、支付和 ERP 支持。

Shopee 母公司 Sea 是首家于纽交所上市的东南亚互联网企业（股票代码：SE）。

二、平台注册流程与准备

（一）入驻流程

1. 线上创建主账号

需要卖家提供电话和邮箱用于绑定主账号，主账号用于管理新店申请，和之后所有的店铺运营，同时用于绑定收款账号。

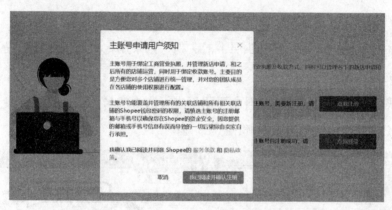

图 2 - 5　Shopee 注册页面

2. 开通店铺及上传商品

在主账号下按照指引填写入驻信息表单。完整提交后请点击页面左下方"申请开店"按钮开通无销售权店铺，并发布至少一个商品。已开通店铺并上传商品的卖家将享有优先审核权，出单快人一步。

3. 资质审核

工作人员会尽快审核您的材料，初审 5 个工作日，复审 7 个工作日（遇节假日、周末、繁忙时段审核时间会顺延），请在 shopee.cn 及时登录您的主账号，查看审核进度通知。如果需要补充/修改材料，请及时补充/修改，避免因为长期没有补充/修改被关闭。

4. 销售权激活

资料审核通过，成功绑定收款账户，并确保店铺对应的 Shopee 账户（指以同一个营业执照注册的 Shopee 账户）充值足额的卖家保证金后，您店铺的销售权会自动激活，即可面向买家正式营业。我们会向您所留的邮箱中，推送新手任务，便于您尽快对接小二。

（二）入驻前准备

入驻前准备好需要的资料，能够帮助您更快地完成入驻。

需要准备的开店材料分为4类，分别是法人材料、基本信息、公司信息及店铺信息。

1. 第一部分：法人材料

●法人身份证正反面照片（用于实名认证）

●法人根据提示录制认证小视频

请注意，法人必须是营业执照上的法人，且录制视频时需要按照提示，不可进行过度美颜和P图。

请您放心，这一部分的材料主要用于进行法人实名认证，我们的实名系统与国家公安系统绑定，您无须担心隐私问题。

图 2-6 Shopee 法人准备材料

2. 第二部分：基本信息

1）联系人姓名

联系人可以是法人也可以是店铺运营人

2）公司邮箱

需为常用邮箱，不可重复，后续审核链接将通过邮件发送给您；同时邮箱也必须为没有申请过入驻的邮箱，如果曾经入驻过 Shopee 则必须更换新邮箱入驻

3）联系人手机号

必须为实名卡，不可使用虚拟号、副卡，且此前该号码没有入驻过 Shopee，如果该手机号曾经入驻过 Shopee，必须更换新手机号入驻

4）过往主要运营经验

选择后无法更改，请务必根据自身真实情况谨慎选择！该选择将决定后续审核材料类型及运营管理团队分配

● **跨境电商**：具备跨境电商经验，如亚马逊、eBay、Wish、阿里国际站等

● **内贸电商**：具备国内电商经验，如淘宝、京东、拼多多、1688等

● **传统外贸**：B2B 接国际订单

● **传统内贸**：B2B 接国内订单

● **无经验**：没有任何经验

3. 第三部分：公司信息

1）营业执照原件（正副本）照片

● 可提供正本原件照片或副本原件照片，但需与后续所提交视频中的营业执照保持一致

● 营业执照可以包括有限公司类型执照、个人独资企业类型及个体工商户类型执照

● 营业执照需从未入驻过 Shopee，也就是说 1 位法人只能开设 1 个店铺，如果您申请过入驻 Shopee 没通过或因为一些原因关闭的，请与招商经理联系

● 如果您是新申请的营业执照，必须在国家信息公示网上能查询到后，才可提交入驻，否则可能会判定为虚假入驻，材料作废

● 有限公司执照必须在营业期限内，超出营业期限的公司会被关闭审核。如果您的执照处于经营异常状态，请去工商局处理后再入驻，否则也会入驻失败

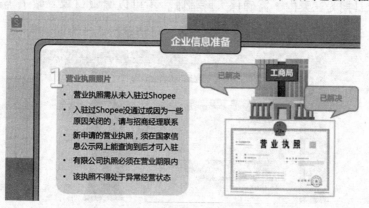

图 2-7 Shopee 企业准备材料（1）

2）营业执照公司名称

根据营业执照填写即可

3）营业执照统一企业信用代码

企业信用代码必须与营业执照（正本）完全一致，注意区分字母和数字，如：字母 O 和数字 0

4）办公地址

填写公司的真实办公地址即可，需要注意：填写办公地址时注意不要选错省、市、区

4. 第四部分：其他验证材料

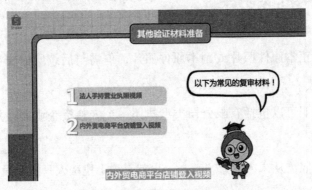

图 2-8　Shopee 其他准备材料（2）

这部分材料一般是复审时提交，初审时不必提交，通常一般是初审材料不清晰才会导致复审。

1）法人手持营业执照及日期为 3 天内拍摄的视频

要求日期为三天内，需确保人脸清晰，不可以佩戴口罩、帽子等遮盖面容的物品，确保人脸与身份证照片头像一致，可清楚辨认出为同一人

图 2-9　Shopee 其他准备材料

总结：准备 Shopee 入驻材料的要点

2）不可重复申请

1 个法人只能提交 1 次入驻申请不能重复开店，1 位法人只能开设 1 个店铺

3）请确保各审核材料清晰，若审核材料不清晰，或可能需要复审并延长审核时间

4）新卖家可在十大站点中选择一个首站

如需开通第二个及更多站点，请联系客户经理

三、平台战略与开店成本

（一）平台战略

1. shopee 的核心策略，是专注移动端，因地制宜深耕本土

图 2 - 10　Shopee 核心策略

一方面，Shopee 遵循"移动端优先"的原则。契合目标市场高度移动化的特性，持续优化网购体验。平台数据显示，95% 的 Shopee 订单由移动端完成。另一方面，Shopee 坚持"本地化运营"。各市场推出了独立的 APP，进行差异化运营。本土化运作经验丰富，可以迅速满足不同市场的消费者需求。

2. 本土化策略

"Shopee 的平台潜力如何？""我的东西在 Shopee 会有人买吗？""我能在 Shopee 赚到钱吗？"这些都是卖家们在进入一个平台前最关心的话题，而这些都与一个话题有关，也就是市场范围。

一个电商平台所覆盖市场的大小和多少，能够决定平台未来的体量能发展到多大，也决定了这个平台消费者的多少与购买力的强弱。截至目前，Shopee 覆盖了全球电商增长蓝海，"10 + 市场"触达超 10 亿人口红利。

这是权威调研平台 eMarketer 发布的 2020 年全球各地区电商交易额增长数据。可以看到，东南亚是 2020 年全球电商交易额增速排名第一，拉美地区排名第二。Shopee 已解锁全球电商高增长区，业务覆盖"10 + 市场"超 10 亿人口。

目前，Shopee 已累计覆盖了新加坡、马来西亚、菲律宾、泰国、越南、巴西、墨西哥、哥伦比亚、智利等十余个市场，在东南亚及拉美电商增长蓝海均有布局。面向跨境新卖家开放十大首站，卖家可根据过往运营经验及经营类目选择出海首站。

3. 其他层面优势

Shopee 致力于构建一站式跨境出海方案，以打造 SLS 物流服务、中文/多语种互译、支付保障、中国卖家中心的基础硬实力，提供流量、孵化支持的运营软实力，整合优质三方合作伙伴的资源聚合力，成就每一种出海可能。

图 2 - 11　Shopee 本土策略

在物流层面，Shopee 物流服务 SLS，低价高效，跨境发货非常方便快捷。一旦出单，卖家只需根据物流要求打包好产品，从后台打印面单，然后将包裹运送至转运仓即可，转运仓会立即将商品发往海外，200 多条航线及 800 多个航班，能够保证商品运输通畅。包裹到达转运仓之后出口清关、"最后一公里"配送等所有物流环节，Shopee 都会帮助卖家一站式解决。这样的物流方式对卖家来说，能够大大降低成本，提升效率；对消费者来说，统一的调配及迅速的运输流程，也能让他们的跨境网购体验达到最优。

在支付层面，为提升中国跨境卖家资金管理的安全性和便捷性，Shopee 联合持牌支付机构推出"一站式官方跨境收款服务"——Shopee 官方钱包。卖家可直接在卖家中心后台开通 Shopee 官方钱包，实现多店铺收款、资金管理、换汇提现等操作，尊享更安全、更便捷、更优惠的收款体验。此外，还支持选择第三方支付服务商，LianLian、Payoneer 及 PingPong；不同于大家想象中的跨境支付非常麻烦，需要担心汇率、境外银行卡等问题，在 Shopee，只需一张国内银行卡就可以搞定收款，非常便捷。

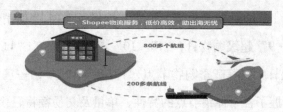

图 2-12　Shopee 物流服务

在打款层面，打款周期为 2 周一次，同时，平台也在针对打款系统与回款速度不断优化，马来西亚、泰国等多个站点已实现 1 周一次打款。

图 2-13　Shopee 支付

在语言层面，基于 Shopee 所覆盖市场中有很多都是多语种站点，包括泰语、越南语等，为了降低卖家的沟通门槛，平台提供聊聊中文自动翻译功能，卖家可以直接通过已嵌入人工智能系统的 Shopee 聊聊工具，完成买卖期间的沟通翻译。平台数据显示，聊聊中文自动翻译功能可有效帮助卖家实现转化，助推客服订单增加 9%。

在孵化层面，不同品类的卖家都能在 Shopee 找到适合自己的成长路径。Shopee 围绕四大品类，分别是电子、快消、生活、时尚，每一个品类都配置了专业的品类经理。品类经理围绕四大品类与 30 个一级类目，提供专业的品类分析和服务支持，帮助卖家快速成长，高效出单。

图 2-14　Shopee 孵化

在流量层面，卖家不用担心流量问题，Shopee 构建了站内外引流矩阵，多渠道引流。站内，Shopee 每个月都为消费者提供了 3~4 个促销节点，并在每年下半年设立"9·9"超级购物日，"10·10"超级品牌节，"11·11"超级大促及"12·12"生日大促等旺季购物节点，打造爆单旺季，一旦卖家适应了平台促销节奏，并掌握了各个促销节点的特性，单量及交易额将轻松实现量级提升。

另外，还可以通过 Shopee 广告、关注礼、免运活动等各类营销手段，配合平台促销季，能够最大化为商品引流，提高转化，达到事半功倍的效果。站外，由于全球消费者对社交媒体需求的不断增长，Shopee 与全球两大社群平台 Facebook 和 Google 建立了合作关系，通过 ShopeeX Facebook 广告、Shopee XGoogle 广告，既能为商品快速引流，又能提高品牌知名度。以上就是 Shopee 在物流、支付、语言、孵化及流量层面为卖家提供的支持。

4．Shopee 开店成本

成功入驻 Shopee 后，您将会进入店铺运营阶段，随着您店铺的运营，也会产生不同的运营成本。这期间会涉及的成本主要有佣金、交易手续费、活动服务费、物流费用以及卖家保证金，这些费用分别是什么意思呢？会收取多少呢？

5．佣金

是指平台针对已成交并妥投的订单收取的费用，注意只针对已成交并妥投的订单收取，未成交的订单不会收取任何费用，佣金会从每一笔订单的拨款金额中直接扣除。

收取佣金的比例为订单金额的 6%~10%（不同站点佣金费率有所不同），也就是说佣金 = 实际订单支付金额 × 佣金费率。

据 Shopee 最新招商入驻政策，自 2023 年 7 月 1 日起，首次提交入驻资料的新卖家，最高享前 3 个月免佣。

6．交易手续费

交易手续费由第三方服务商收取，是订单总金额的 2%（部分站点在 2022 年 7 月 1 日后会生成新的费率）。

手续费是如何产生的呢？各个市场的消费者将通过当地货币进行购买，而平台与卖家是以美金的形式进行结算，手续费也由此而来。

图2-15　Shopee 手续费

7. 活动服务费

除了佣金和交易手续费以外，运营店铺还可能涉及另一个费用——活动服务费。

为什么说是可能呢？因为活动服务费只有您在参加活动时才会收取，不参加活动不会收取。

活动服务费即在您参加各站点的官方促销活动时，比如大促活动、秒杀活动等，参加活动的商品或者店铺收取一定比例的服务费，具体费率基于不同的活动有所区别。

8. 物流费用

我们将货物发到海外去，就需要物流费用，关于物流这一块一定也是卖家最关心的问题，在 Shopee 平台是怎么把货发往境外的呢？境外运费是不是特别贵？不用担心，发货其实非常简单！

Shopee 为各位卖家提供一站式物流解决方案，卖家只需将包裹送至转运仓，后续的清关、跨境运输及最后派送到买家手中都是由 Shopee 物流服务——Shopee Logistics Service（SLS）负责。

而从转运仓到买家手中这一段费用，将由卖家和买家共同承担，卖家只需要承担从转运仓至所在站点当地仓的费用，而从当地仓到买家手中这一段则是由买家自己承担，所以卖家只需要承担一部分物流费用，并且 Shopee 物流服务——Shopee Logistics Service（SLS），发货速度快，运费会比市面上的大多数物流公司低30％！部分站点单票运费低至几块钱！具体的物流收费标准，您可以在入驻后通过物流手册查询，因此关于物流您也无须过多担心。

9. 卖家保证金

为了更好地维护平台秩序，经营店铺的过程中，您需要缴纳人民币3000元整的卖家保证金，卖家保证金针对以同一个营业执照注册的 Shopee 账户收取。

您在入驻后，前往中国卖家中心——财务板块充值即可。如需退回保证金，可提交提现申请，我们将对申请进行审核，并在审核通过后 24 小时内返还到原账户。提醒：请您在申请提现前，确认已完整缴纳滞纳金，且所有订单已妥投，否则将延长提现时效。

（二）平台功能

Shopee 致力于构建一站式跨境出海方案，为广大跨境卖家提供高效低价的物流履约方案，精准引流转化的营销矩阵，以及整合系统、语言、支付、三方生态伙伴的全面运营支持，成就每一种出海可能。

表 2－8　高效低价的物流履约方案

名称	内容
流量	●Shopee 覆盖 7 大站点，各有不同文化特色与节日，平台全年处于大促之中。1、2 月份是华人新年；3 月份是换季；4 月份是泰国泼水节（当地新年）；5、6 月份是印尼和马来西亚斋月（当地新年）；6 月份是年中大促；7、8 月份是开学季大促；还有 9·9、10·10、11·11、12·12 四个年底大促 ●丰富的移动端体验引流，包括 Shopee Shake 摇金币游戏，Shopee Quiz 虾皮名人问答，Shopee Live 直播购物等，增加购物过程中的娱乐互动体验；还有名人网红开店，吸引更多消费者购物。此外，选择明星、网红代言等方式抓住用户
物流	●2017 年，Shopee 自建物流 Shopee Logistics Service（SLS）正式上线，为跨境卖家提供跨境物流解决方案。SLS 已在 Shopee7 大站点全面上线 ●SLS 利用优化的物流合作伙伴网络，借助空运和陆运提升运输灵活性及时效性，极大降低物流成本，配送价格低于市场价约 30%，实现最快 3 天送达 ●增设转运仓，扩大第三方物流合作伙伴，从 2018 年初至今，SLS 仓库的数量已增长至 6 个，分别位于上海、义乌、泉州、深圳、香港。同时开设自建海外仓，节省体积或质量较大产品的运输成本 ●SLS 还为卖家提供上门揽收服务，减轻卖家负担，提升包裹入库效率 ●为助推 2019 下半年业务提升，Shopee 团队在旺季前夕打造"多级火箭"，SLS 实现 50% 降价，拉高店铺利润空间 ●面向所有站点跨境卖家开放首公里追踪服务，跨境包裹发出后会在客户端更新物流信息，让买家能第一时间掌握运输状态，有效减少问询量和订单取消情况
孵化	●Shopee 为新入住卖家提供 3 个月孵化期，以及专业大客户经理一对一"顾问式"咨询服务 ●针对不同的卖家，Shopee 会推荐不同的市场进入策略。对有外贸经验的跨境卖家，首推马来西亚，因其是英文站点，本身体量也够大；而内贸卖家，首推台湾作为出海第一站，之后一般会推荐马来西亚和新加坡，这两个市场拥有众多华人；对于品牌卖家，Shopee 帮助他们先进入华人较多的新加坡、马来西亚等市场，再推广到人口较多的其他市场，如印尼、泰国等
语言	●强大的语言智能翻译机器和客服团队，提供产品翻译及多种小语种翻译

名称	内容
支付	●Shopee 启动支付保障，对货款托管，交易成功后货款及运费补贴通过第三方支付合作商打款卖家
ERP	●与国内主流 ERP 厂商实现对接，帮助商家提高运营效率
SIP	●Shopee 跨境新服务——虾皮国际平台（SIP）成内贸卖家出海利器，只要开设一店铺即可直卖七大市场。为赋惠更多中国跨境卖家，Shopee 扩大功能服务范围，已向全体卖家开放 SIP 虾皮国际平台

◇**实训活动**

实训项目：完成 Shopee 平台店铺注册

熟悉 Shopee 平台特点后，请熟悉为在 Shopee 上开店店铺装修流程，了解上架产品步骤，并完成新手任务与进阶学习。

您目前所学习的是"入驻中"阶段的课程，相信来到这一阶段的卖家，已经了解了 Shopee 的入驻政策及步骤，成功提交入驻了。

那么提交入驻后，我们需要完成哪些事情呢？这一阶段，我们将带您了解，入驻过程中，所需要学习的知识，为您成功开店快速上手奠定基础。

完成审核材料的提交后，您需要完成以下四件事情，才能快速上手。

步骤01：店铺装修

需要了解店铺的基础设置，完成店铺的激活，对店铺进行简单的"装修"，让买家清楚地了解这是一家什么店。如果您在尚未通过审核阶段就选择先开设店铺，那么您的店铺将暂无销售权，但是您仍然可以提前对店铺进行设置。而销售权会在您后续审核通过后，自动激活。

步骤02：上架商品

完成店铺的装修后，您需要进行商品上架。在上架商品之前，您需要了解平台的违禁品商品上架的规则、哪些产品最好卖等，您可以在左侧下拉菜单选品上新—Shopee 有哪些违禁品和新闻动态—运营干货分别进行违禁品和旺季选品了解。

步骤03：新手任务

在店铺审核通过后，您会收到新手任务的指示邮件。请注意，新手任务需要在 14 天内完成 50 个商品的上架，按时完成新手任务，才能快速对接运营经理。

步骤 04：进阶学习

图 2 - 16　Shopee 进阶学习

任务四　全球速卖通平台：国际版淘宝

◎学习目标

1. 能够正确认识跨境电商全球速卖通平台
2. 能够掌握跨境电商全球速卖通平台注册流程与准备
3. 能够描述跨境电商全球速卖通平台战略与开店成本
4. 能够了解跨境电商平台功能

◎建议课时

2 课时

◎情景描述

全球支付平台 PingPong 与阿里巴巴全球速卖通合作

2023 年 7 月 17 日消息，全球支付平台 PingPong 与阿里巴巴集团旗下跨境 B2C 电商平台 AliExpress（速卖通）达成合作，成为其外部跨境支付合作伙伴，首期为中国卖家提供的跨境收款产品正式上线。

据了解，本次合作通过 API 直连模式实现，卖家可在 AliExpress 后台直接选择 PingPong 收款，完成账户绑定后，即可轻松实现海外销售回款，并支持离岸人民币、在岸人民币及其他多币种提现。同时，PingPong 用户也可通过在后台选择"AliExpress 平台"，待完成账户绑定，就能获得相应服务。

注：PingPong 业务覆盖超 200 个国家和地区，产品矩阵包含跨境收款、外贸 B2B 收付款、全球收单、全球分发、供应链融资等。截至 2022 年底已累计促成交易规模接近 7000 亿元人民币。

阿里巴巴全球速卖通创立于 2010 年，被卖家称为"国际版淘宝"，面向海外买家客户，通过支付宝国际账户进行担保交易。全球速卖通覆盖珠宝手表、消费电子、电脑网络、家居、汽车摩托车配件、灯具等类目，已经开通了 18 个语种的站点。

请思考：跨境电商阿里巴巴全球速卖通平台的理念是什么？跨境电商阿里巴巴全球速卖通平台有哪些特点和优势？

◎活动实施

一、平台概述

全球速卖通（英文名：AliExpress）是阿里巴巴旗下的面向国际市场打造的跨境电商平台，被广大卖家称为"国际版淘宝"。全球速卖通面向海外买家客户，通过支付宝国际账户进行担保交易，并使用国际物流渠道运输发货，是全球第三大英文在线购物网站。

AliExpress 全球速卖通于 2010 年正式创立，是中国最大的跨境零售电商平台，目前已经开通了 18 个语种的站点，覆盖全球 200 多个国家和地区。2019 年 3 月，阿里巴巴旗下跨境电商零售平台全球速卖通在俄罗斯推出在线售车服务。俄罗斯消费者可以直接在速卖通上一键下单，支付预付款，到指定线下门店支付尾款即可提车。2022 年 2 月，阿里巴巴全球速卖通在广州设立的商家运营服务中心正式落地。2022 年 3 月 8 日，全球速卖通福建商家运营服务中心正式落地厦门。2022 年 5 月 14 日，知情人士称，由于持续的乌克兰危机影响了跨境业务，阿里巴巴集团已经对其俄罗斯合资企业裁员大约 40%。商业部门受到此次裁员的冲击最大。一些被裁的员工选择了自愿离职，还有一些选择了调岗。目前尚不清楚是否会有更多裁员。2023 年 3 月 9 日，阿里巴巴旗下跨境电商平台"全球速卖通"

在首尔江南区的韩国会展中心（COEX）召开记者会，宣布今年将在韩国市场中的营销、物流流通等领域投资 1000 亿韩元（约合人民币 5.3 亿元）。

（一）行业分布与适销产品

行业分布：全球速卖通覆盖 3C、服装、家居、饰品等共 30 个一级行业类目；其中优势行业主要有：服装服饰、手机通信、鞋包、美容健康、珠宝手表、消费电子、电脑网络、家居、汽车摩托车配件、灯具等等。

适销产品：适宜在全球速卖通销售的商品主要包括服装服饰、美容健康、珠宝手表、灯具、消费电子、电脑网络、手机通信、家居、汽车摩托车配件、首饰、工艺品、体育与户外用品等等。

（二）阿里国际站和速卖通的区别

当卖家打算开跨境店铺时，卖家实际上会比较主要跨境平台的优缺点，但你知道两者之间的区别吗？阿里国际站和速卖通有什么区别？

1. 平台不同

全球速卖通是世界中小企业以零售为主的交易平台。自 2016 年以来，企业需要支付宝认证并支付年费后，才能开店经营相应的产品。阿里巴巴国际站是世界各地企业的交易平台，无论性质如何，主要是批发和小批发。该平台分为免费会员和金牌成员，年费不同。

2. 性质不同

速卖通主要交易性质为 B2C，速卖通交易和小型国际速卖通模式。阿里国际站主要交易性质是 B2B，交易需要根据合同要求制定长期订货期，交货一般需要大出口。

3. 地区不同

阿里巴巴国际站主要针对全球进出口贸易。阿里巴巴全球速卖通主要是帮助中小企业联系终端批发零售商，小批量速卖通销售，扩大利润率。阿里巴巴全球速卖通的特点是小批量、多批次的在线交易。其速度快，周期短，使企业直接接触终端批发商，利润率大。

4. 客户不同

阿里巴巴国际站主要是相对较大的客户。对于普通客户，国际站的过程相对较长，时间一般相对较长，速卖通销售可以很快，但也为小商品提供了一个平台。哪个好？事实上，国际电商采用批发渠道，成本负担较高，大卖家更一致，速卖通相当于国外淘宝，采取零售路线，相对而言，速卖通更适合小卖家。

速卖通每天都有零售价格。这是一个长期的清单。需要专业的外贸跟单，后期资源掌握在跟单上。如果是全球零售，建议开速卖通为渠道。毕竟潜力巨大。看看商家的定位，国际站取决于你的货源和工厂的优势。否则批发订单就不好说了。现在外国人的询价是一次发送很多报价。

二、平台注册流程

（一）速卖通店铺注册条件

1. 营业执照、商标

速卖通要求注册商家必须具备合法的企业身份或个体工商户的营业执照，其中一部分经营类目还需要拥有相应的商标。

2. 保证金

除了一些特定类目需要缴纳不同额度的保证金（如定向邀约类目为 5 万元，电子烟和手机类目为 3 万元），其他类目的保证金通常为 1 万元。店铺在成功注册后，可以取回缴纳的保证金。此外，在交易过程中，平台还会按照交易金额收取 5% 至 8% 不等的佣金。

3. 邮箱

注册速卖通账号时，我们还需要提供一个之前没有在阿里系产品中注册过的邮箱地址，否则注册将失败。

（二）注册/认证流程

1. 打开速卖通官网，点击〔我要入驻〕，东哥提醒：目前仅支持企业入驻。

2. 进入注册页面后，需要选择公司注册地所在国家（中国商家选择中国大陆）。

然后，按要求准确填写信息，平台会对提供的信息进行验证，并向你填写的手机号码和邮箱发送验证码。

在这个地方要注意的是，注册邮箱不能包含诸如 "aliexpress"、"taobao" 或 "alibaba" 之类的字母，最好选择一个未曾注册过的全新邮箱。

3. 进入〔完善信息〕的步骤，其中需要填写〔企业信息〕和〔个人信息〕。对于〔企业信息〕，需要确定经营报价币种。通常情况下，中国大陆区的卖家会选择人民币作为主要经营货币币种。这意味着在速卖通的经营过程中，人民币将用于商品价格、运费价格和店铺营销等定价，并且平台将以人民币结算你的订单款项。

接下来，我们需要完成企业认证。可以选择使用"企业支付宝授权认证"，通过支付宝扫码进行验证流程，或者选择"自行填报入驻信息并通过企业法人认证"。

4. 完成企业信息后再继续填写个人信息就可以提交审核了

5. 审核通过后，需要入驻经营类目并进行缴费，"资质审核通过＋缴费成功"后，就注册成功可以发布商品了！

6. 顺便说一下关于大家都很关心的速卖通多店铺怎么管理的问题，一般来说，如果你只是两三个店铺，那只要多耗费点人力物力就可以进行精细化管理。但对很多企业和小团队来说，那就绝对不止是几个速卖通店铺那么简单了，这种情况的建议就是使用专业工具来辅助我们运营管理手里的速卖通店铺，特别是对于跨境圈来说。

三、平台规则与费用

（一）全球速卖通卖家规则

1. 卖家基本义务

第一条 卖家在平台的任何行为应遵守中国及其他国家可适用的法律、法规、规章、政令、判决等规范性文件。对任何涉嫌违法的行为，平台有权依照本规则进行处罚或处理。同时，速卖通对卖家的处理不免除其应尽的任何法律责任。

第二条 作为交易市场的卖方，卖家应就双方达成买卖交易自主对买家负责，切实履行卖家的信息披露、质量保证、发货与服务、售后及质保等义务。同时，卖家有义务了解并熟悉交易过程中的平台对买家市场规定，遵守并提供善意、合理的配合。

第三条 遵守平台各类目的商品发布规则；禁止发布禁限售的商品或信息，

详见全球速卖通禁限售商品目录。

第四条　尊重他人的知识产权，严禁未经授权发布、销售侵犯第三方知识产权的商品，包括但不限于商标、著作权、专利等，详见全球速卖通知识产权规则。

第五条　卖家应恪守诚信经营原则，及时履行订单要求，兑现服务承诺等，不得出现虚假交易、虚假发货、货不对版等不诚信行为，详见交易类规则。

第六条　保障消费者知情权，履行信息披露的义务。发布商品应如实描述，包括但不限于在商品描述页面、店铺页面、站内信、速卖通通信系统等所有平台提供的渠道中，向买家就自己提供的商品和服务进行真实、完整的描述，包括但不限于对物流、售后、保险等服务的方式、价格，商品的基本属性、功能、包装、成色、价格等等，不应作虚假或误导性陈述。禁止进行包括但不限于如下行为：

1）发布误导性折扣。在促销开始前大幅度提高商品原价再打折出售，夸大折扣的价值以诱导买家消费。

2）发布不合理或虚假价格。包括但不限于为吸引关注，设置过高或过低的商品价格，实际并无此商品销售；在特殊时期哄抬物价，扰乱市场；设置多种参考价格，未明确各种价格的含义；在促销活动中虚构原价，标示的原价并不存在或者从未有过交易记录。

3）开展限时减价、折价等价格促销活动时虚构促销期限及商品价值，使用"最后一天""仅限今日"等不实语言或者其他带有欺骗性、误导性的语言、文字、图片等标价，诱导买家消费。

4）采取价外馈赠或捆绑方式销售商品、提供服务时，不如实标示馈赠物品的真实价格、品名、数量，或者馈赠物品为假劣商品。

5）FAQ：

①如何判定是否有虚假性折扣？

平台会结合历史价格变化与促销价（与折扣前原价相比）进行综合考虑，若价格变化明显超出合理幅度，则认定为有虚假性折扣。

②何谓不合理价格？

产品价格应当位于同类型产品的价格的合理范围内，过分高于或低于该合理范围即为不合理价格。

第七条　保证出售的商品在合理期限内可以正常使用，包括商品不存在危及人身财产安全的风险，具备商品应当具备的使用性能、符合商品或其包装上注明采用的标准等。

第八条　卖家不遵守本章约定，严重违反卖家基本义务，全球速卖通保留依照本规则进行市场管理的权利。基于维护市场良好持续、保障买家权益的目的，全球速卖通有权进行商品品质抽检及真假鉴定（包括但不限于通过自购或从消费者处获取，通过独立第三方质检机构或品牌权利人进行鉴定、指令合作物流公司协助抽检等）；在速卖通不定时地检查卖家出售商品是否具有合法来源、是否为真时，卖家有义务保留并出示相关商品合法进货来源的凭证。对于速卖通有理由认为检查结果不良，或卖家无法提供相关凭证的，速卖通有权对卖家或店铺采取限制措施，包括但不限于扣分、删除商品、关闭店铺、限制其他技术服务等。

2. 禁限售商品

禁限售商品：很多国内允许销售的商品，速卖通平台上都会被禁止销售，比如减肥药。所以速卖通卖家在开店前需要做好充分的了解。

（1）速卖通禁售的商品

比如：毒品及相关用品，医药相关商品，枪支、军火及爆炸物，管制武器，警察用品，间谍产品，医疗器械，美容仪器及保健用品，酒类及烟草产品等等。

（2）限售的商品

限售商品，指发布商品前需取得商品销售的前置审批、凭证经营或授权经营等许可证明，否则不允许发布。若已取得相关合法的许可证明的，请先提供给全球速卖通平台。

（3）侵权的商品

在全球速卖通平台，严禁用户未经授权发布、销售涉及第三方知识产权的商品，包括但不局限于三大类：

①商标侵权：未经商标权人的许可，在商标权核定的同一或类似的商品上使用与核准注册的商标相同或相近的商标的行为，以及其他法律规定的损害商标权人合法权益的行为。

②著作权侵权：未经著作权人同意，又无法律上的依据，使用他人作品或行使著作权人专有权的行为，以及其他法律规定的损害著作权人合法权益的行为。

③专利侵权：未经专利权人许可，以生产经营为目的，实施了依法受保护的有效专利的违法行为。

平台有权根据发布信息本身的违规情况及会员行为做加重处罚或减轻处罚的处理。恶意行为举例：包括但不限于采用对商品信息隐藏、遮挡、模糊处理等隐匿的手段，采用暗示性描述或故意通过模糊描述、错放类目等方式规避监控规则，同时发布大量违禁商品，重复上传违规信息，恶意测试规则等行为。对于恶意违规行为将视情节的严重性做加重处罚处置，如一般违规处罚翻倍，或达到严重违规程度，将关闭账号。一般违规加重处罚：对于被认定为恶意行为的一般违规将做加重处罚处理（如发现同类重复违规行为，二次处罚分数加倍）。

禁限售违规和知识产权一般侵权将累计积分，积分累计到一定分值，将执行账号处罚。一般违规：一天内（即首次违规处罚时间起 24 小时内）累计扣分不超过 12 分。

①严重违规，每次扣 48 分，关闭账号；

②全部在线商品及下架商品均在"平台抽样检查"范围之内，如有违规行为会按照相关规定处罚；

③以上商品列举并没有完全记录全部不适宜在全球速卖通平台交易的商品，全球速卖通亦将不时地予以调整；

④针对恶意规避等情节特别严重行为（包括但不限于采用对商品信息隐藏、遮挡、模糊处理等隐匿的手段规避平台管理，经平台合理判断账号使用人本人或其控制的其他账号已因严重违规事件被处罚，账号使用人本人或其控制的其他账号被国内外监管部门立案调查、或虽未立案但平台有理由认为有重大嫌疑等严重影响平台管理秩序或造成一定负面影响的情况），平台保留直接扣除 48 分，关闭账号的权利。

（二）跨国物流

在全球速卖通上有三类物流服务，分别是邮政大小包、速卖通合作物流以及商业快递。其中90%的交易使用的是邮政大小包。中国邮政大小包、香港邮政大包的特点是费用便宜（如：一斤的货物发往俄罗斯，大致费用只需要四五十元人民币），但邮政大小包时效相对较慢，且存在一定的丢包率，建议跟买家做好服务沟通的前提下使用。四大商业快递特点是速度快，服务高，专业，高效，但相对快递价格比较高。适用于货值比较高、买家要求比较高的宝贝或交易。卖家发货时，可以根据不同的物流服务，选择在速卖通上线上发货，也可以联系各主要城市的货代公司上门收件进行发货。详细的内容查看扩展阅读中"速卖通新手物流课堂页面"。全球速卖通上商品价格设置多少合适？物流价格怎么计算？一般情况下，建议在淘宝原价的基础上增加20%～50%的利润，不过不同品类价格不同，建议同时参考平台同类产品的售价；通过物流价格查询器或咨询本地货代拿到物流价格，可以以 freeshipping（包邮）的形式，将物流价格包含在售价里，也可以单独列出物流价格。详细的内容查看扩展阅读中"速卖通物流价格查询器"。

作为拥有"国际版淘宝"之称的跨境电商平台——速卖通，它是阿里巴巴旗下的面向国际市场打造的一个购物平台，也是全球第三大英文在线购物网站。速卖通搞活国际市场之后，吸引了一大堆卖家进攻速卖通，但由于速卖通是面向国际市场的，其物流就相对而言比较复杂，所要牵扯的国家政策较多，面向的人群也是复杂多样的，那么今天，就来为大家说一下速卖通有哪些物流模式吧。

1. 国际小包

有接触过跨境电商的人应该都知晓国际小包，它是最基本的国际物流方式，是绝大部分跨境平台都有合作的物流公司，速卖通也不例外，自跨境电商出现之时，国际小包就已经成立了，它的特点是运费低、显著时效慢、承保范围广，但同时安全性也较低，运损保障不高，有的甚至没有运损保障。

2. 国际EMS

国际EMS也是我们中国邮政衍生的一种物流，跟我们国内的EMS相差不大，模式和政策基本都类似。但是，不一样的是，国际EMS是属于全球特快速递，其物流时效、物流服务、安全保障、运损保障，基本都远高于国际小包，同时它在速卖通上的知名度也较高。

3. 国际专线

国际专线是航空公司或物流公司推出的一种一对一专线物流，在速卖通上比较贵重和易损易坏的产品通常就会选择这一模式。它的特点是性价比比较高、物流服务丰富，缺点是时效不够稳定，且时效比较慢。

4. 国际快递

国际快递，顾名思义是面向全世界的快递，速卖通遍及的国家范围较广，所以使用国际快递的频率也是较高的，同时国际快递也是国际空运中整体签收时效最快、稳定性最好、安全性较高的一种物流方式。但是，该物流模式成本较高，在速卖通上一般不考虑这种模式。

在速卖通上选用的物流模式大致就是以上这几种，如果你是正打算进驻速卖通的，可以针对以上几种物流模式好好研究研究。但是不排除也会有其他小众的物流模式，小众物流模式在宣传前期优惠力度会较大，如果你是资金比较紧缺的，但是又想在速卖通上尝试的，那么在速卖通上也可以选择小众的物流模式，但是其中肯定是要承担一定的风险的。

四、速卖通平台战略分析

全球速卖通自从 2010 年成立以来，到现在已经经历了十多年的风风雨雨，销售范围达到了全世界 200 多个国家和地区，成了目前我国最大的对外零售电子商务平台之一，虽然全球速卖通相比其他的电子商务网站，有着众多的优点，但是在这么多年的发展过程中，也暴露了一些问题，对速卖通的发展造成了一定的影响。

（一）速卖通平台优势

首先我们来看一下全球速卖通有哪些优势：

第一个优势，速卖通背靠阿里巴巴集团，流量大，全中文操作界面以及全方位的服务，操作相对简单，对新手以及中小型店铺比较友好，比较容易上手。

第二个优势，速卖通的产品种类繁多，市场巨大，容错率比较高，比如这种产品卖不好，商家可以另外换一种产品就是，一个地区卖不好，换一个地区就是，选择项多，只要商品质量还可以，总有几个适合自己的市场的。

第三个优势，速卖通对于质量好、口碑好的商家，扶植力度比较大，有助于入驻平台的厂商强化商品质量，注重自己的服务和口碑，有利于市场的优胜劣汰。

第四个优势，就是速卖通对市场的价格波动比较敏感，一旦市场商品价格发生了什么变化，速卖通都能第一时间知道，并且通知入驻的商家，有助于入驻商家实时调整商品的售卖价格，获得稳定的销售利润。

（二）速卖通平台存在的一些问题

然后我们再分析一下速卖通的缺点，第一点就是，速卖通之前为了丰富商品种类，对入驻店铺的要求并不是很高，导致了速卖通平台部分行业的店铺，商家过多，为了争夺市场份额，相互之间打起了价格战，比如一些日用商品的服装销售，竞争已经趋于白热化了，打价格战就极大地压缩了大部分入驻店铺的利润，不利于市场的良性发展。不过速卖通显然也是意识到了这一点，最近对于店铺的准入制度，也做出了相对应的调整，到底效果如何，还要过一段时间，才能看出来。

速卖通的第二个缺点，就是平台的政策调整过于频繁，这是阿里巴巴集团一贯的老毛病了，习惯尝试各种新的模式，有的可能没什么效果，有时一种新的模式，也会给平台的业务带来新的突破。但是对于入驻平台的商家来说，过于频繁地调整政策，会让他们不大适应，商家需要经常根据平台的政策变化，自己也相应地做出变化，这个就比较考验卖家的反应速度了。

综合下来看的话，速卖通的优点跟缺点一样明显，不只速卖通是这样，其他的对外电商平台也一个样，对于速卖通平台来说，怎样发挥自己的优点，弥补自己的缺点，将会是平台能不能获得进一步发展的关键因素了。

◎实训活动

实训项目：为了更好地了解速卖通跨境电商平台，
请完成店铺速卖通开店前准备

熟知速卖通规则

1. 了解可以销售的品类，确定要入驻的类目。

2. 了解平台规则和知识产权限售规则，为了避免经营过程中受到处罚，要事先了解知识产权保护和禁限售商品规则。

3. 费用：速卖通入驻免费，开店冻结保证金1万元~5万元，交易时平台收取每笔成交的5%~8%的佣金。

4. 入驻资料准备：

（1）企业营业执照。

（2）从 2021 年 12 月 15 日开始个体工商户已经不能入驻速卖通平台，必须是公司性质的，且一些类目已经开始实施定向招商制。

（3）商标（品牌）。

（4）商标范围内必须包含你要做的小类才可以。现在部分小类发布产品不需要商标，具体以发布时为准。

（5）平台需要缴纳 1 万元~5 万元的保证金。

（6）大部分类目保证金是 1 万元，这个如果注销账号后，可以退还给商家的。

（7）企业支付宝。

（8）与营业执照企业一致的企业支付宝，或者法人支付宝。

任务五　跨境电商平台的选择依据

随着传统外贸渠道进入疲惫状态，跨境电子商务的发展异常火爆，已经基本成为主流的外贸出口模式，并且很有可能成为推动中国外贸经济的一个重要突破口。在企业准备开展国际贸易之后，需要做一定的海外市场调研和市场定位，接下来要做的就是选择一个适合自己的跨境电商平台。但是，不同的平台所针对的区域是不同的，它们也有自己的优缺点。那么，如何选择电商平台，需要依据当前的平台做出自己的分析对比，并依据一定的平台数据分析，最后才能做出选择。对此，首先需要进行平台分析。

一、平台模式和特点分析

跨境电子商务指企业或个人通过电子商务平台跨越国界进行跨境交易、跨境结算，并通过跨境物流达成交易的一种国际商业活动。它的出现使得国与国之间能够突破距离障碍，让国际贸易走向无国界，同时它也正在引起世界经济贸易的巨大变化。因此，对许多传统外贸企业来说，跨境电子商务的出现为其构建了一个更加开放、多维、立体的多边经贸合作模式，拓宽了其进入国际市场的路径，大大促进了企业与企业间的互利共赢。对于消费者来说，他们可以通过跨境电商平台很方便、快捷地买到其他国家物美价廉的商品。

但是，随着跨境电商的快速发展，对于企业来说，要想更好地利用跨境电商平台，需要清醒地认识各种跨境电商平台的特点以及各自的优势和劣势，这样才能更好地促进企业进出口贸易的发展。

（一）平台模式对比

跨境电商平台是基于互联网进行跨境电子商务活动的虚拟网络空间和保障国际商业活动顺利进行的管理环境，是对信息流、物质流、资金流进行整合的一个场所。目前，我国跨境外贸 B2B、B2C 电商平台模式有第三方跨境电商平台、自建跨境电商平台和外贸电商代运营服务商 3 种模式。

1. 第三方跨境电商平台模式

该平台模式为它们提供统一的销售平台，平台一方是作为卖家的国内外贸企业，另一方是作为海外买家的消费者。阿里速卖通、敦煌网、易唐网、贝通网、联畅网等都属于这类外贸零售交易平台，同时它们也属于外贸中小企业第三方平台。作为第三方平台的提供方，它们为外贸企业自主交易提供信息流、资金流和物流服务的中间平台，它们不参与物流、支付等中间交易环节，其赢利方式是在交易价格的基础上增加一定比例的佣金作为收益。

2. 自建跨境电商平台模式

该平台模式是平台直接从外贸企业采购商品，买断货源，然后通过自建的 B2C 平台将产品销往海外，其赢利模式是利润，电商平台企业本身是独立的销售商。该模式的代表企业有兰亭集势、米兰网、帝科思、兴隆兴、大龙网等。这类企业自己联系国内外贸企业作为其供货商。

3. 外贸电商代运营服务商模式

该平台模式是服务提供商不直接或间接参与任何电子商务的买卖过程，而是为从事跨境外贸电商的中小企业提供不同的服务模块，如"市场研究模块""营销商务平台建设模块""海外营销解决方案模块"等。这些企业以电子商务服务商身份帮助外贸企业建设独立的电子商务网站平台，并提供全方位的电子商务解决方案，使其直接把商品销售给国外零售商或消费者。典型的代表企业如四海商舟、锐意企创等。从中国出口跨境电商行业的主要模式来看，可以在查阅资料总结之后得到表 2-9 所示的内容。

表 2-9　中国出口跨境电商行业主要商业模式

商业模式	平台分类	模式关键词	典型企业
B2B 模式	信息服务平台	交易撮合服务、会员服务、增值服务、竞价排名、单击付费、展位推广	阿里巴巴国际站、生意宝国际站、环球资源、焦点科技
	交易服务平台	佣金制、展示费用、按效果付费、交易数据、线上支付、佣金比例	敦煌网、大龙网、易唐网
B2C 模式	开放平台	开放平台、生态系统、数据共享、平台对接、仓储物流、营销推广	亚马逊、全球速卖通、eBay、Wish
	自营平台	统一采购、在线交易、品牌化、物流配送、全流程、售后保障	兰亭集势、环球易购、米兰网、DX

一方面，在 B2B 模式下有信息服务平台和交易服务平台两类。对于信息服务平台，它主要是通过第三方跨境电商平台进行信息发布或信息搜索完成交易撮合的服务，其主要赢利模式包括会员服务和增值服务。

（1）会员服务：卖方每年缴纳一定的会员费用后享受平台提供的各种服务，会员费是平台的主要收入来源，目前该赢利模式的市场已趋向饱和。

（2）增值服务：买卖双方免费成为平台会员后，平台为买卖双方提供增值服务，主要包括竞价排名、单击付费及展位推广服务，竞价排名是信息服务平台进行增值服务最为成熟的赢利模式。

对于交易服务平台，它是能够实现买卖双方网上交易和在线电子支付的一种商业模式，其主要赢利模式包括收取佣金费以及展示费用。

（1）佣金制：成交后按比例收取一定的佣金，根据不同行业不同量度，通过真实交易数据可以帮助买家准确地了解卖家状况。

（2）展示费：上传产品时收取的费用，在不区分展位大小的同时，只要展示产品信息便收取费用，直接线上支付展示费用。

另一方面，在 B2C 模式下主要有开放平台和自营平台两类。

对于开放平台，它开放的内容涉及出口电商的各个环节，除了开放买家和卖家数据外，还包括开放商品、店铺、交易、物流、评价、仓储、营销推广等各环节和流程的业务，实现应用和平台系统化对接，并围绕平台建立自身开发者生态系统。开放平台更多的是作为管理运营平台商存在，通过整合平台服务资源同时共享数据，为买卖双方服务。对于自营平台，它对其经营的产品进行统一生产或采购、产品展示、在线交易，并通过物流配送将产品投放到最终消费者群体的行为。自营平台通过量身定做符合自我品牌诉求和消费者需要的采购标准，来引入、管理和销售各类品牌的商品，以可靠品牌为支撑点，凸显出自身品牌的可靠性。自营平台在商品的引入、分类、展示、交易、物流配送、售后保障等整个交易流程的各个重点环节管理均发力布局，通过互联网 IT 系统管理、建设大型仓储物流体系，实现对全交易流程的实时管理。

（二）几大跨境电商平台概况

1. 阿里巴巴国际站

阿里巴巴国际站是阿里巴巴面向全球的 B2B 网站，是目前全球最大的 B2B 贸易市场，是中小企业的网上贸易市场、平台，目前已有海量企业会员，是我国外向型企业目前采用最多的电子商务平台之一，曾连续 7 年被美国《福布斯》杂志评为全球最佳 B2B 网站。阿里巴巴国际站贸易平台通过向海外买家推广供应商的企业和产品，进而获得贸易商机和订单，是出口企业拓展国际贸易的首选网络平台。阿里巴巴国际站主要是国外客户，它的特点是为付费会员提供细致、周到、安全的第三方认证服务，最大限度地降低网络贸易的风险。

2. 全球速卖通

全球速卖通（简称速卖通）是阿里巴巴旗下面向全球市场打造的在线交易平台，被广大卖家称为"国际版淘宝"。阿里巴巴旗下的全球速卖通业务有 B2B 模式和 B2C 两种模式，但主要是 B2C 模式，是中国供货商面向国外消费者交易的一种小额跨境电子商务行为。

阿里巴巴旗下的面向全球市场打造的在线交易平台，主要客户都是发展中国家中等消费者，在那些发展中国家的知名度很高，在巴西和俄罗斯发展很好。售卖商品种类丰富，卖家们都采用低价策略，适合初级卖家。

全球速卖通业务具有进入门槛低的特点，能满足众多小企业迅速做出口业务的愿望，因为它对卖家没有企业组织形式与资金的限制，方便进入。交易流程简单，买卖双方的订单生成、发货、收货、支付等全在线上完成；双方的操作模式如同国内的淘宝，非常简便；商品选择品种多，价格低廉，跟传统国际贸易业务相比，具有无比强大的市场竞争优势。

3. 亚马逊

是全球最大的网络购物平台，也是网络上最早开始经营电子商务的公司之一，成立于 1995 年，位于华盛顿州的西雅图。亚马逊拥有庞大的客户群，重视服务和用户体验，有强大的仓储物流系统和服务。主要市场在北美洲、欧洲、日本，消费人群多为中高消费者，利润较高，退货率也比较低，不过亚马逊平台上严禁刷单和跟卖行为，被发现的就会被封店。

4. eBay

eBay 是一个可让全球民众上网买卖物品的线上拍卖及购物网站，它是全球最大的 C2C 平台，对卖家的要求更严格，对产品质量要求较高，价格有优势，能做到真正的物美价廉。

一个成立得比较早的网络购物平台，体系也比较成熟，核心市场是北美。eBay 上卖家数量庞大，竞争相对来说也比较大，eBay 与其他跨境平台相比类似于国外版淘宝，操作简单，前期投入资金不高，但是这个平台上相对规则比较多，需要充分了解平台规则。

eBay 的特点是卖家通过两种方式在该网站上销售商品，一种是拍卖，另一种是一口价。其中拍卖模式是这个平台的最大特色。一般卖家通过设定商品的起拍价以及在线时间开始拍卖，然后看下线时谁的竞拍金额最高，最高者获胜。eBay 的另外一个特点是二手物品交易占较大比重。

5. Wish

Wish 于 2013 年成立，是一个新兴的移动电商购物平台，是一家移动的 B2C 跨境电商，其 APP 上销售的产品物美价廉，包括非品牌服装、珠宝、手机、淋浴喷头等，大部分产品都直接从中国发货。与传统购物网站不同的是，Wish 一开始就十分注重智能手机的购物体验，通过商品图片给用户提供视觉享受。同时，Wish 的大幅折扣刺激了用户的购买欲。作为一个电商新手，Wish 完全没有 PC 端购物平台的设计经验，这也使 Wish 能够不带任何思想包袱地开拓移动端市场。Wish 平台的特点是有更多的娱乐感，有更强的用户黏性，呈现给用户的商品大都是用户关注的、喜欢的，每一个用户看到的商品信息是不一样的，同一用户在不同时间看到的商品也不一样。Wish 不依附于其他购物网站，本身就能直接实现闭环的商品交易。在 Wish 平台上，用户在浏览到喜欢的商品图片后，可以直接在站内实现购买。Wish 淡化了品类浏览和搜索，去掉了促销，专注于关联推荐，会随时跟踪用户的浏览轨迹以及使用习惯，以了解用户的偏好，进而推荐相应的商品给用户。

6. 敦煌网

敦煌网于 2004 年创立，是全球领先的在线外贸交易平台，是一个聚集中国众多中小供应商产品的网上 B2B 平台，为国外众多的中小采购商有效提供采购服务的全天候国际网上批发交易平台。敦煌网的特点是在交易成功的基础上，根据不同行业的特点，向国外买家收取不同比例的服务佣金，一般在交易额的 7% 左右，而一般传统的 B2B 电子商务网站普遍是向国内卖家收取会员费。敦煌网提供诚信担保的机制，还能实现 7~14 天的国际贸易周期，是一个小制造商、贸易商与零售商之间的对接。另外，敦煌网针对一些已经接触过电子商务、有货源但是技能跟不上的用户，推出了外贸管家服务。定期会与企业见面，将客户的反馈，客户对商品样式、质量的反馈以及产品推广方式与企业及时交流，以保证企业的交易成功率。

7. Shopee

Shopee，俗称"虾皮"，是东南亚及中国台湾省的电商平台。业务范围辐射新加坡、马来西亚、菲律宾、泰国、越南、巴西等 10 余个市场。Shopee 的社群媒体粉丝数量超 3000 万，拥有 700 万活跃卖家，员工超 8000 人，遍布东南亚及中国，是东南亚发展最快的电商平台，是国货出海东南亚首选平台。

相比于前面几家，Shopee 主打东南亚市场，并且目前是非常火的，如果对于这些地区感兴趣的小白可以尝试做，挺有发展的。

二、平台对比与选择

(一) 几大平台的特点对比分析

1. 亚马逊

订单量和平均客单量都是四个平台中最多的，而且在欧美市场中占比也很高。亚马逊对于新卖家比较友好，会给你引流，大概有三个月的扶持期。亚马逊平台适合有一些比较稳定可靠的供应商资源的。

2．Shopee

Shopee，俗称"虾皮"，是东南亚及中国台湾省的电商平台。业务范围辐射新加坡、马来西亚、菲律宾、泰国、越南、巴西等10余个市场。

3．eBay

ebay也算是个老牌的电商平台，订单量和平均客单量都是靠前的。里面的老客户会多一点。但是它的规则对于卖家不太友好，比较偏向于买家。所以要保证质量，要不很容易被封掉。而且后台使用的是全英文。

4．速卖通

速卖通在俄罗斯和巴西等地市场占有率比较高，并且里面的卖家比较喜欢打价格战，低价策略在该平台更有竞争力。最好是工厂直销这种。

5．Wish

该平台比较新，是走移动端跨境电商。在美国市场比较受欢迎，也是走低价策略。而且Wish平台的个性化推荐做得比较好。

（二）几大平台注册运营分析

1．亚马逊

需要提供水电费账单和银行对公账户账单，顺利的话大概1个月就可以开店。该平台比较重产品，运营时要着重这个，而且在几大平台中转化率和利润率最高。不过前期垫资也是需要最多的。

2．Shopee

Shopee的社群媒体粉丝数量超3000万，拥有700万活跃卖家，员工超8000人，遍布东南亚及中国，是东南亚发展最快的电商平台，是国货出海东南亚首选平台。

3．eBay

需要90天的水电费账单，顺利的话大概两星期就可以入驻。以自发货形式为主，海外仓为辅，垫资压力也不大。一开始运营时可以试着用铺货策略，找到自己的优势产品，后期再专攻。

4．速卖通

要求有商标的企业才能进驻，国人入驻较多，价格竞争大。其他的和eBay比较类似。

5. Wish

目前入驻简单，一周内可以弄完。发货、垫资、运营也和 eBay 的类似。

（三）几大平台费用对比

1. 亚马逊

每个站点不一样，平台会收取 15% 的抽成。（一些特殊类目会有不同。）

2. Shopee

Shopee 平台的佣金标准如下：一级店铺产生大于等于 100 万美元的商品收入，平台收取 3% 的佣金；二级店产生大于等于 50 万美元的商品收入，平台收取 4% 的佣金；三级店产生的商品收入低于 50 万美元，平台收取 5% 的佣金。

3. eBay

eBay 开店是不用钱的，但是上架商品需要。而且比较容易被扣钱，所以要仔细阅读他们那些守则，抽成大多是 9.15%。（一些特殊类目会有不同。）

4. 速卖通

速卖通一开始收得比较多，但是等后期达到月销 3000 美金这个额度之后就会退回这些钱。该平台抽成较少，只抽成 8%。（一些特殊类目会有不同。）

5. Wish

一开始是不收费用的，平台抽成也是 15%。

（四）优缺点盘点

1. 亚马逊

优点：客户多，平台大，流量高；客单价高，利润高；有完善的 FBA 物流系统

缺点：平台上架比较严格；不适合没有外贸基础的新手；要能养本地化的 listing；竞争激烈

注册：要有公司资质；能支付美金的国际信用卡

2. 速卖通

优点：是本国开发的跨境电商平台，可以用支付宝；有国际快递；类目分类清晰，不能跨类目上传

缺点：需要团队化运营；对于热门和特殊类目准入严格

注册：需公司资质或个体工商户资质；需商标或商标授权入驻

3. Shopee

优点：有超过 700 万个活跃卖家；前期平台收取的费用对比其他平台来说不算高；东南亚市场的巨头

缺点：客单价低，利润率低；开店的时候需要提供其他平台的流水；新店要求具备企业资质，并有至少 200 个 SKU

注册：需公司资质，不要求商标；每个站点独立注册；一般先注册马来西亚站，达到一定要求才可以申请其他站点

4. eBay

优点：开店门槛低；在某些类目上销量比亚马逊还高

缺点：流量一般；平台规则更加倾向于买家

注册：需公司资质，没有商标要求；要联系客户经理开户

跨境电商平台千千万，大家不要盲目去追崇一些大平台，适合自己产品的才是最重要的。你的规模、选品、预算等因素都需要展开来和这些电商平台对比，不能马虎。很难说去给一个定数，做什么平台最好。因为平台是一直跟着你后续的发展的，等你以后慢慢做大起来，要怎么去营销自己，要用像 adspower 这些指纹浏览器去弄店铺运营，去独立每个店铺环境，这些都是要去学习的。生活就是这样的，没有这么多作业可以抄。各个平台的特点都很分明，在开店之前可以多上这几个网站搜索同类产品，去调研一下。再根据平台的不同特点，分析一下哪个平台最适合你入手。这些都是不可以马虎的大事，会和你之后的收入挂钩。建议就是不要心急，这一时半会也耽误不了什么，看好路再迈开腿。

◇实训活动

实训项目：为了更好地为店铺选择跨境电商平台，请完成店铺：目标市场分析；平台规则分析；产品类型分析；平台费用分析；支付方式；物流服务分析等工作。

任务：随着互联网的发展，跨境电商产业的趋势也越来越好，很多人也想进入跨境电商行业，对于创业新手而言，跨境电商是一个不错的选择，但是如何选择一个正确的跨境电商平台呢？请分析自己店铺情况并选择合适的平台。

1. 目标市场分析

首先要考虑你的目标市场是哪里。不同的跨境电商平台在不同的国家和地

区都有自己的优势。例如，亚马逊和 eBay 在美国和欧洲市场都非常强大，而速卖通和 Wish 则在亚洲市场有很大的影响力。

2. 平台规则分析

选择平台以后，就是你要对自己平台的规则先做充分的了解。熟悉规则的深浅很大程度决定你是否可以运营好这个平台，就如同玩游戏要熟悉游戏规则的道理一样。其实比较跨境电商哪个平台最好，就是比较哪个平台的规则对自己更有利。

3. 产品类型分析

不同的跨境电商平台更适合不同类型的产品。例如，速卖通和 Wish 适合卖小件、轻量级的商品，而亚马逊和 eBay 更适合卖大件、重量级的商品。因此，要考虑你的产品类型是否适合在某个平台上销售。

4. 平台费用分析

不同的跨境电商平台收取的费用也不同。一些平台可能需要你支付注册费、手续费、销售佣金等。因此，在选择平台时，要仔细了解平台的费用结构并进行比较。

5. 支付方式

不同的跨境电商平台可能支持不同的支付方式，例如信用卡、PayPal、支付宝等。在选择平台时，要了解平台支持哪些支付方式，并确认这些支付方式是否适合你的目标市场。

6. 物流服务分析

物流服务是跨境电商中一个非常重要的环节。在选择平台时，要了解平台的物流服务质量、费用和速度等方面的情况，并确认这些服务是否适合你的产品和目标市场。

总之，在选择跨境电商平台时，需要综合考虑各方面因素，并选择最适合自己的平台。

任务六　任务测评

一、填空题

1. 跨境电商平台是基于互联网进行跨境电子商务活动的虚拟网络空间和保障国际商业活动顺利进行的管理环境，是对信息流、_____、_____进行整合的一个场所。

2. 选择平台以后，就是你要对自己平台的_____先做充分的了解。熟悉规则的深浅很大程度决定你是否可以运营好这个平台，就如同玩游戏要熟悉游戏规则的道理一样。

3. 需要准备的开店材料分为4类，分别是法人材料，_____，公司信息及店铺信息。

4. _____开店是不用钱的，但是上架商品需要。而且比较容易被扣钱，所以要仔细阅读他们那些守则，抽成大多是9.15%。

5. 物流服务是跨境电商中一个非常重要的环节。在选择平台时，要了解平台的_____、_____和速度等方面的情况，并确认这些服务是否适合你的产品和目标市场。

二、选择题

1. 下列出口跨境电子商务平台中佣金由买家支付的是（　　）

A. 亚马逊　　　　　　　　　　B. eBay

C. 敦煌网　　　　　　　　　　D. 速卖通

2. 以下跨境物流方式时效最快的是（　　）

A. 海运　　　　　　　　　　　B. 空运

C. 邮政小包　　　　　　　　　D. UPS

3. 在整个跨境电子商务中的比重最大，约占整个电子商务出口的90%的是（　　）

A. C2C　　　　　　　　　　　B. B2C

C. C2B　　　　　　　　　　　D. B2B

4. 小张想做跨境电子商务，但是他既不是个体工商户也没有注册公司，那

么他可以注册以下哪个平台? (　　)

    A. eBay　　　　　　　　　　B. 亚马逊

    C. 速卖通　　　　　　　　　　D. Wish

5. 下列有关进口跨境电子商务平台描述错误的是 (　　)

    A. 洋码头认证买手扫货直播模式是基于 C2C 进口跨境

    B. 唯品国际是闪购模式平台

    C. 天猫国际属于 C2C 进口跨境平台

    D. 什么值得买是导购返利类平台

三、简答题

1. 什么是平台规则分析?

2. 什么是产品类型分析?

3. 什么是平台费用分析?

4. 什么是支付方式?

5. 什么是物流服务分析?

四、案例分析题

东北首家单体规模最大跨境电商综合服务平台启用

2023 年 7 月 19 日,东北首家单体规模最大,集跨境电商交易、保税备货、保税展示、保税冷链、自助清关于一体的全链条跨境电商综合服务平台——万众城 RCEP 跨境商品展贸中心正式启动运营。

万众城 RCEP 跨境商品展贸中心位于辽宁自贸试验区大连片区湾里综合保税区,建筑面积 3 万余平方米,具备跨境商品展示交易、备货仓储、跨境通关等功能,内设国家馆、企业展区、展览区域和商务会议空间,是具有大连自贸特色的贸易及展示、零售综合体,可实现"即买、即报、即完成"。现场展示销售来自日本、韩国及澳大利亚、东南亚等 20 余个国家和地区的日用化妆品、食品酒水、家用电器、母婴用品、保健食品等近 5000 种特色跨境商品。其中 1210 种进口商品可减免关税,从源头省去层层加价,大大降低了商品成本。展示销售的所有商品均受海关监管。

万众城 RCEP 跨境商品展贸中心是大连片区抢抓 RCEP 机遇,联通国内国际两个市场的重要载体,构建形成了"平台+企业+场景+客户"的跨境电商发展格局，可以为广大跨境电商企业提供低成本、高效率的一站式综合服务，助力大连跨境电商产业快速发展，加快打造 RCEP 区域开放合作新高地。

请思考：为了更好促进我国跨境电商高质量与全球化发展，在平台选择上应该关注哪些？

任务七　任务总结与评价

一、任务总结

【学习目标】

1. 能以小组形式，对学习过程和实训成果进行汇报总结

2. 完成对学习过程的综合评价

【建议课时】

1~2 课时

【活动实施】

以小组为单位，选择 PPT、图片、海报、视频等形式中的一种或多种，向全班展示、汇报学习成果。汇报的内容应包括：

1. 跨境电商阿里巴巴国际站平台操作要点

2. 跨境电商敦煌网站平台操作要点

3. 跨境电商 Shopee 平台操作要点

4. 跨境电商平台的选择依据分析

二、综合评价表

姓名：			学号：			日期：	
评价项目	评价内容	评价标准	评价方式			创新能力（创新性建议或者做法）	综合等级
			自我评价	小组评价	老师评价		
职业素养	学习态度	A. 积极参与活动，全勤 B. 缺勤达本任务总学时的 10% C. 缺勤达本任务总学时的 20% D. 缺勤达本任务总学时的 30% 及以上					
	团队合作	A. 与同学沟通、合作意识强 B. 与同学沟通、合作意识较强 C. 与同学沟通、合作意识一般 D. 与同学沟通、合作意识较差					
	执行能力	A. 按时保质完成任务能力强 B. 按时保质完成任务能力较强 C. 按时保质完成任务能力一般 D. 按时保质完成任务能力较差					
专业能力	任务一 阿里巴巴国际站：全球领先的数字化出海服务平台	A. 学习活动评价成绩为 90~100 分 B. 学习活动评价成绩为 80~89 分 C. 学习活动评价成绩为 60~79 分 D. 学习活动评价成绩为 0~59 分					
	任务二 敦煌网：通往全球的线上"丝绸之路"	A. 学习活动评价成绩为 90~100 分 B. 学习活动评价成绩为 80~89 分 C. 学习活动评价成绩为 60~79 分 D. 学习活动评价成绩为 0~59 分					
	任务三 Shopee 平台：为跨境电商提供一站式服务	A. 学习活动评价成绩为 90~100 分 B. 学习活动评价成绩为 80~89 分 C. 学习活动评价成绩为 60~79 分 D. 学习活动评价成绩为 0~59 分					

姓名：					学号：		日期：	
评价项目	评价内容	评价标准	评价方式			创新能力（创新性建议或者做法）	综合等级
			自我评价	小组评价	老师评价		
专业能力	任务四 全球速卖通平台：国际版淘宝	A. 学习活动评价成绩为 90~100 分 B. 学习活动评价成绩为 80~89 分 C. 学习活动评价成绩为 60~79 分 D. 学习活动评价成绩为 0~59 分					
	任务五 跨境电商平台的选择依据	A. 学习活动评价成绩为 90~100 分 B. 学习活动评价成绩为 80~89 分 C. 学习活动评价成绩为 60~79 分 D. 学习活动评价成绩为 0~59 分					
加分							
最终得分							

项目三

跨境电商平台操作流程

 情景描述

随着全球经济增速放缓，传统外贸企业为了开拓新兴市场、提高经济效益，开始寻找能够减少中间环节、降低物流成本、拉近与国外消费者距离的贸易新渠道。跨境电商在"互联网+"背景下的快速成长为传统外贸提供了机遇，以B2B和B2C为主的跨境业务模式占外贸规模的比例不断扩大。从2010—2017年我国跨境电商交易规模图中可以发现，跨境电商交易规模在逐年递增，2014年我国跨境电商交易规模为4.2万亿元，增长率为35.5%，占进出口贸易总额的15.9%。据商务部预测，2016年我国跨境电商交易规模从2008年的0.8万亿元增长到6.5万亿元，占整个外贸交易规模的19%，年增长率为30%。

建议课时

8课时

 工作流程与活动

1. 店铺注册货通全球
2. 跨境选品与定位
3. 运费与定价
4. 店铺装修
5. 产品管理与发布

6. 任务测评

7. 任务总结与评价

知识目标

1. 了解跨境电商平台的注册流程

2. 了解跨境电商的选品原则与范围

3. 了解跨境电商产品的运费计算与定价方法

4. 了解跨境电商平台的店铺装修方法与运营管理技巧

5. 了解跨境电商平台产品管理与发布的技巧

能力目标

1. 能够独立完成跨境电商平台店铺的注册与装修

2. 能够根据不同国家不同渠道进行物流的选择、运费的计算以及商品的定价

3. 能够对店铺商品进行发布与管理

思政目标

1. 弘扬"敬业诚信"的社会主义核心价值观

2. 树立正确的跨境电商平台运营观念

3. 培育终身学习、不断改进的精神

4. 培育工匠精神

5. 培育积极进取的人生态度

任务一　店铺注册货通全球

◇学习目标

1. 掌握跨境电商主流平台账号注册要求与条件。

2. 了解掌握跨境电商主流平台店铺注册的具体步骤与所需材料。

3. 速卖通平台与支付宝认证。

4. 速卖通平台店铺申请与开设。

◎**建议课时**

2 课时

◎**情景描述**

万亿美金蓝海！全球 B2B 跨境电商迎来高速发展

2023 年 1 月 13 日，上海调研显示，全球商业采购已经呈现出明显的线上化趋势，91%的企业客户表示倾向于在线购买。截至 2022 年底，68%的企业客户计划在线上完成40%以上的采购，而在 2021 年这一比例的买家为 56%，在线采购的企业客户正在迅速增加。同时，近十分之一（9%）的企业买家表示希望在线上完成超过 80%的采购。调研还发现，在 2020 年已经开始大量投入并采用线上采购的企业，在收入增长方面比同行表现更为突出。作为 B2B 跨境电商的新模式，DTB（DirecttoBuyer）正在帮助企业通过数字化渠道，直接触达海外广阔的终端企业、机构采购用户，并将帮助大幅提升采购效率，将成为未来 B2B 跨境电商的主流模式。

过去几年，物流和供应链成本增加、海外消费需求波动，企业面临着各种经营压力。然而，全球 B2B 电商规模逆势增长，呈现出万亿美金的蓝海市场。第三方机构调研数据显示，2022 年全球 B2B 电商市场规模为 7.9 万亿美元，预计 2027 年将达到 20.9 万亿美元。行业报告显示，电子商务是目前增长最快的渠道，到 2025 年，通过电子商务产生的 B2B 产品销售额将至少每年增长 10%。从亚马逊企业购的数据来看，2015 年 4 月亚马逊企业购投入运作，第一年的全球营收就达到了 10 亿美金，到了 2021 年，亚马逊企业购在全球的营收已经达到250 亿美金，B2B 跨境电商市场一直保持高速增长态势。

请思考：为什么越来越多的企业选择跨境电商采购？

◎**活动实施**

一、店铺注册前的准备

（一）收款账号申请

对于跨境电商来说，在店铺开通运营前需要先解决收款账号的问题，以用于日后店铺运营中接收买家货款。收款账号分为银行账户和第三方支付平台提供的虚拟银行卡。

1. 银行账户，即卖家通过设立银行账户作为接收款项账号，如美国银行账户、中国香港银行账户。

2. 虚拟银行卡，即卖家通过设立第三方平台的虚拟银行卡作为接收款项账号，如 pingpong（呼哮）账号、Payoneer（派安盈）账号和 WorldFirst（万里汇）账号。

（二）店铺注册准备

1. 准入门槛

亚马逊、AliExpress、eBay、Lazada、Shopee 等跨境平台，在准入门槛的设置和注册材料的需求上有一定差别，但大体上是相同的。申请店铺的卖家需要的审核材料主要有以下几种：

一是法人身份证：申请店铺首要联系人及受益人的身份证件。

二是店铺材料：申请店铺所需材料包括店铺注册信息、未注册的手机或邮箱等。

三是营业执照：正本或副本，具有统一社会信用代码，且法人身份证信息须保持执照信息与注册平台信息一致。

四是收款账号：作为店铺运营中接收买家货款所需的收款账号，如银行账户、第三方文付平台提供的虚拟银行卡。

此外，不同平台在具体的审核材料上还会有不同的要求，具体如下：

一是在营业执照的需求上，亚马逊和 Shopee 允许用个体工商户执照在个别地区站点开通个人卖家店铺，而 Lazada、速卖通则只接受企业营业执照，不接受个体工商户。

二是 Lazada 需要提供具有电商销售经验的证明，根据不同站点需要提供内贸或外贸平台的证明链接。

2. 注册流程

不同平合的店铺注册流程大体上都差不多，具体流程一般都分为如下几步

第一步，进入注册通道；第二步，填写申请信息；第三步，选择销售计划；第四步，身份信息验证；第五步，信息审核；第六步，绑定收款账户。

二、阿里巴巴国际站店铺注册

（一）入驻条件及费用

1. 阿里巴巴国际站注册基本条件

国际站（www.alibaba.com）是一个做进出口的电子商务平台，主要是帮助国内企业做外贸批发业务、拓展海外买家。在国际站上开店做卖家需要注意以下事项：

（1）可以入驻的商家包括：有大陆工商局注册的实体企业、个体户、小规模和一般纳税人均可入驻；贸易、工厂、工贸一体企业也可入驻。

（2）不能入驻的商家包括：若公司服务类型如物流、检测认证、管理服务和离岸公司和个人等均不能入驻。

2. 阿里巴巴国际站入驻费用

费用由基础服务费用＋增值服务费用组成，阿里巴巴国际站目前有两类服务套餐，一是出口通（29800元/年），二是金品诚企（80000元/年）。

（1）阿里巴巴出口通

出口通是阿里巴巴国际站基础会员产品，是基于阿里巴巴国际交易市场（http：//www.alibaba.com），通过开设企业旺铺，向海外买家展示产品制造能力和企业实力进而获得贸易商机与订单的付费会员服务；"阿里巴巴出口通"提供一站式的店铺装修、产品展示、营销推广、生意洽谈及店铺管理等全系列线上服务和工具，帮助企业降低成本、高效率地开拓外贸大市场。出口通基础费用：29800元/年。

阿里巴巴出口通涵盖了全球市场营销、交易撮合、物流配送等多个领域，主要服务内容包括：

全球市场推广：通过平台的全球化市场营销和宣传，帮助中小企业打造品牌形象。

交易撮合：为企业寻找全球采购商，提供从查询需求、沟通洽谈、达成交易到完成订单的全程服务。

物流配送：为企业提供全球物流服务，一站式完成订单配送，享受高效、安全的物流保障。

办理流程：由出口通当地客户经理负责接待，协助商家注册国际站账号 > 洽谈 > 付费 > 签约 > 实地认证 > 开通。需要提供的资料包括：当地营业执照、办公场地经营证明、法人身份证件信息等。

（2）金品诚企

金品诚企是阿里巴巴国际站面向平台实力商家推出的高级会员产品。它采用线上线下结合的方式，对商家的企业资质、产品资质、企业能力等全方位实力认证验真，并在买家访问平台的核心链路持续透传，帮助企业全面展示实力，赢得买家信任并促进交易达成。金品诚企会员除享受基础会员服务外，还享有专属数字化营销工具、营销权益和营销场景等特权。

（3）此外，其他付费产品有问鼎、顶展、直通车、橱窗、RFQ、小满，这部分用户根据自身需求配置（非必须）。

（二）阿里巴巴国际站注册流程

1. 输入阿里巴巴国际站官方网址：https：//supplier. alibaba. com/

2. 点击右上角的注册按钮，则进入注册页面，需要按照要求填写电子邮箱、登录密码、英文姓名、手机号码、公司名称、公司地址等，注意在邮箱的字母昵称里不允许含有 alibaba，否则就不能注册。输入完整信息内容后，滑动滑块到最右边，点击同意相关协议和条款，完成注册。

3. 经过手机短信以及邮件验证后，即完成注册。

4. 点击右上角我要开店，完善公司的基本信息，包括公司名称、公司地址、联系人及联系方式等。

5. 提交资质文件：需要提交相应的资质文件，以证明公司是一家合法的企业，以便阿里巴巴国际站能够对账号进行审核。

6. 审核通过：经过审核后，账号就可以正式开通，可以在阿里巴巴国际站上发布商品信息和进行订单交易了。

如需要进一步开发合作，则可能还需要以下流程：

（1）确认合作方案，并让客户经理拟定一份合同，仔细查看合同内容。

（2）确认合同并付款，进入店铺上线准备期，须在 90 天内上线，否则一些赠送的资源会失效。

（3）配合客户经理做实地认证

如果是出口通会员，客户经理会到办公场地拍个照，需要提供办公室的租赁合同，如果是自己的产权，需要提供房屋产权证之类的佐证材料。

如果是金品诚企会员，则会安排专门的人员上门拍摄厂区、办公场地，做相关认证等。

（4）提交公司信息

完成企业信息审核，填写公司的基本信息、生产能力、质控、研发等信息（信息必须填写完整，绝不留空，例如"生产能力""质量控制"和"研发设计"部分一定要保证信息完整），准备好英文版的公司名片、公司介绍、产品目录。

三、速卖通店铺注册

（一）注册速卖通账号，登入速卖通官网进行账号注册页面

1. 打开速卖通首页，在页面右侧点击"注册"按钮，进入账号注册页面。

2. 进入设置用户名页面，填写电子邮箱，并进行邮箱验证。

3. 打开电子邮箱，点击相关链接，完成邮箱验证。

（二）进入账号注册页面，填写相关注册信息

1. 进入账号信息填写页面，首先填写登录名、设置登录密码、密码确认。

2. 填写英文姓名、手机号码和具体联系地址。

3. 选择经营模式：个人及贸易 SOHO、贸易公司、工厂、其他；勾选在线经验：淘宝等国内在线零售平台、eBay 等国际在线零售平台、阿里巴巴中国站等内贸平台、阿里巴巴国际站等外贸平台。

4. 点击确认，完成信息填写。

（三）注册成功，提交实名认证

1. 注册成功，记住登录名，即注册邮箱名。

2. 选择实名认证形式：个人实名认证与企业认证。注意：店铺性质一经确定，永不修改。

（四）进行个人实名认证或企业认证

1. 个人实名认证主要有三个步骤：首先，登录个人支付宝账号；然后，提交支付宝认证；最后填写认证资料。注意：个人身份只能用于认证 1 个速卖通

账号。

2. 通过登录个人支付宝账户，进行实名认证。

（五）完成支付宝实名认证

1. 通过支付宝实名认证，完成身份实名认证。

2. 准备填写个人资料认证。

（六）填写个人真实信息

1. 认证完成后，填写姓名、身份证号码、身份证到期时间三项信息。

2. 上传个人照片及身份证。手持身份证头部照要求五官可见，身份证信息清楚无遮挡，完全露出手臂；半身照除五官可见外，还需要背景与手持身份证照保持一致；手势照片，背景与手持身份证照保持一致，姿势任选左侧其中一张；身份证背面的证件全部信息清楚无遮挡，证件有效期在 1 个月以上。

3. 填写联系地址与联系手机，地址与手机必须填写正确，涉及订单信息的提醒与平台的联系。填完上述信息后，点击"提交审核"按钮，完成整个信息填写的过程。

4. 按照上述填写要求，全部填写完信息后，会出现"恭喜您，您的资料已经通过审核通过！"字样。

◎实训活动

实训项目：体验跨境电商平台注册流程，以速卖通为例

跨境开店是卖家经营跨境业务的首要工作。要开通店铺，就需根据各平台的开通规则进行材料准备，为后续的店铺运营做好准备。

本实践项目步骤及成果要求如下：

实训步骤 1：申请速卖通支持的境外收款账户

运营情境：假设你是一家跨境公司的员工，最近公司打算拓展新业务，并将新业务交由你来主要负责。由于不能使用原来的收款账户（账户关联风险），你需要去申请新的收款账户。

工具/环境：跨境 B2C 实训平台；有网络的电脑机房。

活动实施流程：

进入申请流程—填写信息验证审核

实训步骤 2：注册速卖通店铺

实训情境：做好了开店前的材料准备，你现在要走申请流程，开设一家新店铺。工具/环境：跨境 B2C 实训平台；有网络的电脑机房。

活动实施流程：

申请通道—填写信息—选择计划—验收审校—绑定账号

实训步骤 3：完善店铺的账号信息设置

实训步骤 4：成功开通速卖通平台店铺

任务二　跨境选品与定位

◇**学习目标**

1. 跨境电商选品基本原则

2. 跨境电商选品的主要策略

3. 跨境电商站内选品技巧

4. 跨境电商站外选品工具

5. 主流跨境电商平台选品特征

◇**建议课时**

2 课时

◇**情景描述**

2022 中国跨境电商交易会于 6 月 1 日至 3 日在福建省福州海峡国际会展中心举行。展会以"链接跨境全流域，共建电商新生态"为主题，采用"专题展会＋高峰论坛"、线上线下相结合的形式开展，汇集了 40 多家国内外知名跨境电商平台、200 多家跨境电商服务企业、2000 多家外贸供货企业参展，展示跨境电商智造新品约 100 万款，举办了近 30 场高端论坛、会议等活动。组委会公布的数据显示，为期 3 天的跨交会共达成意向成交金额超 30 亿美元，到访展馆主会场及参加各酒店分会场配套活动的专业客商共计 5.5 万名，到会采购商与展位比例超过 20:1。

在本次跨交会上,《中国跨境电商企业出海发展蓝皮书》正式发布。蓝皮书显示,2020年以来,我国跨境电商行业在"宅经济"带动下实现了逆势上扬,小微企业不断跻身跨境电商赛道,成为"微型跨国企业"。目前,全国已设立132个"跨境电商综合试验区",区域基本覆盖全国,形成了海陆内外联动、东西双向互济的发展格局。虽然严峻的市场竞争带来众多挑战,但在政府与企业共同努力之下,将会迎来新市场、新机遇。

"虽然受贸易摩擦和行业竞争加剧等的影响,我国跨境出口增速从2020年起有所放缓,但已出现以B2B业务为主导的跨境电商发展新趋势。"德勤中国副主席施能自特别指出,福建省凭借地缘优势,已经逐步贯通多式联运的国际物流通路。未来,福建省将大力发展数字贸易在跨境电商中的作用,在充满机遇和挑战的新赛道中努力实现"弯道超车"。

蓝皮书显示,中国跨境电商行业已形成以珠三角为代表的贸易集散枢纽、以长三角为代表的平台枢纽以及以河南为代表的物流枢纽。福建跨境电商行业也正积极探索海上丝路,发挥轻工业产业优势,深耕定制化市场,打造数字贸易高地,将成为继珠三角、长三角以及河南之后的中国跨境电商"第四核"——生产制造枢纽,是中国跨境电商行业发展中重要的坚实支柱。

近年来,中国跨境电商行业发展迅猛。海关统计数据显示,中国跨境电商进出口5年增长近10倍,去年规模达到1.92万亿元,增长18.6%。

观点:

我国积极促进外贸新业态有序发展,"跨境电商B2B直接出口""跨境电商出口海外仓"等监管模式,满足了跨境电商企业的发展需求,使"买全球""卖全球"成为现实。——海关总署副署长王令浚

在当前严峻复杂的外贸形势下,跨境电商可以发挥两方面的作用,一是作为我国外贸的"稳定器",应对疫情等对我国外贸发展带来的不利影响;二是作为我国外贸转型升级的"助推器",推进我国外贸的数字化发展。——上海立信会计金融学院自贸区研究院副院长肖本华。

◇活动实施

一、选品的重要性

跨境电商与传统贸易的区别在于"电商",而"电商"的本质在于"零售","零售"界有句老话:"产品为王"。

在跨境电商的四大核心要素(产品、渠道、运营、供应链)中,产品是核心中的核心;如果选的产品没有市场,就算后期运营能力再强也难有作为。从这一点上看,选择比努力更重要。

二、选品

跨境电商店铺进行有效选品的第一步就是要进行市场行业分析,具体内容如下:

(一)市场调研

市场调研就是企业根据产品属性,科学地、有目的地调研市场数据,分析不同市场需求,结合不同的市场文化,解决产品卖给谁的难点。企业对市场进行调研,主要从两个方面进行:一是不同市场需求,二是目标市场文化。

1. 不同市场需求

如果该产品的销售空间在这个市场已经达到饱和状态,即供应数大于需求量,意味着该产品市场竞争很大,企业就要考虑是否介入该市场。判断市场是否饱和,需要调研市场容量和产品生命周期。

(1)市场容量

对跨境电商而言,选定产品后,需要通过调研市场环境和趋势,了解该品类在不同市场的饱和度,并结合自身资源,判断应该投入哪一个市场。市场容量需要进行多维度判断,具体需要综合考虑物流方式、库存情况以及 BSR 维度这三个方面。

(2)产品生命周期

产品生命周期是指产品从准备进入市场开始,到被淘汰退出市场为止的全部过程,主要包括探索期、成长期、成熟期、衰退期。在不同经济水平的国家,同一产品的生命周期并不相同。

在经济水平相对较高的国家，功能机基本已经退出市场，但是在经济不发达国家，功能机仍占据可观的市场份额。判断产品生命周期，主要根据产品在市场不同时期的销量趋势来判断。当处于探索期时，市场需求量小，宣传成本高，销售额增长缓慢；当处于成长期时，产品需求大，同类产品供给量增加；当处于成熟期时，潜在顾客减少，销售额增长趋缓；当处于衰退期时，新产品或新的代用品上市，消费者消费习惯发生改变。

2. 目标市场文化

跨境电商虽然打破了传统贸易方式，但交流依然是在不同生长环境下的人与人之间展开，无法避免产生文化上的差异。对企业而言，尊重当地文化习俗、购买习惯，制定符合当地文化的营销策略是非常重要的。这就需要企业考虑政治因素、地域文化、消费观念以及语言这几个关键因素。

3. 调研数据分析

企业可通过对市场调研数据的分析，选择企业所要服务的消费者群体，并根据消费心理、消费习惯等，制定合适的销售策略。调研数据分析，主要是为了确定目标市场和指导营销策略这两点。

（1）确定目标市场

企业确定目标市场主要是从市场容量和产品生命周期两个维度判断，如是否有垄断企业、产品收益是否足够等，具体可以参考下表的指标。

表 3-1　目标市场判断指标

指标	数据	特点
市场容量	容量大	市场的竞争格局情况如何？
		产品是否存在垄断？
	容量小	市场是否饱和？
产品生命周期	探索期	产品在市场中处于哪一个生命周期？
	成长期	这一时期投入货品能给企业带来收益吗？
		收益是否能够满足企业的生存？
	成熟期	现在进入市场，企业的现货是否满足？
		如何控制库存？
	衰退期	后续的订货工作如何安排？

通过对市场容量和产品生命周期的调研，企业对市场有了一定的判断。但是否进入该市场，还需要企业结合自身情况，包括资金、人力、发展规划等因素进行权衡。

（2）指导营销策略

当企业确定目标市场之后，所有的活动都要围绕目标市场进行，投其所好，给目标消费群体提供服务。结合目标市场文化的调研，可以为营销方案提供以下指导：

1）了解政治因素，企业可在广告设计、关键词编辑时，规避政治敏感词和违规词。

2）根据当地传统节日策划相关的促销活动。

西方国家的感恩节、情人节等，东南亚国家的泼水节等。

3）根据风俗习惯优化产品线。

例如马来西亚人一般不喜欢黄色和黑色的衣服。

4）了解当地宗教信仰，避免触犯客户禁忌。

4. 站内分析

在选定推广产品后，制定推广方案之前，卖家要结合产品进行一系列的推广可行性分析，这个阶段卖家要考虑的问题通常包括以下几个：我的产品和竞品相比有哪些优势？哪些劣势？如果要推广该产品，有哪些机会是可以利用的？有哪些潜在风险和威胁？而这一系列优势、劣势、机会、威胁问题的分析，就是运营活动中常见的SWOT分析。

（1）优劣势分析

SWOT分析中的S（Strength）和W（Weakness）分别表示的是产品的优势和劣势，代表内部因素。优劣势的分析可以从品质、成本、效率、设计、服务等方面入手，对比自家产品和竞品的优劣势。

以USB手持小风扇为例，与一些竞品相比，它的优劣势如下：

优势：可180度折叠，方便携带，可以将风扇挂在伞上，使用更轻松；3挡风速，6片扇叶，风力强劲；手持携带，适合外出；可充电，低能耗，持久耐用；附赠礼品。

劣势：价格和同类产品相比略高。

（2）机会分析

O（Opportunity）表示机会分析，主要分析当下的市场背景是否具备推广该产品的外部机会。机会分析的内容包括政策法律、经济发展、社会环境、技术水平、气候环境等，需要通过多方渠道来收集足够多的信息，判断是否具备推广该产品的机会。

USB 手持小风扇的搜索热度在 6—9 月之间达到高峰，因此，该时间段是推广产品的好时机。

（3）威胁分析

T（Threat）表示威胁分析，主要分析市场上是否存在对产品推广不利的因素。市场上存在的威胁主要包括竞争者、替代品等，对于这些威胁，卖家要紧盯竞争对手的动态，及时调整推广策略。

USB 手持小风扇面临的威胁主要是竞争较为强烈，市场各种类型的 USB 风扇繁多，更加便捷的挂颈式 USB 风扇是威胁较大的竞品。

（二）竞品分析

1. 竞品数据分析

企业得到竞品数据只是第一步，最重要的是对这些数据做进一步的分析，从而了解与竞品对比自家产品的优劣势，然后有针对性地调整店铺产品的运营计划。竞品数据分析主要分析热销竞品特点和热销竞品销售趋势。

（1）分析热销竞品特点

通过对比，可以发现跨境平台上的热销竞品都有销量大、库存量大、Reviews 高、店铺评分高四大共同点。运营人员可通过上述共同点，找到相应的热销竞品，并根据以下思路进行热销竞品的特点分析：这些热销竞品本身有什么特点；这些竞品热销的原因是什么；对比自己的产品，分析优劣势。

1）热销竞品本身的特点

这里指观察所选的热销竞品本身具备哪些特点，如体积、尺寸、外在包装、外观等。

2）竞品热销的原因

一个产品想要成为热销产品，除了竞品本身的优势，还会有其他的一些原因。比如产品的定价、生命周期、所对应的市场需求等。假如我们在销售一款读卡器，但是发现它在不同店铺的定价是不同的，销量也相差很大。这里有个关键：并不是定价越低就销量越好。

经过统计发现：定价低于 15 美元，销量一般；定价为 50～120 美元，有很高的销量；定价超过 150 美元，销量很低。这是因为如果产品的在线交易价格高于商品在目的国当地的市场价，或者偏高于其他在线卖家，就无法吸引买家在线下单。

3）对比自己的产品，分析优劣势

最后，通过对比自家产品和竞争产品在各个维度上的指标，明确自身的优势、劣势、机会和威胁，为后面的产品设计、运营活动、战略规划等提供市场参考和行动建议。

（2）分析热销竞品销售趋势

只有对热销竞品的销售趋势进行分析，才能把握最佳的新品上架时机。那么，如何分析热销竞品的销售趋势呢？

1）观察阶段销量

想知道竞品的销售趋势，观察竞品的销量是最直接的方法。我们可以根据具体的 Feedback 数量来估算该店铺的日均总销量。

2）观察库存量

之前说过，由于跨境商家处理库存很困难，其备货时会很谨慎，如果竞品的库存数量比较大，则说明该产品销量稳定，销售趋势也较好。

判断竞品库存量的方法：添加购物车判断法。直接将该产品添加入购物车，然后将购买数量修改为 999，如果卖家实际库存数量没有这么多，系统会给出提示。下单数量输入 999 后，系统弹出。第二天同一时刻再进行测试，第三天依然如此，连续测试一周左右，我们基本上可以根据库存数量的变化判断出竞品销售趋势了。

2. 站外竞品分析

在站外推广中，学习竞品的优质推广策略是必不可少的，这能够帮助我们少走弯路。分析思路是怎样的呢？首先，对比竞品在哪些渠道做推广；其次，思考推广创意/策略是怎样的；最后，了解竞品推广的效果如何，有哪些值得我们借鉴。

（三）客户画像分析

1. 客户数据采集

在明确产品主要用户群体的前提下，有针对性地进行用户数据采集是目标客户分析必不可少的环节。准确、有效的数据能够让用户画像的构建事半功倍。企业可从以下两个方向入手做好数据采集：数据类型和采集渠道。

（1）数据类型

根据产品的不同，企业对相关数据的关注点亦不同。主营母婴产品的亚马逊店铺，对客户是否有小孩这一数据信息的关注度就明显高于女装店铺。综合整体的目标客户分析，其所需信息数据内容主要包含内容如表所示。

表3-2 用户数据采集内容

类型	具体内容
基本属性	性别、年龄、出生日期、学历、职业、居住地、住房类型、收入、家庭结构等
行为属性	购买习惯、兴趣爱好、心理需求、消费态度、生活方式等

（2）采集渠道

在确定需要采集内容后，企业可通过使用平台、第三方采集工具以及其他（如媒体）等获得用户数据，如表所示。

表3-3 客户数据采集渠道

渠道	具体方式
平台数据	CRM系统；电子商务平台数据（亚马逊数据报告）统计工具、速卖通、eBay等
第三方工具	Ah s Semuh Smweb Pngdom SERP ponag Ccky Google Analytics
其他	行业数据、网络爬虫抓取数据、问卷调查、社交媒体等数据

2. 用户构建

用户画像就是根据用户特征、业务场景和用户行为等信息，构建标签化用户模型。每个项目初创时期，企业通常都会借助用户画像，来了解、发现、寻找目标客户，使产品服务对象更加聚焦，更加专注。用户画像需要掌握以下两点：

画像构建和画像应用。

（1）画像构建

收集的客户数据通常都是杂乱无章的，没有规律可言，这就需要企业对这些数据进行加工处理，抽取出对数据分析有用的数据，整理成合格的数据样式，提高数据准确性，然后得到用户共性数据，构建数据模型，最终得到用户画像。

一般来说，画像构建需要分为数据清洗、数据整理和数据建模三个步骤。

1）数据清洗

收集的数据通常是杂乱无章的，这就需要企业对这些数据进行清洗工作，排除无效且重复的内容，提取有用和需要的内容，可选择 Excel 等工具来完成。

2）数据整理

清洗后，需要进行数据整理，将数据整理为能够进行下一步分析的格式。

3）数据建模

对数据进行处理，找出目标客户相同特性，构建可视化模型，给用户打上专属标签。

（2）画像应用

画像构建之后的应用非常广泛，主要体现在以下几个方面：

1）用于企业的精准营销

根据找到的目标客户，制定针对性的营销策略，精准投放营销广告，提升转化率。

2）为产品线规划提供方案指导

在店铺的实际运营过程中，运营人员会发现运营方案并不一定是正确的，这就需要有用户画像来指导方案的策划和落地执行。

3）用于指导选品

根据用户画像，在选品中聚焦于用户需求，提升选品的效率和成功率。

3. 站内目标客户分析

了解目标客户的详细信息，能够更好地根据人群来设置关键词、制定推广策略。明确目标客户需要分析客户的两种属性：基本属性和行为属性。

（1）基本属性

基本属性是基于客户较为固定、短期内不会发生变化的属性，如年龄、性别、地区、职业等。如图所示。

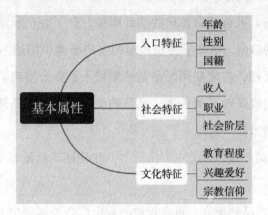

图 3 – 1　客户基本属性

以 USB 手持小风扇为例,卖家可以根据交易记录了解到客户如下数据:

1)所在地:美国

2)性别:以女性为主

3)年龄:20 ~ 30 岁为主要年龄区间

4)社会特征:主要为职场白领

(2)行为属性

行为属性体现的是客户的决策、购买、使用、评价等行为,并能以此明确客户的角色。如图所示。

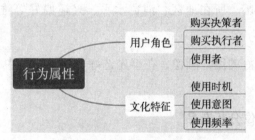

图 3 – 2　客户行为属性

可结合用户调研与分析交易记录等方式,了解到 USB 手持小风扇客户如下数据:

1)用户角色:既是购买决策者,又是购买执行者和产品使用者。

2)用户行为:常用于通勤路上、办公室或假期户外出行,夏天几乎每天使用。

综合以上分析，可总结出客户的基础画像，有了客户画像，推广方案的内容就有更加精确的方向。USB 手持小风扇的客户画像可描述为：20 ~ 30 岁的美国年轻职场白领女性，主要使用场景是通勤路上、办公室或假期户外出行，使用频率很高，她们既是购买决策者，又是购买执行者和产品使用者。根据客户画像，我们可以做出如下判断：

1）产品关键词要包含办公室、出行等，在验证其流量和竞争后，可增加广告关键词竞价；

2）客户使用产品频率高，可在投放的推广广告关键词中突出产品的续航能力；

3）客户是职场白领女性，是购买的执行者，考虑这类人群最有可能的搜索词，以提升曝光。

4. 站外目标人群分析

在社交媒体上，账号的推广信息是全面公开的，所有人可见，但不是所有人都会感兴趣。因此，账号定位要精准，推广信息要发目标人群感兴趣的话题，并以此来吸引他们关注。长期运营下去，凡是关注你账号的粉丝都是你的潜在客户。

跨境卖家在分析目标人群时，要遵循的思路如下：

（1）从用户年龄、所在地区、消费水平、兴趣偏好等维度分析目标受众，构建用户画像。

（2）根据确定好的用户画像，在事先选好的站外渠道中寻找目标人群，并进行针对性营销。

（四）数据定位分析选品

1. *产品性质*

无论是电商平台还是海关，它们都有各自运作的规则条款，这也是保障消费者的合理做法。但作为平台卖家，为了合理地控制风险，在选品一开始我们就要对产品自身有所界定，基本要求有：合理的利润空间、低运输成本、非敏感/危险品、不涉及侵权。

（1）合理的利润空间

在高流量成本、高运营成本的电商环境下，如果没有足够大的利润空间，很难支撑得起店铺运转。所以运营人员在选品时，一定要认真计算产品利润，否则会陷入低价没钱赚、高价卖不出去的困境。一般而言，海运产品的利润率应在30%～40%，空运产品的利润率在20%～25%，多多益善。

另外，建议选择售价15～35美元的产品，低于15美元利润率偏低，只能海运，高于35美元的要看个人的资金承受。

（2）低运输成本

对于新卖家来说，最好选择体积小、重量轻、不容易在交输过程中损坏的产品，这种产品的运输成本相对较低。虽然大体积商品竞争程度相对不那么激烈，但复杂的物流会加大运营难度，常出现断货、补货、售后等问题，利润难把握。

（3）非敏感/危险品

敏感物品包括一些液体、粉末、带电池及带有异味的产品，这些产品很多服务商不愿意运输，需要找到能够直接处理敏感物品的服务商去操作，这就在无形中增加了发货难度和成本。

另外，敏感货和危险品在运输途中也存在很多不确定因素，在产品送到美国亚马逊的仓库之前，如果中间一个环节出了问题，产品就不能按时上架，这会引起一系列的连锁反应。

（4）不涉及侵权

亚马逊平台对知识产权的保护是非常严格的，如果被投诉或者被检测到涉及侵权，你将面临Listing被删除和店铺关闭检查，甚至资金被冻结的风险。所以在决定产品之前，最好通过知识检索数据库进行检测，检测网站有wipo. int/portal/en和Patents－Search patents等。

2. 选品渠道

跨境卖家的选品渠道各有不同，有卖家喜欢从义乌、广东等地线下选品，也有卖家侧重线上选品，前者受地域因素限制，后者则更考验市场洞察力。下面介绍亚马逊站内榜单、优质卖家店铺、社交媒体，以及1688跨境频道这几种典型选品渠道。

三、定位

(一)根据目标市场定位

目标市场定位即根据目标市场的特点来判断什么样的风格符合当地偏好。跨境电商风格定位难点在于不同的站点可能要有不同的风格调整,以使店铺、产品的风格符合当地的风格偏好,更好地满足市场需求。根据目标市场定位最需要了解的有文化习俗和消费习惯这两点。

1. 文化习俗

不同地区文化习俗不同,因此,不同地区的市场对产品和店铺的风格、类型、属性等的要求也存在差异。如果对所有地区都一概而论,可能会因为不符合市场需求而影响销量。

因此,即使文化习俗相近的地区,也依然要从经营的产品类目出发,调查清楚两个地区之间的差异,以此来判断文化习俗影响下的市场风格偏好,以及对产品类目的影响。

2. 消费习惯

消费习惯会影响客户的消费行为和消费偏好,从而间接地影响他们的风格喜好,因此,在定位店铺风格时,还需要考虑客户的消费习惯。

欧洲客户的消费能力较强,消费观念上更注重产品体验、消费体验、服务体验等;东南亚客户对价格较为敏感,注重性价比。因此,在欧洲站点开设的网店可以打造有品质感、以满足客户体验为主的风格;而在东南亚站点开设的网店,则适合打造体现性价比和优惠的店铺风格,同时要能够让客户产生信任感。

(二)根据目标人群定位

根据目标人群定位,就是根据目标人群的属性特点,判断什么样的风格符合目标人群特点和喜好。店铺直接面对的是客户,因此,在定位店铺风格时,卖家既要考虑到目标客户的风格偏好,同时又要符合自身产品的特点和定位。总的来说,在根据目标人群定位店铺风格时,需要考虑产品调性和客户属性这两点。

1. 产品调性

产品调性简单来说就是产品呈现出来的基调，以及它想留给客户一个什么样的形象。同时。产品调性是店铺定位的两个基准，在经过分析目标市场风格定位之后，卖家还要判断风格是否符合产品调性，如果偏差过大，那么无论多么符合市场都不能去附和风格。

风格定位要符合产品调性，让店铺风格和产品风格相统一，这样才能更容易形成统一的品牌形象，吸引客户在店铺进行浏览、下单、复购。

2. 客户属性

产品有产品调性，也就有了目标人群，即店铺客户。店铺风格定位要考虑到客户的属性，如性别、年龄、工作、收入等。其中，对风格定位最重要的属性为性别和年龄。

（1）性别

在全世界的范围内，男性和女性能接受的风格通常可以说是大相径庭，因此在定位店铺风格时，要考虑产品所面向的主要是什么性别的目标客户，以此来考虑风格。如果产品的客户群体没有明显的性别差异，那么可以使用普适的风格。

（2）年龄

不同年龄阶段的人对风格的偏好不同，可能年轻人喜欢小清新风格，中年人则可能偏爱于商务风，因此，产品面向什么年龄的客户也是定位店铺风格时要考虑的问题。

综上，在进行店铺风格定位的过程中，卖家要综合考虑目标市场的文化习俗和消费习惯，了解市场风格偏好，店铺风格的定位要符合产品调性和客户属性，让店铺风格既符合市场，又符合目标人群偏好。

四、主流跨境电商平台选品策略

（一）亚马逊平台

亚马逊平台的特点是以商品为导向，适合做品牌。但是对于中国卖家来说，在亚马逊上只有"跟卖 Listing"和"自建 Listing"两条路线。跟卖要选择销量好的商品，在亚马逊上跟卖的产品大多数是电子类、汽配、家居和运动器材等标准化产品。

自建的这类产品大多数是已经得到认可的品牌（或者认可的伪品牌），往往是非标准化和主观性产品，相对比较小众，因此选品的核心是这类产品市场的销售容量。

（二）eBay 平台

eBay 平台的选品较为复杂，对于新卖家来说，可以浏览 eBay 目前在售商品及热销产品，根据相关信息分析自身的优劣势，从熟悉市场开始做。

（三）速卖通平台

首先可以通过速卖通后台的数据进行选品，此外还可以使用谷歌搜索进入海外零售网站，将当地国家在线零售商的销售情况作为选品的参考。目前集中在速卖通的品牌比较多的是时尚类产品和配件以及小家居运动类产品，而且性价比也比其他平台突出。所以，卖家在速卖通选品的时候，可以选择体积小，价格低的产品进行销售。

（四）Wish 平台

Wish 最大的特点就是移动端，而移动设备显示屏展示有限，因此在该平台上无法进行价格比较，价格优势的作用非常微弱，所以卖家在选品方面不能一味地选择低价产品。除了移动端特殊的视角对于页面、整体单品显示的不同之外，用速卖通的选品思维做 Wish 基本是吻合的。

◇实训活动

实训项目：宠物狗摄像头

宠物经济正在全球范围内走红，成为跨境电商中一大潜力类目。在美国，20 年来，其生育率下降，与此同时，美国人购买和饲养宠物的数目都不断上升。自 1900 年以来，美国人每年购买宠物的数目逐年上升。2010 国际宠物协会的报告指出，美国人购买宠物的数目上涨，其中最受欢迎的是体重不超过 20 磅的小狗。

一对中国夫妇本身就热爱宠物，在了解了美国市场的情况后，夫妻俩盯准市场中的宠物狗摄影机，推出产品——Furbo 宠物狗摄像头。宠物主人可以通过手机连接 Furbo 宠物狗摄像头，与自己的宠物狗视频连线。和它们嬉闹，或是防止它们跑出家门。如果怕狗孤单了，还可以通过 APP 里的语音，跟狗打招呼。如果怕它饿了，无聊了，可以通过 APP 按键，远程控制 Furbo 向它抛出零食，零食会在空中飞出一条美丽的抛物线，逗它开心。

该产品一经推出，便在 Amazon（亚马逊）夺下宠物摄像机销售排行第一。

PrimeDay 的成功也让该产品在网上备受追捧。美国《连线》杂志称 Furbo 是最好的宠物相机。Facebook 上也有超过 155000 人关注该品牌，其中 10000 名用户在一个叫 FurboVIP 的社交群中分享使用感受和宠物故事。

通过上述案例，我们了解到在选品时，要结合市场现有数据反馈，尽可能地去抓住规律。

每一个爆款的形成都离不开数据分析，数据化选品也是商家选品的首选方法之一。跨境电商通过数据化选品工具及相应的方法策略来精准选出最佳商品，从而打造属于自己店铺的爆款。

本阶段运营步骤及成果要求如下：

运营步骤：挖掘 3 款产品，并对选品做销售潜力分析

运营情境：接着，需要根据热销竞品的数据分析结果，通过各大渠道挖掘 3 款符合的产品，并对选品做销售潜力分析。

工具/环境：跨境 B2C 实训平台；有网络的电脑机房。

运营流程：

明确产品性质要求—选品挖掘—产品市场容量分析—产品趋势分析

运营步骤：建立选品清单并录入产品采购信息

运营情境：经过综合分析后，汇总了产品相关信息，确定出最后的选品清单，并开始收集录入产品采购信息。

工具/环境：跨境 B2C 实训平台；有网络的电脑机房

运营流程：

汇总产品相关信息—确定产品清单—收集产品采购信息

阶段成果：

独立完成产品清单建立，并录入产品采购信息

任务三 运费与定价

◇学习目标

1. 了解中国邮政物流的主要类型及特征。
2. 商业快递物流服务的主要优势与劣势。
3. 专线物流与海外仓模式的特点与优势。
4. 掌握速卖通运费模板的设置流程。
5. 根据产品类型选择合适的物流模式。
6. 理解专线物流与海外仓的设置要求。
7. 了解各类物流模式的优势与特点，设计适合店铺产品的物流方案。
8. 了解掌握产品定价的几种常用方法与原则。

◇建议课时

2 课时

◇情景描述

2018 年 11 月 21 日，跨境海淘新规正式落地。根据新规，个人单次跨境海淘免关税金额从 2000 元上升至 5000 元，年度免税额从 20000 元上升至 26000 元。而跨境海淘商品将不执行首次进口许可批件、注册或备案要求，而按个人自用进境物品监管。

这两种模式均能规避进口税，因其包裹在入境时会被视作个人物品，通常申报的价值较低，继而规避或减轻了其纳税义务。尽管这些模式也许能潜在地为消费者节省海关税收方面的开支，然而其亦可引发一系列问题。

比如，在外语网站上购物遇到的语言障碍、缺乏消费者保障（国外出售的商品所提供的多数保障条款在国内无效）以及商品被海关没收的潜在风险。

此外，消费者需支付国际航运费用，且由于国际航运从订购到递送可耗费 10 至 30 日，通常仍须担受航运导致的延误。海外代购还存在于非正式的个人网络之中，去海外旅行的中国人会替亲属、朋友及同事购买众多商品，并将其纳入行李箱运至中国境内。

第三种模式应运而生。在该模式下，顾客直接通过一个与政府挂钩的平台，或通过该平台进入企业网站即可订购商品，并在多数情况下支付定额进口税，而该税率要低于传统的进口税。

此模式要求零售商在中国设立一个中文环境的消费者服务渠道，用以处理退换货以及顾客投诉等售后事宜。该模式下的政策允许企业在试点城市的自贸区/保税区仓库里保税存储商品，从而减少递送时间。在商品离开自贸区/保税区之前，零售商无须支付税收。

在这种背景下和需求下，2013年9月，上海自贸区挂牌成立。面积28.78平方公里，涵盖上海市外高桥保税区、外高桥保税物流园区、洋山保税港区和上海浦东机场综合保税区等4个海关特殊监管区域。2014年12月，上海自贸区面积迅速扩大到120.7平方公里。

在成立之初，跨境电商就作为自贸区吸引的重点，有许多"大动作"。上海自贸区在进行制度创新的同时，也在不断推进功能创新。片区将结合区域特点，三种模式加强跨境电子商务运作力度。

在上海，官方的跨境电商平台为"跨境通"。2013年12月，跨境通于上海自贸区成立，成为全国首个跨境电商平台。该网站目前供应包括来自于韩国、日本、澳大利亚、美国、意大利和法国在内的30多个海外供应商的1万余种产品。其价格与国内专柜价相比，普遍至少便宜30%。

制度创新带来了销量的快速增长。据自贸区首批入驻企业跨境贸易电子交易平台"跨境通"统计，一年时间里，已有2000多家中小电商申请入驻，早期跨境水果的订单量正以月环比100%的速度持续上扬。

◎活动实施

一、跨境邮政物流主要类型

中国邮政提供的跨境物流模式，包括中国邮政小包、大包、EMS特快专递业务、e邮宝等多种类型。掌握各类邮政物流的优点与适用区域，为下一步运费模板的设置奠定理论基础。中国邮政小包业务，是跨境电商速卖通平台使用最多的物流方式，熟悉其业务范围、资费要求、运送时间等各方面特点，有利于后续店铺运费模式的优化合理。

（一）中国邮政小包的概念及其主要优势

1. 邮政小包的概念

邮政小包又叫中国邮政航空小包，即 China Post Air Mail，是中国邮政开展的一项国际邮政小包业务服务，属于邮政航空小包的范畴，是一项经济实惠的国际快件服务项目。可寄达全球 230 多个国家和地区各个邮政网点。

2. 邮政小包的主要优势

（1）价格实惠，中国邮政小包相对于其他运输方式（如 DHL、UPS、FedEx、TNT 等）来说有绝对的价格优势，同时比香港小包价格也要便宜；

（2）邮寄方便，可以寄达全球各地，只要有邮局的地方都可以送到（极少数国家地区除外）；

（3）中国邮政小包安全、掉包率低；挂号可全程跟踪；

（4）速度优势：直接交接中国邮政，无须中转香港，包裹交邮局后当天可在中国邮政网查到包裹状态。

（二）中国邮政小包的寄送要求与计费方式

1. 邮政小包的寄送规格限制

（1）邮政小包重量限制：邮政小包限重 2kg（阿富汗除外）；

（2）邮政小包体积限制：非圆筒货物：长 + 宽 + 高 ≤90cm，单边最长为 60cm，最小尺寸单边长度 ≥17cm，宽度 ≥10cm；

（3）清楚的收件人地址和邮编。

按照规定填写报关单及包面，申报物品要中英文。

2. 邮政小包的寄送产品限制

（1）禁止邮寄国家规定的不能邮寄和出口的物品；

（2）禁止邮寄带有危险性、爆炸性、放射性、易燃性的物品；

（3）鲜活的动植物以及易腐烂的产品不能邮寄。

（三）邮政小包运达时间与跟踪服务

1. 邮政小包运达时间

（1）到亚洲邻国 5 ~ 10 天；

（2）到欧美主要国家 7 ~ 15 天；

（3）其他地区和国家 7 ~ 30 天。

2. 邮政小包跟踪服务

平邮小包不受理查询，只有挂号小包大部分国家可以全程跟踪，挂号小包中国邮政官方网站查询网址为：http：//intmail. 183. com. cn

（四）中国邮政大包的概念及其主要优势

1. 邮政大包的概念

中国邮政航空大包服务是中国邮政区别于中国邮政小包的新业务，是中国邮政国际普通邮包裹三种服务方式中的航空运输方式服务，可寄达全球 200 多个国家，对时效性要求不高而重量稍重的货物，可选择使用此方式发货。

重量在两千克以上。通过邮政空邮服务寄往国外的大邮包，可以称为国际大包。国际大包分为普通空邮（Normal Air Mail，非挂号）和挂号（Registered Air Mail）两种。前者费率较低，邮政不提供跟踪查询服务，后者费率稍高，可提供网上跟踪查询服务。

2. 邮政大包的主要优势

（1）价格比较 EMS 稍低，且和 EMS 一样不计算体积重量，没有偏远附加费；

（2）以首重 1 千克，续重 1 千克的计费方式结算；

（3）成本低。相对于其他运输方式（如 EMS、DHL、UPS、FedEx、TNT 等）来说，中国邮政大包服务有绝对的价格优势。采用此种发货方式可最大限度地降低成本，提升价格竞争力。

（五）熟悉中国邮政大包的寄送要求与计费方式

1. 邮政小包的寄送规格限制

体积重量限制：寄往各国包裹的最大尺寸限度分为两种。部分国家限重 10kg，最重只能 30kg。

第一种尺寸：最长一边不超过 150 厘米，长度与长度以外的最大横周合计不超过 300 厘米。

第二种尺寸：最长一边不超过 105 厘米，长度与长度以外最大横周合计不超过 200 厘米。

2. 邮政大包的寄送产品限制

（1）根据国际航空条款规定的不能邮寄或限制邮寄的所有货物，比如仿牌，液体，粉末，膏状体，毒品，军火等。

（2）纯电池和大量手机不可以邮寄，电池作为配件可以适当邮寄，但电池最好独立包装，但最终是否能顺利通关，在于海关的政策。

（六）了解中国邮政特快专递服务

1. 邮政特快专递服务的情况介绍

EMS（即"Express Mail Service"），邮政特快专递服务。它是由万国邮联管理下的国际邮件快递服务，是中国邮政提供的一种快递服务。该业务在海关、航空等部门均享有优先处理权，它以高质量为用户传递国际、国内紧急信函、文件资料、金融票据、商品货样等各类文件资料和物品。EMS 业务包括国内所有市县，延伸亚洲地区。

EMS 特快专递业务 1980 年开办，业务量逐年增长，业务种类不断丰富。除提供国内、国际特快专递服务外，EMS 相继推出省内次晨达和次日递、国际承诺服务和限时递等高端服务，同时提供代收货款、收件人付费、鲜花礼仪速递等增值服务。

2. 邮政特快专递服务的优劣势

优势：

（1）EMS 可以说是目前中国范围内最广的快递，到全国各大中城市为 10 天，到县乡 20 天。

（2）网络强大，全国 2000 多个自营网点。任何地区都能到达。

（3）EMS 限时速递，相当快。100 个城市之间的速递，能送货到手。

（4）EMS 的货物丢失损坏率一直维持在百分之一以下，安全性较高。

（5）EMS 为了保证客户服务质量，法定节假日均保持营业，天天配送（农村地区节假日除外）。

劣势：

（1）定价灵活性不足，在民营快递价格战面前竞争力不强。

（2）EMS 网站查询有待进一步改善。

（3）资费比普通民营快递稍高。

（4）航空件可能比普通件还慢，国内件有的要自取。

二、跨境商业快递物流服务

速卖通平台上常用的商业快递物流服务，包括 TNT、UPS、FEDEX、DHL 等。了解各类商业快递的服务业务、价格优势、实效特征的异同，有助于卖家选择合适的物流方案，提高服务品质。

（一）TNT 商业快递基本情况及资费标准

TNT 快递公司（TNTExpress），TNT 是 Thomas National Transport 的简称。TNT 是世界顶级的快递与物流公司，公司总部设在荷兰的阿姆斯特丹，其母公司 TPG 在纽约等证券交易市场上市。TNT 在世界 60 多个国家雇有超过 143000 名员工，为超过 200 个国家及地区的客户提供邮运、快递和物流服务。TPG 集团 2003 年的营业额为 119 亿欧元。2001—2003 年，TNT 连续 3 年被美国《财富》杂志评为全球最受推崇的货运及快递企业。

利用公司遍布全球的航空与陆运网络，TNT 提供全球门到门、桌到桌的文件和包裹的快递服务。特别是在欧洲、亚洲和北美洲等地，TNT 快递可以针对不同顾客的需求，提供九点派送、12 点派送、NEXTDAY 派送、收件人付费快件等服务内容。TNT 快递的电子查询网络也是全球最先进的。

（二）TNT 快递参考时效与注意事项

TNT 快递一般货物在发货次日即可实现网上追踪，全程时效在 3 到 5 天，TNT 经济型时效在 5 到 7 天。

1. TNT 快递运费不包含货物到达目的地海关可能产生的关税、海关罚款、仓储费等费用，因货物原因无法完成目的地海关清关手续或收件人不配合清关，导致货物被退回发件地（此时无法销毁），所产生一切费用如收件人拒付，则需由发件人承担。

2. 若因货物原因导致包裹被滞留，不能继续转运，其退回费用或相关责任由发件人自负。

3. 客户交货时需提供商业，否则视同授权 TNT 代为申报，如因申报原因发生扣关或延误，TNT 概不承担责任。

4. TNT 快递对包裹的重量和体积均限制为：单件包裹不可以超过 70kg，三条边分别不可以超过 2.40×1.50×1.20（m），体积重量超过实际重量需按照体积重量计费，体积重量的算法为长×宽×高/5000（单位：cm）

5. 如发到俄罗斯，要注意以下两点：

（1）TNT 只能到公司地址，不到私人地址。发货需提供收件方公司名。

（2）只有部分地方有包裹服务，发货前请先让提供邮编向我司查询是否有服务。

6. 如 TNT 包裹需要申请索赔，需在包裹上网后 21 天内提出申请，逾期 TNT 不受理。

（三）TNT 快递禁运物品

1. 国家法律法规禁止流通或者寄递的物品；

2. 爆炸性、易燃性、腐蚀性、放射性和毒性等危险物品；

3. 反动报刊、书籍或者淫秽物品；

4. 各种货币；

5. 妨害公共卫生的物品；

6. 容易腐烂的物品；

7. 活的动物；

8. 包装不妥，可能危害人身安全、污染或损毁其他邮件设备的物品；

9. 其他不适合邮递条件的物品，包括液体，粉末，食品，茶叶，药物，仿牌，纯电池等。

（四）UPS 商业快递基本情况及资费标准

1. UPS 商业快递公司简介

UPS 快递（United Parcel Service）在 1907 年作为一家信使公司成立于美国华盛顿州西雅图，是一家全球性的公司，其商标是世界上最知名、最值得景仰的商标之一。作为世界上最大的快递承运商与包裹递送公司，同时也是运输、物流、资本与电子商务服务的领导性的提供者。

UPS 每天都在世界上 200 多个国家和地域管理着物流、资金流与信息流。通过结合货物流、信息流和资金流，UPS 不断开发供应链管理、物流和电子商务的新领域，如今 UPS 已发展到拥有 300 亿美元资产的大公司。

2. UPS 商业快递测定重量与尺寸

实际重量是指包裹的重量，其重量计算出的数值的小数部分取下一半公斤数。

体积重量是根据货件密度，即单位体积货件的实际重量来确定的。

计费重量是指用于计算费率的重量。计费重量可能会大于包裹的实际重量或体积重量。

最后，计算货件重量：如果在同一天寄出多件包裹给同一收件人，其运费以总运单中所包括的总重量计算，此方法适用于 UPS 所有包裹和 UPS 资料袋。相比以包裹为单位计算运费，一票多件的计费方式将大大减少您的运费开支。若一票货件包含多个包裹，则先取货件内每个包裹实际重量和体积重量的较大者，相加之后的总和为该票货件的总计费重量。

每个 UPS 文件封、UPS10 公斤箱以及 UPS25 公斤箱都被视作一个单独的货件，因此不能以一票多件包裹的方式寄给同一收件人。

附件说明：重量及尺寸限制：每件包裹的重量上限为 70 公斤；每件包裹的长度上限为 270 厘米；每件包裹尺寸上限为 419 厘米（长 + 周长 ［（2×宽）+（2×高）］）；每批货件总重量与包裹件数并无限制。

（五）FedEx 商业快递基本情况及注意事项

1. FedEx 商业快递公司简介

联邦快递隶属于美国联邦快递集团（FedEx Corp），为顾客和企业提供涵盖运输、电子商务和商业运作等一系列的全面服务。联邦快递集团通过相互竞争和协调管理的运营模式，提供了一套综合的商务应用解决方案，使其年收入高达 320 亿美元。2012 年财富世界 500 强排行榜第 263 位。2013 年财富世界 500 强排行榜第 245 位。

联邦快递集团旗下超过 2.6 万名员工和承包商高度关注安全问题，恪守品行道德和职业操守的最高标准，并最大限度满足客户和社会的需求，使其屡次被评为全球最受尊敬和最可信赖的雇主。

联邦快递设有环球航空及陆运网络，通常只需一至两个工作日，就能迅速

运送时限紧迫的货件，而且确保准时送达，并且设有"准时送达保证"。2013 年
4 月 1 日起，联邦快递中国有限公司实施 GDS（全球分销系统）中国区全境覆盖
计划，在武汉设立中国区公路转运中心，正式将武汉作为全国公路转运枢纽，
承担武汉自西安、郑州、长沙、南昌、上海、重庆、成都、广州 8 条公路干线，
16 个往返班次的货物分拨与转运业务。

2. FedEx 商业快递注意事项

（1）货物尺寸：单件最大长度为 270cm；单件最大尺寸：长 + 2 × 宽 + 2 ×
高 = 327cm，如有超过，请咨询 FedEx 商业快递客服中心后发货。

（2）重量限制：联邦快递服务对于货件的总重量无体积和重量限制，但是
对于单件货物的体积和重量限制。可以一票多件（其中每件都不超过 68kg），单
票的总重量不能超过 300kg，超过 300kg 请提前预约；单件或者一票多件中单件
包裹有超过 68kg，需要提前预约。联邦快递申报价值超过 5000 元人民币要单独
报关。

（3）包装要求：外包装必须六面是密封的且是一种材质的包装材料；是文
件必须使用 FDX 提供的文件封。只有其他包装类型才可以享受 IE 服务，联邦包
装没有 IE 服务（信封，PAK 袋，10kg/25kg 箱子，彩盒，三角盒）。

（4）违禁品说明：航空禁运的危险物品、液体、粉末等，及国家明令禁止
出口货物，如古董、货币及其他侵权产品。寄达国家（地区）法律所规定的禁
寄物品。

（六）DHL 商业快递基本情况及注意事项

1. DHL 商业快递情况概述

DHL 由 Adrian Dalsey、Larry Hillblom 和 Robert Lynn 三名创业者于 1969 年成
立于旧金山，公司持续以惊人的速度在发展。如今它已成为国际快运和物流行
业的全球领导者。今天，DHL 的全球网络已经连接了世界上 220 多个国家和地
区。此外，DHL 在快递、空运与海运、陆运、合同物流解决方案及国际邮递等
领域提供了无可比拟的专业性服务。

DHL 主要实力体现：（1）快件处理量：约 4.39 亿件（2010 年财政年度）；
（2）网络覆盖：服务全球 220 多个国家及地区，超过 500 个机场；（3）签约客
户数量：约 2500 万；（4）送件车辆：约 32000 辆；（5）服务点：32300 个。

2. DHL 商业快递优势及注意事项

（1）偏远地区：用国家邮编或城市打 8008108000 或在查询网站查询是否是偏远地区；偏远地区费 = 3.5 × 重量 + 当月燃油费；偏远地区即是 DHL 没有设点的地方。

（2）燃油费：基本每月更新一次，一般月底公布下月的。

（3）体积重量：长 × 宽 × 高/5000（长宽高均以厘米为单位）或长 × 宽 × 高 × 200 公斤/立方米（长宽高均以米为单位），注意量的时候以最突出点为准并且是 1 厘米为单位，要求包装规格结实不易被压变形。

（4）计算费用：500 克为单位，按 DHL 分区，首重续重计算，21 公斤以上以 1 公斤为单位并有大货价格，注意是全包价还是另算燃油费。

（5）时效与查询：到欧美一般是产生转单号的 3 天左右到达，注意国内运输时间；DHL 都是系统自动产生转单号也就是客户的提单号；出货 1~2 天获取转单号，再进入 DHL 查询网里查询上网详情。

3. DHL 商业快递的运费计算方法

（1）计费重量单位：特快专递行业一般以每 0.5kg 为一个计费重量单位。

（2）首重与续重：特快专递货品的寄递以第一个 0.5kg 为首重（或起重），每增加 0.5kg 为一个续重。通常起重的费用相对续重费用较高。

（3）实重与材积：是指需要运输的一批物品包括包装在内的实际总重量称为实重。当需寄递物品体积较大而实重较轻时，因运输工具（飞机、火车、船、汽车等）承载能力及能装载物品体积所限，需采取量取物品体积折算成重量的办法作为计算运费的重量，称为体积重量或材积。体积重量大于实际重量的物品又常称为轻抛物。

（4）计费重量：按实重与材积两者的定义与国际航空货运协会规定，货物运输过程中计收运费的重量是按整批货物的实际重量和体积重量两者之中较高的计算。

（5）包装费：一般情况下，快递公司是免费包装，提供纸箱、气泡等包装材料，很多物品如衣物，不用特别细的包装就可以，但一些贵重、易碎物品，快递公司还是要收取一定的包装费用的。包装费用一般不计入折扣。

（6）通用运费计算公式：

1) 当需寄递物品实重大于材积时，运费计算方法为：

首重运费 + 〔重量（公斤）×2 − 1〕×续重运费

例如：7kg 货品按首重 20 元、续重 9 元计算，则运费总额为：

$20 + (7 \times 2 - 1) \times 9 = 137$（元）

2) 当需寄递物品实际重量小而体积较大，运费需按材积标准收取，然后再按上列公式计算运费总额。求取材积公式如下：

规则物品：长（cm）×宽（cm）×高（cm）÷5000 = 重量（kg）

不规则物品：最长（cm）×最宽（cm）×最高（cm）÷5000 = 重量（kg）

3) 国际快件还会加上燃油附加费

比如此时的燃油附加费为 9%，还需要在公式（A）的结果加上：运费 ×9%

燃油附加费计一般会同运费一起打折

（7）总费用：

从上面的得出：

总费用 = （运费 + 燃油附加费）×折扣 + 包装费用 + 其他不确定费用

总结一下：快递费用 = 运费 + 燃油 + 其他费用（比如偏远，不规则，报关等）

一般普通用户而言，只是运费 + 燃油即可，燃油费每月会有变动的。

三、专线与海外仓物流模式

全球速卖通平台提供的俄速通专线跨境物流模式与海外仓物流模式。通过介绍掌握俄速通跨境物流的优点与特点，为下一步运费模板的科学设置与运费成本的核算打下良好的基础。专线物流与海外仓，是跨境电商速卖通平台新开展的物流模式，熟悉其业务范围、资费要求、运达时间等各方面特点，有利于速卖通店铺可持续运营。

四、速卖通运费模板的设置

在了解国内外各类物流模式基础上，针对速卖通平台运费模板的设置，为卖家发布产品做准备。选择适合自身店铺的物流模式是速卖通卖家成功与否的关键，必须有效地结合产品特色、物流成本与平台规则。通过合理科学设置运费模板，可以有效吸引店铺流量，提高营业额。

（一）速卖通运费模板设置的基本情况与概念

1. 理解"承诺运达时间"与具体设置

全球速卖通平台卖家根据自身货运能力填写运费模板中"承诺运达时间"，对不同运输方式到达不同国家的运达时间进行保障。"承诺运达时间"从卖家填写运单号开始到货物妥投为止，填写上限为 60 天。

（1）选择好货代——选择信誉良好的货代提供物流服务，及时了解各物流方式到达不同国家的时间信息，合理设置运达时间；

（2）设置不发货国家——对于难以查询妥投信息、大小包运输时效差的国家，您可以设置对该国家不发货；

（3）设置多套运费模板——遇到圣诞节等可能带来物流爆仓的时期，提前设置一套供特殊时期使用的运费模板，适当延长"承诺运达时间"；

（4）保持良好的买家沟通——遇到特殊情况货物无法按时到达，及时联系买家说明原因，征得买家同意后延长收货期。

2. 了解运费模板中的标准运费、卖家承担运费、自定义运费的概念

（1）标准运费：平台按照各物流服务提供商给出的官方报价计算运费。决定运费的因素通常为：货物送达地、货物包装重量、货物体积重量。如果卖家为不同的运输方式减免了折扣，平台会将在官方运费的基础上加入折扣因素后计算出的运费值呈现给下单的买家。

（2）物流折扣（减免）：在联系货运代理公司时，货运代理公司会给以一定的折扣（折扣的多少视与货运代理公司的协议而定，也可以使用平台线上发货的折扣），可以将此折扣信息填写在您的产品的运输折扣内容里，以吸引买家下单。

（3）卖家承担运费：即包邮，可以将运费成本添加到产品价格中，卖家展示页面会出现 freeshipping 的字眼从而吸引买家下单。

（4）自定义运费：可以自由选择对不同的国家设定不同的运费类型，包括标准运费、卖家承担运费或者是自定义运费；也可以根据您自己的买家群分布来定运费，从而吸引自己的主要群体买家。

（二）速卖通运费模板设置的注意事项与运费计算

1. 运费模板设置的注意事项

绝大部分情况都发中国邮政小包（除非客户有特殊要求，那么下单的时候

要注明运输方式），中国邮政小包的要求是单个包裹不超过 2kg，包裹的任意边长不超过 60cm。中国邮政小包通常都在 45 天内送达。DHL 商业快递则是在 10 天内到达。

2. 了解运费模板设置的运费计算

以中国邮政小包发往俄罗斯为例：

发往俄罗斯运费单价是：96 元/公斤，商品重量：0.3kg，那么它的运费是 $96 \times 0.3 + 8 = 36.8$ 元（8 元是邮政收取的挂号费）

（三）速卖通运费模板设置的主要内容与技巧

1. 运费模板设置的主要内容

数据统计发现，绝大部分海外买家喜欢用带有 Free shipping（包邮）的短语来搜索商品，所以针对这种情况，很多速卖通卖家在产品标题开头都加了 Free shipping，但是全世界的国家中有离中国很近的，也有离中国很远的国家。如果所有国家都包邮，那么明显是不现实的，所以要想在标题中加 Free shipping 关键词，又不想亏钱，那么设定一个合理的运费模板就非常重要了。以中国邮政小包为例，运费最便宜的国家是日本只要 62 元/公斤，而绝大部分非洲国家却要 176 元/公斤。

2. 运费模板设置的主要技巧

通常情况都将运费设为 3 个等级：

（1）运费在 100 元/公斤以内的国家设置成包邮。（很多热门国家都在里面）

（2）运费在 100 元/公斤到 120 元/公斤的设置成，首重收 3 美元，续重收 1 美元。

（3）其他国家设置成标准运费，也就是速卖通官方给的运费单价。

五、产品定价

（一）产品定价的重要性

每一个做电商的卖家都知道产品定价是非常重要的。每一个店铺对于产品定价方式都有同样的目的，就是都希望自己的这个定价产品能够获得好的销量，并且获取相应利润。定好价是店铺运营的关键。

既然产品定价如此重要，那么产品定价对于店铺运营有哪些影响呢？

1. 产品销售

产品价格的高低是影响销售的关键因素之一。合理的价格可以更好地体现产品的定位。买家在选择产品的时候，一般都会货比三家。在同等质量的情况下，选择价格比较便宜的商家是大部分买家在购物时的惯性消费。

2. 店铺定位

一个店铺产品价格的高低一般可以体现出该店铺的定位。店铺的定位可以分为：精品店铺、垂直系精品店铺、全品类店铺。

3. 营销方式

产品定价将直接影响店铺运营的营销方式，其中包括营销推广的受众人群、营销运用的方法以及策略。

（二）价格的定义

在速卖通以及其他大多数平台中，对排序起着重要影响的两大因素分别是销量以及关键词。而影响销量的最关键因素在于价格，因此需要首先了解几个名词：

1. 上架价格（ListPrice，LP）：很好理解，即是我们产品在上传的时候所填的价格。

2. 销售价格/折后价（Discount Price，DP）：即产品在店铺折扣下显示的价格。

3. 成交价格（Order Price，OP）：用户在最终下单后所支付的单位价格。

这几个价格直接的联系如下：

销售价格 = 上架价格 × 折扣

成交价格 = 销售价格 − 营销优惠（满立减、优惠券、卖家手动优惠）

（三）价格定位

1. 价格定位

定价依据，就是在定价时所考虑的各个方面，为定价提供参考标准。一名成熟的跨境卖家在为一件产品进行定价时，一定要考虑影响价格定位的各个因素，为产品价格提供定价参考标准。综合来说，产品定价的依据分为综合成本和竞争对手两个大类。

（1）综合成本

产品销售的目的是为店铺带来盈利，那么，如何才能判断产品销售是否能赢利呢？这就需要先了解产品在经营过程中有哪些成本。经营过程中存在的成本包括：产品成本、平台成本、物流成本、推广成本和其他成本。

1）产品成本，即产品进货价格。

对于有产能的企业而言，产品成本是指为了生产该产品而产生的所有费用的总和；对于无产能的企业来说，则是指该产品从其他渠道进货时的采购价格。

2）平台成本。

包括平台佣金（电商平台收取）、交易服务费（支付平台收取）、提现手续费（结算渠道收取）。

3）物流成本。

包括头程/尾程运费、直发运费、关税、入库/出库处理费、仓租（不同电商平台及不同的物流渠道与方式，其物流成本结构也有所不同，需根据实际情况做具体判断）。

4）推广成本。

包括预估产品推广过程中的站内推广费用、站外推广费用。

5）其他成本。

包括退换货、破损、滞销风险、汇损、税款等成本。其中，产品成本、平台成本、物流成本等属于产品本身的成本，推广成本、退换货、破损、汇损等导致的成本属于店铺运营成本。

（2）竞争对手

综合产品经营过程中产生的各项成本，只能够预估出定价的底线，那么具体应该把价格定在什么范围内比较合适呢？这就需要对竞品的价格区间以及产品属性进行分析，再结合自身产品的优劣进行定价。

查找并确定竞争对手的方式有：关键词搜索和类目列表索引。

1）关键词搜索：首先我们应该确定自身产品的核心关键词，通过在平台搜索我们的核心关键词，在所搜索出来的系列产品中进行筛选，找出产品属性与我们最为接近且销售数据较好的产品，这样的产品就是比较具备参考价值的竞品。

2）类目列表索引：卖家可以通过跨境电商平台的类目列表选择自家产品所

在的类目，通过类目列表索引，查看若干个竞品定价区间，收集竞争对手的定价数据，找出较有竞争力的对手。

2. 定价方法

统计了成本，收集了竞争对手的定价数据，此时卖家依然存在无法为产品设定价格的可能，因为他们还需要考虑产品的价格要比成本高多少、应高于竞争对手还是低于竞争对手等问题。事实上，针对不同的情况有不同的定价方法，需要卖家灵活选择定价方法，设定出最合理的产品售价。

（1）成本定价法

成本定价法就是统计所有成本之后，卖家设定一个目标利润率，再根据目标利润率和成本计算出合理的产品售价。

定价计算公式如下：

定价 = 成本／（1－目标利润率）

假设目标利润率为20%，综合成本20美元，代入公式计算，可得售价为25美元。

（2）竞品定价法

竞品定价法就是通过对系列竞品进行属性、价格、受众群等全方位的对比分析，找到最佳价格区间，并结合自家产品的优劣势，具体确定一个合适的产品售价。根据竞品定价能够帮助产品设定更有竞争力的价格。

基于竞品定价法，卖家可以根据自身情况选择策略。若是新手卖家，进入了竞争激烈的市场，定价可以低于市场，以便吸引消费者，若希望向用户强调产品的品牌定位，产品质量更好、功能更强大，定价可以高于市场；若想维持产品竞争力的同时保证利润最大化，可以直接复制竞品的价格进行销售。

在根据竞品进行定价时，卖家要对自家产品的成本和存量有清晰的了解，不要盲目地复制对手的价格。

（3）动态定价法

动态定价法就是根据市场的需求情况灵活地设置价格，需要卖家了解市场的需求和利润之间的平衡点，设置合理的价格。

随着价格提升，虽然单个产品利润会更高，但市场需求却会降低；价格降低，虽然单个产品利润会降低，但市场需求却会提升。因此，卖家定价时要结合实际情况来调整价格。

动态定价主要考虑两个因素：店铺利润和客户心理价位。

1）店铺利润。

卖家需要统计店铺成本，计算以目前的定价需要达到多少销量才能赢利。如果销量达到了，但是没有赢利，则需要调整定价。这里计算的是整个店铺所有产品线，因此某些产品可以是亏损价格，如引流款产品。

2）客户心理价位：指客户对产品所能接受的最高价格。

当价格在客户能接受的心理价位之内，客户就有可能产生购买行为；如果超出，则大概率不会购买。

综合成本是产品定价的下限，客户心理价位是产品定价的上限，二者之间则是价格定位可以考虑的区间。同时结合市场需求和价格的变化趋势，对比市场普遍的定价和自身产品质量，来决定价格朝什么方向调整。

若这个区间太小，最终结果可能是利润大小，或根本卖不出去，那么如何扩大定价区间呢？

一是提升客户心理价位：可以通过推高成本认知、提供差异化价值、加大推广力度，以及建立品牌形象等方法来达到该目标。

二是降低综合成本：顾名思义，在经营过程中尽可能降低能够降低的成本，以留出更多的利润区间。

成本定价、竞品定价、动态定价法在产品定价过程中需综合考量，一个成熟卖家应同时关注产品成本、市场竞品的价格区间，进行灵活的动态定价，制定合理的价格。

（四）定价策略

搞清楚这几个价格的关系，就可以有针对性地对不同定位的产品采取不一样的定价策略。

1. 成本定价法

张美从 1688 网站上采购了一批发夹。共 100 个。包装重量为 450 克（每个发夹的包装重量为 30 克），采购价为 2.5 元/个，国内快递费为 8 元，预期利润假定为 100%，银行美元买入价按 1 美元＝6.8 元人民币，其他成本忽略不计，请计算上架价格。

如不计算跨境物流费用：

上架价格 =（采购价 + 费用 + 预期利润）/银行美元买入价

$\quad$ =（2.5 + 8/100 + 2.5）/6.8 = 0.74 美元/个

如考虑包邮：

第一步：先计算跨境物流费用，查询中国邮政小包价格表，按照地区运费报价，包邮（176/kg，挂号费 8 元，折扣 8.5 折），则跨境物流费用为：

跨境物流费用 = 30/1000 × 176 × 0.85 + 8 = 12.48 元

第二步：计算上架价格

上架价格 =（采购价 + 费用 + 预期利润）/银行美元买入价

$\quad$ =（2.5 + 8/100 + 12.48 + 2.5）/6.8

$\quad$ = 2.58 美元/个

2. 竞争定价法

第一步：搜索 NECKLACES，在全球速卖通卖家网页，根据销售产品相关质量属性和销售条件，依照销量大小顺序，搜索同行竞品卖家的价格。

第二步：按照销量前十的卖家价格做加权平均，权重 = 店铺销量/总销量。加权平均价格 =（权重 1 × 价格 1 + 权重 2 × 价格 2 + …… 权重 10 × 价格 10）/（权重 1 + 权重 2 + 权重 3 + …… 权重 10）

◇实训活动

实训项目：了解邮政物流

1. 了解中国邮政小包、大包、EMS、ePacket 几种物流模式的主要特点与优劣势。

2. 熟悉中国邮政各项物流业务涉及的资费标准与时限保证。

3. 掌握邮政小包各区主要国家及分布位置，思考包邮国家与运费免减方案。

4. 根据邮政物流服务的寄送要求，思考速卖通平台上销售产品的类型与种类。

任务四　店铺装修与运营管理

◎学习目标

1. 能够正确认识店铺装修以及店铺运营管理的价值
2. 能够描述不同跨境电商运营平台的活动运营的差异性
3. 能够掌握跨境电商平台店铺运营管理的基本技能
4. 能够通过相关渠道了解跨境电商平台的运营人员的岗位能力要求

◎建议课时

2 课时

◎情景描述

日前，山东省政府常务会议审议通过了《山东省跨境电商跃升发展行动计划(2023—2025 年)》。围绕跨境电商产业带打造、知名品牌培育、金融物流服务、便利化水平提升等十一方面，提出 44 项政策措施，力争到 2025 年在全省打造 20 个跨境电商特色产业带，培育 100 个具有较强国际竞争力的跨境电商知名品牌，孵化 1000 家跨境电商新锐企业。上海市也将发布《上海市推进跨境电商高质量发展行动方案（2023—2025 年)》，旨在进一步推动跨境电商高质量发展，为上海打造成为国内大循环的中心节点和国内国际双循环的战略链接夯实基础。

在政策的助力下，跨境电商企业更加坚定了"出海"的信心与决心。"海关对企业调查显示，超七成企业对 2023 年跨境电商进出口预期平稳或增长。"在日前举行的第 40 届中国·廊坊国际经济贸易洽谈会国际跨境电商发展论坛上，海关总署新闻发言人、统计分析司司长吕大良如是表示。

◎活动实施

一、店铺管理

（一）店铺风险防范

跨境电商开店应该注意哪些？开店很简单，究竟如何做好才是问题关键，也就是店铺安全问题，主流跨境平台审核都是很严格，但凡涉及违规操作、产品质量、知识产权等问题，轻则下架产品，重则直接封账户、关店铺。卖家要想保证店铺的正常运营，就必须了解两点内容：一是店铺经营风险；二是账号关联。

1. 店铺经营风险

跨境电商店铺的经营风险主要有两种情况：一是违反销售政策，即卖家销售平台明令禁止的商品；二是绩效指标差，即订单缺陷率、订单取消率和延迟装运率等数据均未达到最低要求。

除以上两种情况外，还有最易被忽视的风险来自账号关联，这是中国卖家被封号的重灾区。

2. 账号关联

账号关联，即被系统识别到有两个或以上的卖家账号为同一卖家主体所有。

比如亚马逊平台规定，一个人或一家公司在未经许可的情况下，原则上只能拥有并经营一个卖家账号。基于这一原则，平台会通过技术手段和各种交易数据的检测比对，识别运营账号之间的关联性。如果账号被判定为关联，平台会根据实际情况给予一定的处罚甚至冻结账号。

导致账号关联的因素主要有设备、浏览器指纹、账号信息、产品信息。

如果因为运营的需要，卖家需要注册多个账号，可使用不同的邮箱、IP 地址、电话号码、收款账号等，并且不同账号间发布的产品信息不要重复，避免被平台检测到账号间的相似因素。

3. 导致账号关联的原因

一是注册信息相同，包括个人基本信息、邮箱、电话等；

二是网络环境相同，包括电脑 MAC 地址、路由 MAC、网络 IP 等；

三是店铺产品相似度大高，发布过多相似的产品，且标题、描述、图片等有很高的相似度；

四是运营手段相似。

（二）知识产权保护

知识产权是指权利人对其特定的智力劳动成果在一定期限内享有的专有权利。

欧美国家对知识产权的保护非常严格，如果卖家销售的产品涉嫌侵权，账号就会被审查或被移除销售权限。卖家在发布产品的过程中一定要慎重,避免因为侵权导致账号受限而影响运营计划。

要想避免侵权,就必须了解侵权行为有哪些以及如何防范。

1. 侵权行为

根据知识产权的分类,跨境电商卖家在运营中较常触及的侵权行为有三类:商标侵权、专利侵权和版权侵权。

一是商标侵权。

商标侵权是指行为人未经商标权人许可,在相同或类似商品上使用与其注册商标相同或近似的商标。

文字即商标名,如路易威登 LV、古驰 GUCCI、蒙牛等,在写商品 Listing 的时候一定不能出现已经被注册过的商标名。有一个很经典的案例:

一款迷你煮蛋器 Egglettes 已经在美国和欧盟被注册成商标,但依旧有许多卖家为了蹭热度,把 Egglettes 当成产品名字放在 Listing 里,于是,大批店铺被停运。因形似某个品牌特有的图案,如每个品牌的 Logo、商标图形等。比如宝格丽 Burberry 的经典格子,包含这种元素的商品都算是侵权。

二是专利侵权。

专利侵权一般包括发明专利、实用专利及外观设计专利三种,跨境电商所涉及的专利侵权一般来说都是外观设计专利。但由于外观设计专利过于专业,比较难以鉴别,这时候就要向供应商确认以及向有经验的同行请教。

三是版权侵权。

版权侵权一般包括著作权,未取得原作者授权的各种周边商品都属于侵权行为。比如未经授权的印有迪士尼人物形象的水杯、T 恤、抱枕,小黄人冰箱贴,小猪佩奇贴纸等。

2. 侵权防范

跟卖有商标的产品,在产品描述里使用他人品牌名和原创图片都属于侵权行为。那么在实际运营中,卖家该如何防范侵权行为的发生呢?

具体措施如下:

一是开发产品前,先通过商标及专利查询网站进行侵权判断。在综合网站(amz123.com)的商标专利模块就能跳转到各国的专利查询网站。

二是保证供货渠道的正规性，在选品时要注意供应商是否存在侵权。

三是刊登产品时，使用原创图片和文字。

对于跨境电商卖家来说，除了在运营中要避免发生侵权行为之外，也要尽可能地保护好自己的知识产权。具体的做法如下：一是保留自己拍摄的产品原图，遇到图片被盗用的情况，可以用原图向平台投诉；二是注册商标，能有效降低被跟卖的概率；三是如果是原创设计的产品，可以申请专利来确保自身权益。

在遇到被控侵犯知识产权纠纷时，建议企业冷静分析案件情况，针对个案采取不同措施。如确属侵权的，企业则应主动删除、下架被控侵权产品链接，及时将 PayPal 账号提现，减少财产损失。与此同时，企业可以利用平台、通过搜索网站找到权利人网站、查找权利人的公司页面等，获取权利人的联系方式，主动沟通协商和解事宜，争取尽快达成和解方案，以早日解封账户、顺利开展后期的企业经营活动。

课堂互动

亚马逊账号风险

小宇是一名即将毕业的大学生，想和同学合伙开一家亚马逊店铺。在这之前，小宇已经非常清楚亚马逊的注册流程了，只要拥有一套完整的注册资料，就可以在平台上正式申请一家店铺。恰巧，与小宇合伙的同学家里有一家皮革厂，合伙人拥有一套完整的注册资料。

怀着激动的心情，小宇打开笔记本电脑，连上了学校的校园网，开始注册亚马逊店铺。店铺注册成功后，小宇通过不懈努力，花了 3 个月的时间在亚马逊平台上赚到了自己的第一桶金。时光飞逝，又 2 个月过去了，突然有一天，小宇收到了一封邮件。邮件提示小宇的账号有安全风险，并暂时取消了小宇的销售权限，需要小宇给店铺进行二次审核之后，店铺才能继续使用。

请大家讨论：这是为什么呢？

通过上述描述，我们可以发现小宇在注册的时候使用的是校园网，校园网属于公共网络，会导致店铺账号关联。账号关联的账号其中一个如果发生了问题，那么另外一个账号也会发生同样的问题，账号关联就是导致小宇店铺需要二次审核的原因。

二、店铺装修概述

在跨境电商领域中，店铺装修对于销售业绩有着至关重要的影响。一个富有吸引力、专业且符合用户需求的店铺设计，可以有效地提高客户的浏览体验，增加品牌认知度，并最终提升销售额。接下来，我们将详细讨论跨境电商店铺装修的策略和技巧。

所谓店铺装修，就是在速卖通、淘宝等网店平台允许的结构范围内，通过设计让店铺更加好看美观，从而吸引网络上的买家。作为网络中的店铺，离不开店铺美化装修。店铺通过装修，可以突出整体风格，方便消费者了解店铺所出售商品的性质，从而吸引消费者。优秀的店铺装修让买家从视觉上和心理上感觉到店主对店铺的用心，并且能够最大限度地提升店铺形象，有利于店铺品牌的树立，提高浏览量。

三、店铺装修设计原则

（一）用户友好性：店铺装修不宜设计得太花哨

店铺设计应优先考虑用户的浏览体验。确保界面简洁、导航清晰，使顾客可以轻松地找到所需的产品。

跨境电商平台大多是面向全球市场打造的在线交易平台，因此在店铺装修大体上应符合欧美简约的浏览习惯以及设计风格，欧美风格给人的第一印象就是简洁，突出重点，页面中的文字和图片都相对较少，文字和图片的混排也相对较少，而文字内容的描述和图片展示都比较紧凑集中，但关联紧密，使买家可以精准地找到自己想要搜索的产品信息。

（二）品牌识别：根据店铺的主题风格来装修店铺

利用色彩、标志和统一的设计元素来建立强大的品牌形象，使顾客可以轻松识别店铺。

例如卖绿茶的店铺，装修色调应选用绿色为主，再配上其他辅助色（如黄色），可以使得店铺色彩丰富、清爽简约的设计风格给人一种清凉的感觉，这样也比较符合网店的主题，浏览者也会喜欢。

（三）目标导向：迎合用户的体验

确保店铺的设计和布局促进销售目标。首先店铺卖家应该想到的是：买家到店里来，店里的布局是否一目了然，如果买家找了半天也找不到自己想买的商品，店主又如何能留住潜在客户呢？所以无论是店铺栏目的安排还是推荐商品的设置，每一步装修店主都要考虑用户的体验。

四、设计内容

（一）首页

首页是店铺的门户，应包含最新优惠、热门产品、分类导航等，以吸引顾客留下来并购买。

1. 色彩统一

店铺色彩不统一，店铺整体就会出现不协调、眼花缭乱的感觉，给买家的第一印象是店铺不专业，这样会直接影响转化率。因此当店铺的浏览量很大，但转化率很低的时候，不妨看看店铺装修的色彩是否统一了。

主色调不要超过两种，首先要明确颜色的定位，可以根据企业提供的 VI 视觉系统来作为主色调；其次可以根据店铺产品拍摄的图片效果来做颜色搭配。店铺商品图片如果感觉太花，可以用抠图去背景的方法把背景去掉后，换上统一色彩的背景即可。

2. 具体设计步骤

（1）设计店标，运用 Photoshop、Al 或 tCoreldraw 等专业设计软件进行店标设计。

（2）设计全屏海报。选择淡雅的背景素材，把促销商品放在全屏海报上进行轮换播放，吸引浏览者的眼球。

（3）设计广告墙。把主推商品放在广告墙上，各商品窗口在设计上应有变化，形式不会过于单一。

（4）设计模块标题。在素材网上收集图片素材，分别放在模块标题的左侧和右侧，用于点缀标题，增强模块标题的美感。

（5）设计商品滚动切换模块。把推荐商品按行、列的排列方式放置于此模块中，注意大小和间距要统一。

（6）设计商品橱窗模块。把热销商品按行、列的排列方式放置于此模块中，注意大小和间距要统一。

（7）设计底部信息模块。

（二）产品详情页面

产品详情页面是唯一一个向顾客详细展示产品细节与优势的地方，买家是否喜欢这款产品，是否愿意在你的店铺里购买，都必须要仔细看产品的详情页，99%的订单也都是在看过产品的详情页后生成的，可见产品详情页面的重要性。

1. 产品详情页面一般需要展示

（1）产品的基本信息表

（2）整体展示：场景展示、摆拍展示等

（3）细节展示：各部分材质、图案、做工、功能

（4）产品规格尺码

（5）品牌介绍

（6）搭配推荐

（7）活动促销信息

（8）买家反馈信息

（9）包装展示：一个好的包装还能体现店铺的实力，给卖家放心的购物延续体验

（10）购物须知（邮费、发货、退换货、售后问题等）

（11）产品延伸区块——其他关联商品、热销商品推荐

2. 需要注意的事项

（1）产品的属性要填写清楚。

（2）产品标题要与产品属性息息相关，被搜到的概率会相对大很多。

（3）文案要出彩，可以自己加一些方案，比如母亲节搞活动，可以加一段文字母亲从小到大对我们的无私之类的，引起共鸣，就会有很好的营销效果了。

（4）可以做一些广告图，要与你的产品相关，要求整洁，一看就能看得懂。

（5）产品详情页面可以做一些关联营销，也可以增加你产品的曝光率。

（三）购物车页面

购物车页面应简单易用，使顾客可以轻松修改和删除产品，同时也应显示

总价和配送费用。

（四）结账页面

结账页面应提供多种支付方式，并确保客户信息的安全性和隐私。

五、设计流程

（一）明确目标

首先确定店铺的目标，例如提高转化率、增加销售额或提高品牌知名度。

（二）了解受众

了解你的目标客户，包括他们的年龄、性别、地理位置、兴趣和购物习惯等。

（三）制定策略

根据目标和受众，制定相应的设计策略，例如色彩、字体、图片和布局等。

（四）制作原型

使用设计工具制作店铺的原样设计，并不断测试和调整，以优化用户体验和转化率。

（五）发布与测试

发布店铺后，持续测试和监控性能，并根据反馈进行调整和优化。

总之，跨境电商店铺装修是一个复杂但至关重要的过程。通过遵循设计原则，使用适当的设计元素和工具，并按照正确的流程进行设计，才可以创建出一个吸引人、专业且高转化率的店铺，从而推动销售业绩的增长。

六、店铺活动运营

（一）店铺活动策划

1. 店铺活动背景

活动背景可以基于运营人员对市场环境的观察与分析，也可以基于对顾客群体的深入调查与充分沟通。具体地说，运营人员在编写活动方案的活动背景时，需要包含活动主题、活动选品、运营目标三个重点内容。

（1）活动主题

跨境电商平台的活动有很多，时间点都与节日有关系，不仅如此，一些主流跨境电商平台还有自己的促销节日。

这些节日都是购物高峰期，是跨境电商平台卖家订单增长量最高的时间点。一般来说，活动主题主要分为以下两类：

1）节日活动

各个国家都有自己的传统节日，电商平台会根据不同节日的特点、节日市场的现实需求及消费者的心理，适当地推出相应的活动营销玩法，刺激当地市场消费。商家可以根据品牌和产品特色，积极参与平台节日活动，抢占节日市场份额，拉升销售额。

常见的活动节日有情人节（Valentine's Day）、复活节（Easter Day）、母亲节（Mother's Day）、父亲节（Father's Day）、万圣节（AllSaint's Day）、感恩节（Thanksgiving Day）、圣诞节（Christmas Day）等。

2）促销活动

各个电商平台会迎合消费者创造网络购物节日，最知名的当数黑色星期五（Black Friday）、网络星期一（Cyber Monday），还有开学返校季（Backto School）等。主流电商平台还有自己的网络促销节日，如亚马逊的会员日（Prime Day），速卖通的 3·28、6·18、8·28、11·11 大促销，虾皮的 9·9 超级购物节等。这些营销节日是卖家订单量增长甚至爆单的节奏点，跨境电商卖家全年业绩增长离不开这些大促活动。

一是黑色星期五：美国圣诞节大采购一般是从感恩节之后开始的。感恩节是每年 11 月的第四个星期四，因此之后第二天也就是星期五，美国人大采购的第一天。商家们以黑笔记录盈利，在这一天人们疯狂抢购商品使得商场利润大增，故有此称。

二是网络星期一：指的是"黑色星期五"之后的第一个星期一，是美国一年当中最火爆购物日之一。

三是亚马进会员日：Prime Day 是亚马逊在 2015 年 7 月 15 日开始推出的专为 Prime 会员举行的全球范围购物节，类似京东 Plus 会员日和天猫淘宝 88 会员节。活动当天 Prime 会员可以在亚马逊覆盖的全球各个国家站点参加成千上万的劲爆秒杀活动（相对于平时便宜 15% 左右，同时免配送费），几乎涵盖了亚马逊所有的商品品类。

（2）活动选品

参加活动促销产品并非越多越好，可以主推几款产品。主推产品须符合高性价比，可搭配独立的促销文案，通过活动推广取得最佳曝光位置。不同产品需要不同的设计版面和文案，便于消费者区分重点。

报名促销活动选择产品时，要了解消费者的需求和购买动机，结合自身店铺和产品线定位，选择适合活动主题的产品。产品示例如下表所示：

表3-4 活动主题适用产品示例

活动主题	适用产品
情人节	珠宝、贺卡、化妆品、各类服饰等
儿童节	玩具、儿童服装、电子产品等
返校季	礼品、办公家具、文具等
黑色星期五	几乎全品类
复活节	彩蛋、兔子玩具
万圣节	蝙蝠蜘蛛玩具、装扮道具
感恩节	南瓜灯、火鸡挂饰、创意餐具
圣诞节	圣诞树、灯具、创意挂件

关于活动选品策略主要有以下四点内容：

1）主推利润款：提升销售额，赚取高额利润，同时稳定或者上升产品和店铺排名权重；

2）主推老款：清库存，回笼资金，同时作为低价活动款、引流款吸引高额流量，提升整体店铺业绩等；

3）主推新品款：测试要上架的新款商品，利用活动做市场测法，为后续开发优化产品提供数据支撑；

4）主推热销款：利用热销款活动引流，可更好地带动店铺的整体销量，改善或者提高店铺和商品整体数据指标。

（3）运营目标

运营目标是做活动必须思考的，以清晰的目标为导向，活动才能有方向地进行。运营目标不能盲目制定，要根据当前店铺产品的状态制定。商家可以通过店铺过去30天和历史活动的销售数据，确定店铺活动的运营目标，然后根据公式进行分解，确定各环节目标。

2. 店铺活动营销策略

营销策略大多以消费者为导向，通过营销手段，让消费者了解到产品的优势，进而产生购买欲望。运营人员在编写活动方案的营销策略时需掌握三点内容：活动形式、活动节奏和推广渠道。

（1）活动形式

报名平台活动后，店铺仅靠新品上架引流和平台活动推广是远远不够的。虽然电商平台在活动期间会以各种形式导入大量流量给商户，但是平台上参与竞争的商户众多，流量分配不是均匀的，不是说成功报名参与活动就能保证稳定的订单业绩。商户需要借助平台上的营销工具，进行差异化营销，在平台活动的基础上利用各种优惠手段进一步有效促进客户成交。

（2）营销工具形式

主流跨境电商平台的营销工具形式主要有以下几种：

一是限时折扣，即在限定时间内在商品原价的基础上进行打折，对犹豫不决的用户极具刺激力。适度的折扣力度很重要，在激烈的同行竞争下，折扣力度太小没有吸引力，而折扣力度太大会让用户质疑商品真实的价格和质量。

二是满减/包邮，即买家在原本购买商品的基础上，需要符合特定购物金额或者数量才可享受优惠。买家可能会为了凑单多买一些商品，在一定程度上能够提高店铺销量。将库存积压较多的货物设置为满减模式，可通过买家的凑单而消化库存。

三是优惠码/优惠券，即卖家给予特定买家的一种优惠折扣形式，常采用不公开赠送形式，提升老客户回头率，促进新买家或者指定客户群体下单率，常被用于邮件营销，以及社交媒体营销。

四是搭配销售/额外赠品，即捆绑销售，组合的商品必须是顾客需要的商品，且相互之间有一定的内在联系，有利于扩大商品销量，并为顾客提供优惠方便。

（3）推广渠道

报名促销活动只是获得了平台的活动流量的入口，不能保证在同行竞品中脱颖而出，因为参与平台促销的活动商家是同台竞争活动流量的。对于参加活动的商品，商家想要爆单还要付出额外的努力，即推广引流增加商品的曝光率和点击率。卖家需要利用工具进行站内外推广活动。如果商品的转化率和销量都表现出色，则平台在促销活动中会给予产品排名权重提升和额外的流量曝光倾斜，活动的促销效果就会明显提高。

（二）店铺活动执行

1. 店铺活动筹备

确定了活动方案，就要根据既定的方案进行各项事务的准备。

作为活动的运营人员，筹备阶段的任务大都要在活动开始前一周甚至一个月就确认。在活动筹备阶段，运营的工作有以下两个重点：活动报名、资源确认。

（1）活动报名

跨境电商平台的活动一般通过内部进行报名，每期活动会基于活动主题向符合条件的卖家开放招商。在平台活动管理中，可以查看可报名参加的活动项目，如不符合活动要求，则无法成功报名活动。

平台的促销活动，以亚马逊为例，无论是节日促销如圣诞节促销，还是网络活动如网络星期一、黑色星期五、会员日，平台都会推出相关的秒杀活动、优惠券活动等报名项目，以秒杀活动为重心。

（2）资源确认

无论规模大小，任何一场活动都需要多个部门间的协调配合。针对每场活动进行定期确认、统筹、沟通。通常来说，确认资源时需要注意外部资源确认和内部资源确认两种方式。

1）外部资源确认

选择外部资源推广活动时，曝光量越大的渠道就越多人申请，因此可能需要排期。不同的渠道对物料的要求有可能不同，如 SD 促销网站对店铺 Feedback 有要求，未满足条件的不能发帖推广。因此，协调外部资源重点关注以下几点：

一是什么渠道？什么时候可以推广？推广多久？

二是需要提供什么规格的物料？

三是流程怎么走？有没有什么限制？

2）内部资源确认

如果渠道展示形式需要制作，则要将活动物料的需求提交给设计，并督促和跟进设计的完成情况。在此期间需要注意以下几点：

一是设计目前是否有排期？如果有，是否能按时输出设计需求？

二是向设计提供物料需求的设计风格参考。

三是及时沟通，避免设计错误理解需求。

2．店铺活动预热

精心策划一场活动，到最后效果却不尽如人意，很大原因在于我们活动运营前期对于气氛的烘托不到位，平台的大促活动往往在一个月前就要开始做铺垫。在活动预热阶段，运营主要关注以下两点内容：店铺装修、活动宣发。

（1）店铺装修

店铺展示是很多平台对外营销的重要窗口，活动期间，可以通过充满节日氛围的页面设计来吸引顾客。店铺主图、轮播图等都需要精心设计，最好能与节日相呼应，这样才能调动顾客的节日情绪，并激发他们的购买欲望。大促活动期间，在店铺装修方面需要做到以下四点内容：

1）店铺头图需展示活动亮点，营造节日气氛，展示活动优惠信息；

2）店铺海报展示店铺的热销品以及大促的信息；

3）置顶重点产品，选择3~4个爆款产品即可；

4）精选店铺产品，丰富活动品类。

头图设计醒目，强调利益点。主推产品放在最佳位置，有视觉层次，也有价格层次。

（2）活动宣发

能引来多少流量，直接决定了活动的效果。大促销期间，卖家不仅要重新装修店铺，尽可能多地在店铺的各个页面增加进入活动的入口，还需要让更多用户在活动期间关注并进入店铺。活动宣发可以通过以下两个途径：

1）站外社会化营销

站外营销渠道有很多，针对不同的网站，我们可以运用不同的方法，将流量引到设计的促销页面或者专题页面上，进行转化。

除了广告投放，我们还可以借助与网络红人合作、发放优惠券，创建预订促销活动等方法。

2）老客户通知

如果手上有老顾客的联系方式，可以将我们设计好的邮件，在活动预热期通知客户，通过邮件将流量引到我们设计的促销页面或专题页面。

3. 店铺活动监控

活动上线后，运营的工作才刚刚开始。在活动运行过程中，运营人员的主要工作是对整个活动进行整体的监控，分析活动是否有值得优化的地方，并想办法收集各种活动数据。主要监控有两个方面：数据表现和用户跟进。

（1）数据表现

平台促销活动报名成功并开始运行之后，运营人员要通过关注活动的实时数据了解活动的运营目标是否在一步步推进和完成。因此必须密切监控店铺的数据表现，根据活动表现来调整活动节奏，比如增加优惠券发放、包邮力度或加码站外广告力度。

活动期间，运营要重点关注以下数据：

1）产品排名：活动产品处于活动展示页和搜索结果页的位置，以此判断是否得到有效曝光；

2）销售数据：加购与付款是否正常，转化率是否达标，关注活动页面、促销力度是否有竞争力；

3）库存数据：关注活动产品库存是否充足；

4）站内优惠活动数据：关注产品优惠设置的合理性，以及对优惠力度的把控；

5）站外推广渠道数据：关注推广活动是否正常运行，投放内容是否正常引流。

（2）用户跟进

用营销手段将用户引入，只是营销的开始。用户对一个新品牌或产品的记忆是很短的，我们必须在短时间内让用户尽可能多地了解产品。用户了解产品之后，就存在下单购买的可能。

对下单未付款顾客及时跟进，推送优惠券刺激消费。对已购买商品的顾客，推荐相关产品增加下单量。

（3）跨境平台境内推广模式

亚马逊：PPC广告，按点击次数进行付费，分为自动广告和手动广告。

速卖通：（1）直通车，通过竞价排名，PPC模式；（2）联盟营销，通过后台联盟营销功能，设置联盟佣金，可做爆款助推，采用CPS（Cost Per Sales）模式，即按实际销售产品数量来换算广告刊登金额。

Wish：CPM（Cost Per Mille）广告，每千人展示付费。即每展示给1000人看到，进行一次付费。

eBay：佣金广告（Promoted Listings，PL），搜索列表设置11个PL广告位置，CPS模式。其特点有：（1）易操作，通俗易懂，适合新老卖家，特别是新手卖家。（2）Promoted Listings只有产生购买才会收取广告费用，而不是单纯按点击来收费。（3）只有订购了eBay店铺的商家才可以使用。（4）目前支持的站点是：美国、澳大利亚、德国、英国。（5）广告费是根据产品售价的1%~20%收取费用，运费不包含在内。

◇实训活动

实训项目：选取某个特定商品参加某平台的一个大促活动，并完成活动策划

实训步骤：

第一步：选取某个符合在海外销售的商品，并做好商品的基础定位定价准备。

第二步：根据所学，确定该商品适合于哪家跨境电商平台的哪一个大促活动，并说明匹配原因。

第三步：准备参加活动的策划方案，包括文案，合理折扣计算，投广告流量的计划以及预估收益等。

任务五　产品管理与发布

◇学习目标

1. 能够了解产品发布的具体流程

2. 能够在不同的跨境电商平台进行产品管理

3. 能够掌握产品管理与发布的运营技巧

4. 能够通过相关渠道了解跨境电商平台的运营人员的岗位能力要求

◇ **建议课时**

2 课时

◇ **情景描述**

7 月 13 日，在国务院新闻办举行的 2023 年上半年进出口情况新闻发布会上，海关总署新闻发言人、统计分析司司长吕大良表示，据海关初步统计，今年上半年跨境电商在"买全球、卖全球"方面的优势和潜力继续释放，进出口 1.1 万亿元，同比增长 16%。其中，出口 8210 亿元，增长 19.9%，进口 2760 亿元，增长 5.7%，继续保持了好的发展势头，有效助力了我国外贸稳规模优结构。

◇ **活动实施**

一、产品管理

（一）产品设置

1. 产品类目定位

产品类目是电商平台中具备较高关联性的产品形成的合集。产品定位是一个需要不断精细化、垂直化的过程，从拥有大致方向，到明确产品品类，再到找出更多关联产品。

在这个过程中，首先要做的就是定位产品类目，在电商平台众多类目中找到自家产品的定位，确定店铺经营方向。

产品类目定位需要进行寻找产品类目和拓展产品类目两项工作。

（1）寻找产品类目

产品定位需要数据支撑。前面介绍了产品如何进行市场分析，明确目标站点、竞品以及目标人群，获得了这些数据之后，跨境店长要分析自家的产品在目标站点中的可行性。我们需要考虑两点：目标站点的市场对产品有何具体要求？我的产品是否需要改进以适应市场需求？

但并不是所有的跨境电商企业都有产品，同样存在许多没有产品的卖家。这类卖家在进行产品定位时还需要考虑以下问题：我有大概方向，但这个方向有市场吗？市场在哪里？如何确定具体要经营的品类？

结合上述问题可知，在产品定位中，市场数据分析主要需要从行业动态分析和类目产品分析两个方面进行。

1）行业动态分析

行业动态分析作用在于通过收集行业数据，分析哪些行业、何种品类值得入场，在哪个国家、哪个站点合适，有哪些注意问题等。通过行业动态分析，卖家能够找到合适的大类目，为后续挖掘精细化、垂直化的类目和产品确定方向。

行业动态数据有以下两个可以快捷获取的途径：

第一，全球市场数据报告网站。

全球市场数据报告网站能够用来查找各个行业领域的全球市场数据，帮助卖家判断品类、选择站点。

第二，平台热门类目。

各跨境电商平台各个站点都有热门类目，但热门类目在具有销售潜力的同时，也意味着激烈的竞争，因此需谨慎挑选热门类目下的细分类项目以及产品，以个性化的产品为优。平台热门类目可以通过搜索各平台热卖产品数据报告获知。

2）类目产品分析

在大类目下，存在各类细分的类目，这些类目的产品中有存在激烈竞争的，有无人问津的，也有尚未被抢占市场的潜力产品，卖家需进行类目产品分析，找到合适的细分类目。那么，如何判断细分类目是否合适呢？主要有两个判断标准：订单量和搜索量。

判断依据一：订单量。观察竞争对手店铺的订单量，判断该类目中产品的转化率如何。如果类目中的产品普遍订单量低，说明客户需求不大，就要避开这种类目。可用添加购物车的方式来估算订单量。

判断依据二：搜索量。搜索量代表该产品在平台的热度，如果产品订单量大但产品直接关键词的搜索量很小，说明可能存在大品牌垄断该类目产品，作为新卖家不适合进入该类目。

（2）拓展产品类目

经过行业动态分析和类目产品分析后，卖家就能够根据获得的数据找到自己要运营的类目、适合的站点、有销售潜力的细分类项目等，完成产品类目的确定。但初步确定产品类目后，卖家还要从广度和深度上拓宽类目，找到更广阔的运营空间。

1）广度：广度上要拓展产品品类，全面满足用户对该类产品的不同方面的需求，还应考虑该品类与其他品类之间的关联性，提高关联销售。某卖家选择做手机配件，初步决定制作个性化的定制手机壳，同时还可以进行横向拓展，出售手机保护膜、移动电源、手机支架等。

2）深度：深度上要扩大产品规模，细分目标市场，开发针对每个目标市场的产品，增加产品款式，同时可以设置档次和质量的梯度，丰富产品类目。同一款手机壳，针对不同客户群体增加能满足不同喜好的元素，如超级英雄、表情包等；还可分为塑料款、硅胶款等不同材质。

2. 产品线规划

简单来说，产品线就是一系列经过相同的途径销售给同一顾客群的相关产品。一家成熟的店铺会有完善的产品结构，有不同类型的产品，这些产品具备不同的价格、有不同的作用。这就是店铺的产品线，它们相辅相成，为店铺带来更多的流量和销量。店铺要从规划产品线结构和规划产品线价格这两个方面着手进行产品线规划。

（1）规划产品线结构

产品线结构通常有引流款、利润款、活动款、形象款四种，在店铺运营中分别起着不同的作用。

1）引流款，即流量最大的产品，俗称爆款。受众面广，同行竞争中有优势，但要进行引流款选定。

引流款的作用：能带动其他产品，尤其是利润款的销售，并能为店铺沉淀老客户。

引流款的比例：占整体产品的10%，若能打造现象级的爆款，甚至能一个爆款养活店铺。

2）利润款，即能给店铺带来比较高的盈利的商品，需要定位到精准的目标人群。利润款的作用：提高店铺整体利润率。

3）活动款，即配合活动进行促销的商品。

活动款的作用：减少库存、冲刺销量、提升品牌知名度，提高店铺销量的同时让顾客享受到优惠。

活动款的比例：占整体产品的 10%。

4）形象款，即能够代表店铺形象，同时价格也很高的商品。

形象款作用：提高店铺的形象，增加客户对店铺的信任。

形象款的比例：占整体产品的 10% 以内，通常设置 1~2 款即可。

（2）规划产品线价格

不同类型的产品需要设置不同的价格，通过这些价格的相互作用，潜移默化地影响客户在店铺进行消费，从而达到店铺的营销目的。

1）引流款。引流款的价格一般定在目标客户心理价格区间，中间点偏下一点的位置，在产品差异化程度很大的情况下，可以适当提高 5%~30% 的价格。

2）利润款。利润款的价格设置要谨慎，如果利润款价格高出引流款太多，则引流来的客户可能不愿支付价格而放弃购买。所以利润款通常高出引流款 10%~60% 较为合理。

3）活动款。活动款有两种定价，即日常定价和活动定价。日常定价较高，可以与利润款相当，但遇到活动的时候，会给予一个较大的折扣，以较低的价格进行出售，可以与引流款相当，甚至更低。

4）形象款。形象款的价格可以根据利润款的价格来定。

利润款价格较低，则形象款高出的倍数可以多一些；利润款价格较高，则高出的倍数小一些。通常可以高于利润款 2~3 倍。

（二）产品运营

产品管理的基础操作主要包括产品分配、产品分组、修改产品状态、产品编辑与批量修改。产品分配将产品分配给不同的子账号，产品分组将产品移动到不同的分组，修改产品状态将产品下架，可以批量生成直接下单品，还可以对产品进行修改或删除。

1. 产品运营——产品分层

表 3-5　产品运营——产品分层

产品分层	新品	低分品	潜力品	实力优品	爆品
定义	近 90 天新发品	产品成长分 <60 分	60 ≤ 产品成长分 <80	80 ≤ 产品成长分≤100	产品成长分 >100
较之前的变化	新增产品层级	之前用质量分衡量，现在统一更新为产品成长分（重复铺货的产品成长分为 0 分）	之前用质量分衡量，现在统一更新为产品成长分	指标微调，针对近 90 天订单≥10 单的产品，增加近 90 天订单信保退款申请率、订单按照发货率指标作为底限门槛，在额外分中体现为未达到要求扣 30 分	新增产品层级，直接下单品近 90 天支付买家数；非直接下单品近 90 天询盘数；具体标准见产品运营工作台，在额外分中体现为加 20 分
权益	前台场景透传等敬请期待	无	无	绑定橱窗获得更多流量扶持	绑定橱窗获得更多流量扶持外，同时更多机会获得站外投放推广、榜单露出、平台流量扶持、专属榜单及更多权益建设中
立即行动点	通过工作台里提供的营销方案，快速推动商品成长为实力优品或爆品，以获得更多流量和转化机会	将商品基础属性字段及描述丰富，提升产品信息质量分等，再考虑配合营销产品提升。务必不要重复铺货	建议通过工作台里提供的营销方案，快速推动商品产生交易或询盘效果转化，快速成长为实力优品或爆品	建议通过工作台里提供的营销方案提升成为爆品，可获得排名优先展示和更多站外资源的曝光机会	成为爆品有一定的周期要求，如过期后不满足效果标准，仍有可能回退为实力优品，要持续获得排名优先和更多站外及榜单展示机会，建议通过工作台里提供的营销方案持续助推爆品打造

2. 产品运营——实力优品提升攻略

第一步：提升商品信息品质。

（1）直接下单品信息质量提升要点：①信息质量分提升至 4.5 分及以上；②优化为 RTS 商品：支持买家下单＋明确、合理的运费＋最小 MOQ 交期≤15 天；③完善"行业特征"（部分叶子类目）。

（2）非直接下单品信息质量提升要点：①信息质量分提升至 4.5 分及以上；②支持样品服务；③有规格的类目，规格完整＋确定的价格；④支持定制服务；⑤完善"行业特征"（部分叶子类目）。

第二步：提升商品效果（目标值）。

（1）直接下单品：通过各种方式营销商品，并且让该商品至少有一个支付买家，且买家转化率达到实力优品标准。

（2）非直接下单品：通过各种方式营销商品，并且让该商品至少有一个询盘，且询盘转化率达到实力优品标准。

效果提升方法有：①营销产品，提升商品曝光，可用直通车、橱窗、网站活动；②提升商品流量承接及转化：做好商品详情装修，用好新版智能编辑营销模块，完成爆款分流；③提升复购买家：客户通、粉丝通教你玩转商品自营销。

第三步：①实力优品需在最近 90 天内无差评（非直接下单品为近 180 天内无差评）；②实力优品在最近 180 天内能够准时发货。

3. 橱窗产品管理

（1）什么是橱窗

橱窗产品展示位是阿里国际站的推广资源之一，阿里国际站的橱窗就好像是平时逛街的时候看到的商店玻璃展示窗口或展示区域，这个位置拥有绝佳的曝光机会。产品推广运营，可以将自己公司的主打产品设置成橱窗产品，在旺铺首页进行展示。

阿里国际站橱窗数量为：出口通会员橱窗数量为 10 个，金品诚企会员橱窗数量为 40 个，如果觉得橱窗数量不够，还可以另外购买。

（2）橱窗产品的优势

享有搜索优先排名，在同等条件下橱窗产品排名在非橱窗产品前面，拥有公司网站首页推广专区，提升主打产品推广力度，自主更换橱窗展示产品，轻松掌握主打产品推广的主动权。

（3）橱窗产品管理

进入主账号，点击"产品管理"→"管理橱窗产品"可进入橱窗产品管理页面。对橱窗产品进行管理，可以选择不同子账号上传的产品，将其设置为"橱窗产品"。橱窗管理界面可以直接看到产品成长分、曝光量、点击量、询盘、订单数及效果趋势。还可以直接在右侧设置橱窗卖点，并进行优化、排序、替换和移除操作。

二、产品发布

（一）常规产品发布

1. 制作关键词

（1）关键词的含义

关键词（Keyword）就是用户在使用搜索引擎时，输入的能够最大程度概括他所要查找的信息内容的词汇。

（2）关键词的分类与收集

类目词：是产品所对应的类目关键词，从客户的询盘中分析关键词

属性词：指描述产品材质、尺寸、属性、颜色、参数、型号等的关键词

营销词：指具有营销属性的通用修饰词，google 等搜索引擎的相关搜索词

长尾：长尾关键词（Long Tail Keyword）是指网站上的非目标关键词，但与目标关键词相关，也可以带来搜索流量的组合型关键词。长尾关键词的特征是比较长，往往是 2~3 个词组成，甚至是短语，存在于内容页面，除了内容页的标题，还存在于内容中。搜索量非常少，并且不稳定。长尾关键词带来的客户，转化为网站产品客户的概率比目标关键词高很多，因为长尾词的目的性更强。存在大量长尾关键词的大中型网站，其带来的总流量非常大。例如，目标关键词是服装，其长尾关键词可以是男士服装、冬装、户外运动装等。长尾关键词基本属性是：可延伸性，针对性强，范围广。长尾关键词是长尾理论在关键词研究上的延伸。"长尾"具有两个特点：细和长。细，说明长尾是份额很少的市场，在以前这是不被重视的市场；长，说明这些市场虽小，但数量众多。

2. 关键词优化

当产品上传以后，系统不会知道这是款什么样的产品，系统对产品的识别

方式，主要是靠嵌入的关键词（Keywords），简单来说，关键词就是你的产品在亚马逊平台上的身份识别器。做好关键词优化，需要完成以下两点内容：关键词寻找和关键词筛选优化。

（1）关键词寻找

卖家撰写产品标题前的首要任务，就是先寻找关键词，创建一个"潜在关键词列表"。在此基础上，卖家再使用软件工具来检查它们是否值得使用，最终筛选出最核心的关键词，即消费者搜索目标商品最常用的关键词。寻找关键词的方法很多，这里主要介绍三种方法：

1）通过用户搜索热度查找关键词

卖家可通过第三方工具，来查看与产品相关的关键词，并根据用户搜索热度挑选优质关键词。

2）通过亚马逊自动建议查找关键词

在亚马逊的搜索栏中输入一个搜索词时，它会展示热门搜索帮助用户完成搜索，而这些呈现出来的搜索条目都是亚马逊的热门搜索。

3）通过亚马逊前台信息查找关键词

通过亚马逊前台信息查找关键词的步骤如下：

Step1：在亚马逊前台搜索全部的产品核心关键词和产品所在分类。

Step2：在搜索结果中找到和自身产品类似的 ASIN。

Step3：记录这些 ASIN 的标题和评论数，ASIN 数越多，结果越精准。

（2）关键词筛选优化

一个优质的产品标题，必须包含消费者搜索目标商品时最常用的关键词，即核心关键词。在寻找关键词的环节中，卖家需要删除重复项区与产品不相关的结果，根据自己的情况和关键词热度挑选出 10 个优质的关键词。接着需要确定相关性和搜索量最佳组合的前 5 个关键词。

关于 5 个关键词需具备的特征有两点：首先，关键词与产品相关，且搜索量较高（通常每月搜索超过 2000 次）。

其次，必须是独立的词组，即单独展示该短语，客户就能知道是什么，不需要额外词汇。客户在进行广泛搜索时，通常会搜到各种完全不同的产品，无法满足他们的需求。因此在进行第 2 次或第 3 次搜索时，他们会使用更为精准的长尾关键词，这就是关键词所要瞄准的目标。

筛选 Top5 关键词可以从两个方面入手：

一是研究挑选出的 10 个关键词，思考搜索这个短语的人可能想寻找什么；

二是可通过浏览这 10 个短语的亚马逊搜索结果页面，确保结果符合期望。如果搜索出许多不同类型的产品，或竞争过于激烈，则可以考虑放弃这个关键词。

3．制作标题

（1）产品标题的重要作用

帮助用户搜索到产品，产品标题是内容的眼睛

产品标题的组成：产品名称 = 卖点词 + N 个参数词/修饰词 + 核心关键词 + 其他（如型号、使用场景、证书等）

（2）产品标题的注意事项

注意标题和买家搜索词的相关性

核心词放在 with/for 前面

产品标题是内容的眼睛

产品名称长度要适当

不要把多个关键词在名称中重复累加

产品名称中请勿发布其他品牌相关信息

4．图片优化

随着时代的发展，人们越来越重视视觉感受，产品图像直接影响消费者对产品的第一印象，所以好的产品图片效果至关重要。而一条 Listing 的图片主要由 1 张主图和 8 张副图构成。因此，要想做好图片优化，需要掌握主图优化的相关内容。

主图，就是通常放在第一张的图，同时主图也是作为产品的搜索结果直接展示给顾客的。

一张合格的主图需要具备三个条件。

1）内容清晰直观：主图是作为产品给顾客的第一印象的窗口，要让顾客一目了然。

2）符合亚马逊的规则：主图必须是白色背景（RGB 值为 255 × 255 × 255），

没有包含在产品里的配件不能出现在主图上，简单说就是所见即所得。

3）尽量多占据主图空间：图片中的产品要占图片整体的85%以上，图片的分辨率最好是1000像素×1000像素，以方便顾客对图片进行缩放等动作。亚马逊对于主图的要求是严于副图的，如果主图不符合亚马逊对于图片的规范要求，将不会被顾客搜索到，且曝光量会大大减少。服装类和时尚品类对产品主图的要求如下：

表3-6 服装类和时尚类对产品主图的要求

类目	服装类	时尚品类
要求	1. 服装只能是平铺或者模特穿戴在身上，不能用假模特。真人模特必须采用站立、中性、无不雅的姿势 2. 模特双腿不能分开过大，双臂必须垂直于身体两侧，身体各部位接近垂直线，微笑或中性的面部表情，眼睛必须睁开，上下唇轻合模特不穿戴展示的产品之外的任何东西，包括手链、包、戒指、项链、手表、眼镜等 3. 模特站姿正面朝前，不能侧身或者坐着，特例：2岁以下的儿童可以坐着 4. 只能展示单一产品，不能展示可选择的其他同类产品	1. 时尚品类的任何商品都不可以使用可见的假体模特拍摄，最佳选项是使用真人模特（童装除外）。其次是使用隐形的假体模特或平铺拍摄 2. 拍摄鞋靴、手表、珠宝首饰、配饰和行李箱商品时，不可以使用透明的或不透明的支架 3. 拍摄服装或服装配饰时，不可以使用挂衣架（如围巾） 4. 珠宝首饰置于隐形的假体模特或平铺拍摄 5. 手表单独立着拍摄鞋靴单独拍摄

5. 文字描述

Listing的文字描述主要是为了让客户了解产品具体特点、功能，从而提升转化率。做好文字描述，需要把握好五点描述的相关内容。

亚马逊的Listing中五点描述（Bullet Points）的重要性仅次于标题。五点描述撰写过程中需要掌握的两点技巧为：归纳和撰写角度。

1）归纳：在标题关键词的基础上，拓展、补充产品的功能、作用、各种规格等信息。卖家在标题撰写过程中，剩下的关键词也可以放在描述里作为自己的卖点，这也是对于Listing的一种关键词优化。

2）撰写角度：卖点应站在买家角度考虑，从满足消费者需求、解决问题的角度进行五点描述的撰写，而不是简单地用文字来堆叠产品功能。常见品类的五点描述的撰写建议，如下表所示：

表 3 − 7　常见品类五点描述建议

服饰类	基本框架	材质 + 尺寸 + 洗涤方法 + 裁剪方式 + 缝合方式
	内容建议	纯棉，可机洗，带拉链，有弹性等
时尚类	基本框架	特色卖点 + 材质 + 尺寸 + 设计 + 使用方法
	内容建议	加工工艺，面向人群，伸缩性，吸汗速干，透气，防臭等
家居类	基本框架	功能 + 材质 + 尺寸 + 使用场景 + 使用方法
	内容建议	商品某种特征会给消费者的生活带来改变：如尺寸小，便于收纳，携带，人体工学，抗菌，透气，使用感受，保养/清洗，组装方法等
户外运动	基本框架	设计 + 功能 + 适用人群 + 使用方法 + 配件
	内容建议	组装方法，牢固程度，防水，便携等
无线电子	基本框架	特点（最大卖点） + 操作方法 + 功能 + 适配设备 + 规格
	内容建议	操作简单，节电，防水等

6. 制作详情页

（1）详情页的重要作用

买家下询盘的 3 个步骤：

①找到你：通过关键词搜索，看到卖家的产品；

②点击你：当主图足够吸引，买家会单击；

③浏览你：详情页是决定买家是否下询盘的最重要因素。

产品询盘转化率 = 询盘个数/访客人数

正常的产品转化率大约在 10:1，如果没有正常值，那就要重点优化详情页。

（2）详情页的主要内容

借鉴 FABE 营销法则

Features 属性，即产品的规格、材质、特性、结构、功能、包装等；

Advantage 优势，也就是产品的卖点；

Benefits 益处，即卖家的供货能力、利润等；

Evidence 证明，即卖家的企业实力、产品质量的相关认证、客户合照、展会、生产线等。

7. 发布产品

（1）通常情况下，一个产品的成功发布，需要包含以下内容：

表 3 −8　产品发布信息

产品信息	
基本信息	产品名称；产品关键词；产品分组；商品属性
商品描述	产品图片；产品视频；产品详情描述
交易信息	价格设置；计量单位；起订量；支付方式
物流信息	发货期；海运港口；供货能力；包装方式等
特殊服务及其他	

（2）以阿里巴巴国际站为例，产品发布的具体步骤如下：

1）登录后台

进入登录页面，输入登录名和密码后进入后台，按照"业务管理"—"产品管理"—"发布产品"路径，进入产品发布页面。

2）选择类目

在"搜索类目"下的搜索框输入关键词，搜索对应类目，并选好对应的类目，页面下方有产品发布规则，可以点击阅读，阅读之后点击"我已阅读如下规则，现在发布产品"。在选择类目时，要注意准确，错放会招致处罚，且导致买家找不到产品，丢失流量。如果产品具有行业交叉的特点，要在准确的基础上选择多个类目进行产品展示。也可以在"您经常使用的类目"中选择。

3）设置产品标题

产品标题是买家搜索的第一匹配要素，因此在设置时应格外细致。标题应该符合买家搜索行为习惯及偏好，标题中可使用介词 with/for，核心关键词应置于 with/or 前面。产品名称长度要适当，不要把多个关键词在名称中重复累加，并慎用特殊符号。

4）设置产品关键词

设置完产品名称之后需要继续设置产品关键词，关键词应采用常用关键词，不宜过长或添加公司内部产品型号，不建议使用完全相同的关键词，关键词不区分大小写，买家喜好度、单复数会影响到排名。

5）添加产品图片

点击"浏览"可以从图片银行选取图片，图片包括 1 张主图和 5 张细节图，图片要求：1000×1000 像素，正方形（比例1:1），图片格式为 jpeg、jpg、png，大小在 3MB 以内，色彩模式为 RGB。

6）设置产品属性

上面一部分是根据所选择的类目推荐出来的属性，要根据所选产品的实际情况进行填写。下面部分是自定义属性，最多可以添加 10 条，是针对产品的补充性说明，自定义属性可以根据自己的需求添加，注意不要与系统给出的属性重复。

7）设置交易信息

首先要弄清楚是否要支持一口价。在阿里巴巴国际站上，一口价代表买家可以立即按照此价格进行采购，通常而言卖家不会设置支持一口价，而是引导买家进行进一步磋商。价格的设置可以为阶梯价格，也可以为价格区间。最小起订量要根据产品特性决定，目前的趋势是较低的 MOQ 更吸引买家。支付方式可以多选，如 L/C，D/A，D/P，T/T，西联汇款，速汇金等。

8）设置物流信息

物流信息包括发货时间、港口、供货能力、包装形式，常规包装要填写包装形式、尺寸、各类集装箱能装载的件数等，便于买家了解。选择"根据数量设置价格"或"FOB"价格填全系统给出的交易条件，有利于提升买家线上对卖家实力的评估。

9）设置特色服务

特色服务主要是样品服务，分成定价拿样、免费拿样、议价拿样以及不支持拿样。该特色板块跟买家的喜好度有关，经数据调查发现，很多买家第一次下单之前希望能够通过样品对产品有所体验。该板块可以更好地配合信保数据累积，样品单可以更加便捷地走信保。

10）设置详情页

详情页如之前所讲。

（二）其他产品发布

1. RTS 产品

RTS 产品即 Ready to ship 产品，是阿里国际站根据买家趋势增加的"全球批发 Ready to ship"频道中的产品。通过产品规格、库存、交货期、价格等信息，准确匹配流量，帮助卖家改善订单转换。

产品需要同时满足条件才能具备 Ready to ship 标签：可以支持买家直接下单，交货周期小于 15 天，包括 15 天，这里指的是法国时间不是交货时间。物流价格明确表明，运费必须合理，不高于订单金额。

可以获得频道独有的额外流量，阿里国际站外将通过联盟获得额外流量 Readytoship 引流，卖家可以有机会获得更多的流量。频道有特色场景，weekly deals 热门榜单、运费五折或包邮、主题活动等都有助于卖家进行营销，获得更多的转化。

2. 多语言市场产品发布

（1）发布渠道

选择语言市场为"全球市场"，使用英语发品，发布后系统会自动将商品内容翻译成 17 个小语种，展示在对应语言站点上。

直接选择其他语言市场发布产品，目前有西语、日语、法语、葡语、俄语、德语、意大利语、阿拉伯语、土耳其语、韩语、越南语 11 种选择。

（2）发布流程

发布多语言市场产品的步骤和发布"全球市场"产品的步骤相同，区别在于用对应语言发品，将仅在该语言市场展示，系统不会自动翻译成其他语言。

（三）速卖通产品发布技巧

产品发布阶段以及具体要求和步骤如下表所示。

表 3-9 速卖通产品发布阶段与技巧

准备阶段		发布阶段		优化阶段		审核后匹配排序产品阶段	
发布前准备	要求	发布产品	要求	第一步：优化类目	用发布类似产品时，每个主推关键词，都要选择正确类目，如果多类目，几个类目都发布一次	国际站排序产品	使用原则

续表

	准备阶段		发布阶段	优化阶段		审核后匹配排序产品阶段
关键词表	严格按照词表填写，提前准备几千个关键词。每个关键词代表买家的搜索需求，因此每个词都要发布一个产品，热门词多发几个产品	产品类目	选择正确的类目，如果不确定正确类目，把词输入阿里，看自然排名前三的分别是什么类目；用发布类似产品时候，类目一定要选择正确，每个关键词的类目都是有区别的，只要类目正确，有几个类目就发几个类目的产品	第二步：优化产品标题	主关键词植入产品标题，标题最后是主关键词	1. 发布产品使用的关键词：热门词还是精准词，决定哪种排序规则。2. 该关键词的橱窗数/搜索热度/产品数，决定了使用哪种国际站排序产品，用不同的排序产品可以预算出该关键词的产品排名。3. 所有发布的产品默认是普通产品，可以通过设置为橱窗、P4P、固定排序，通过关键词表监控设置操作排序产品后的排名
产品主图	发布产品时，每个关键词都要配一个产品主图，其他的图片都是对主图的描述或者相关。产品主图尺寸800×800，可以添加认证标示、产品用途、特殊标志等，图片批处理工具：光影魔术手、美图秀秀、PS等	产品标题与关键词	产品标题要简洁明了，尽量不要堆砌关键词，加一些凸显产品特性的修饰词就好。标题：A+B+C+D+E+F，主关键词为E+F，更多关键词为D+E+F，X+D+E+F，例如：标题是2014 hot selling new fashion alloy jewelry，主推关键词是alloy jewelry，第二关键词，fashion alloy jewelry，第三关键词，hot alloy jewelry，这个关键词的顺序最好跟标题一样，比如说fashion alloy jewelry，就最好不要写成alloy fashion jewelry	第三步：优化简要描述	把标题COPY进来放第一段落，增加关键词匹配度，下面分段填写优势	橱窗产品	橱窗产品为公司的主打产品，尽量选择精准词，搜索热度高，同行使用橱窗数较少的关键词。使用橱窗的产品就不要放到P4P推广，除非橱窗产品很多，无法优化到前面时

准备阶段	发布阶段		优化阶段		审核后匹配排序产品阶段
详细描述模板	按不同类型的产品提前做好模板，以服装行业为例，主要包括：表格形式的产品参数、公司优势、产品成品图、布料图、绣花/印花示例图、色卡、包装图、生产流程图、服务流程图、样品室展示、相关认证证书等等	简要描述	提前准备好，分段结构化表述（1、2、3、4）产品核心优势和特点的提炼，如尺寸、型号、性能、材质、最小起订量等，不要写高质量的、低价格的	第四步：优化属性	多次植入主推关键词如 type：主推关键词	普通产品	严格按照六步法则发布，每个普通产品都要体现出一个主推关键词。普通产品需要大量发布，以覆盖更多的不同关键词，当主推关键词热门时，可以多重复发布该关键词
		产品主图	提前准备的，多图优先使用，六张一定要放满，可以加水印	第五步：优化详细描述	多次植入主关键词	P4P 产品	通过橱窗实在无法优化到前面时，再使用 P4P 推广。主要覆盖普通产品中的精准词。
		属性	产品属性是对产品特征及参数的标准化提炼，便于买家在属性筛选时快速找到您的产品。固定属性和 10 个自定义属性建议全部填写完	第六步：优化交易条件	植入关键词在最小起订量、供应能力、包装	固定排名	目前已取消新增购买
		详细描述	提前准备好，表格上方加更新时间				
		交易条件	全部填满，尤其是"添加补充信息"				

◇**实训活动**

实训项目：给一个商品设置产品关键词

实训步骤

步骤一：选择一个适合跨境电商平台销售的产品。

步骤二：在至少两个跨境电商平台上搜索该商品或同类商品的关键词并按照类目词、属性词、营销词、长尾词等进行分类整理。

步骤三：根据搜索整理的结果，确定该商品上架的平台，并为该商品设置合理的产品关键词。

任务六　任务测评

一、填空题

1. 注册亚马逊账号需要首先选择销售计划，即（　　　）和（　　　）。

2. 敦煌网的自有物流平台是（　　　）。

3. 敦煌平台的佣金是由（　　　）来负担的。

4. 拟定跨境电商标题一般包括（　　　）、（　　　）、（　　　）等。

5. 为了便于发布产品时平台后台计算国际运费，卖家通常在发布产品前先设置一些常用的（　　　）。

二、选择题

1. 速卖通平台的信息流主要通过（　　　）发布。

A. 平台发布　　　　　　　　B. 社交软件发布

C. 软媒植入广告　　　　　　D. 视频直播发布

2. 速卖通平台的物流主要是（　　　）。

A. 大包　　　　　　　　　　B. 中包

C. 小包　　　　　　　　　　D. 集装箱

3. 速卖通平台的业务流程第一步是（　　　）。

A. 收款　　　　　　　　　　B. 发货

C. 商品上架　　　　　　　　D. 平台认证注册

4. 速卖通平台流量的最大来源是（　　　）。

A. 中国　　　　　　　　　B. 俄罗斯

C. 韩国　　　　　　　　　D. 西班牙

5. 速卖通平台与其他平台相比主要区别是（　　　）。

A. 注重客服　　　　　　　B. 注重店铺

C. 注重客户体验　　　　　D. 注重营销推广

6. 产品的曝光跟什么因素有直接关系？（　　　）

A. 产品图片　　　　　　　B. 产品标题

C. 产品的排名　　　　　　D. 产品的详情页面

7. 据速卖通统计，折扣在（　　　）左右是买家最钟情的折扣，属于合理预期范围。

A. 15%　　　　B. 40%　　　　C. 50%　　　　D. 30%

8. 跨境电商企业要进入某个国家的市场必须先做的工作是（　　　）。

A. 开发畅销产品　　　　　B. 熟悉物流渠道

C. 对该国进行市场调研　　D. 了解该国的主流电商平台

9. （　　　）主要指客户的公司企业经营的商品及其品种。

A. 客户资信情况　　　　　B. 客户政治情况

C. 客户经营业务范围　　　D. 客户经营能力

10. 速卖通平台从 2016 年 9 月起仅支持（　　　）经营。

A. 个人卖家　　　　　　　B. 企业卖家

C. 个人及企业卖家　　　　D. 个体户

三、简答题

1. 物流服务商（货代）和国际快递公司有什么关系？

2. 速卖通平台的运费是如何计算的？

3. 国际快递的费用是如何计算的？

4. "七分选品，三分运营"，选好适销的产品对于跨境电商零售出口来说至关重要。假如你现在是跨境电商企业 A 公司的品类管理主管，公司为了拓宽产品经营品类，让你负责新产品的选择和开发工作，试阐述你选品的整体思路和基本方法。

5. 跨境电商平台想要有稳定的流量和转化，关键词的选取非常重要，简述关键词选取可以把握哪些技巧。

四、案例分析题

假设，你有一款产品，进入小类目排名前 30，日出 20 单，你评估过 Best Seller 的销量，也知道向上的销售预期和利润空间，你备足了货，想继续往上冲，你打算怎么做？

任务七　任务总结与评价

一、任务总结

【学习目标】

1. 能以小组形式，对学习过程和实训成果进行汇报总结
2. 完成对学习过程的综合评价

【建议课时】

1~2 课时

【活动实施】

以小组为单位，选择 PPT、图片、海报、视频等形式中的一种或多种，向全班展示、汇报学习成果。汇报的内容应包括：

1. 跨境电商平台店铺的日常运营

2. 速卖通平台或阿里国际站产品管理与发布流程

3. 选择一种上架商品并设置关键词与文案

二、综合评价表

姓名：			学号：	日期：	
评价项目	评价内容	评价标准	评价方式 自我评价 / 小组评价 / 老师评价	创新能力（创新性建议或者做法）	综合等级
职业素养	学习态度	A. 积极参与活动，全勤 B. 缺勤达本任务总学时的10% C. 缺勤达本任务总学时的20% D. 缺勤达本任务总学时的30%及以上			
	团队合作	A. 与同学沟通、合作意识强 B. 与同学沟通、合作意识较强 C. 与同学沟通、合作意识一般 D. 与同学沟通、合作意识较差			
	执行能力	A. 按时保质完成任务能力强 B. 按时保质完成任务能力较强 C. 按时保质完成任务能力一般 D. 按时保质完成任务能力较差			
专业能力	任务一 店铺注册货通全球	A. 学习活动评价成绩为90~100分 B. 学习活动评价成绩为80~89分 C. 学习活动评价成绩为60~79分 D. 学习活动评价成绩为0~59分			
	任务二 跨境选品与定位	A. 学习活动评价成绩为90~100分 B. 学习活动评价成绩为80~89分 C. 学习活动评价成绩为60~79分 D. 学习活动评价成绩为0~59分			
	任务三 运费与定价	A. 学习活动评价成绩为90~100分 B. 学习活动评价成绩为80~89分 C. 学习活动评价成绩为60~79分 D. 学习活动评价成绩为0~59分			

续表

姓名：				学号：		日期：	
评价项目	评价内容	评价标准	评价方式 自我评价	小组评价	老师评价	创新能力（创新性建议或者做法）	综合等级
专业能力	任务四 店铺装修	A. 学习活动评价成绩为 90～100 分 B. 学习活动评价成绩为 80～89 分 C. 学习活动评价成绩为 60～79 分 D. 学习活动评价成绩为 0～59 分					
	任务五 产品管理与发布	A. 学习活动评价成绩为 90～100 分 B. 学习活动评价成绩为 80～89 分 C. 学习活动评价成绩为 60～79 分 D. 学习活动评价成绩为 0～59 分					
	任务六 任务测评	A. 学习活动评价成绩为 90～100 分 B. 学习活动评价成绩为 80～89 分 C. 学习活动评价成绩为 60～79 分 D. 学习活动评价成绩为 0～59 分					
加分							
最终得分							

跨境电商业务履约流程

情景描述

2023 年 7 月 20 日下午，上海市政府新闻办举行发布会，介绍《上海市推进跨境电商高质量发展行动方案（2023—2025 年)》和《上海市推动会展经济高质量发展打造国际会展之都三年行动方案（2023—2025 年)》，并回答记者提问。

跨境电商国际会展都与进出口业务息息相关，上海海关作为进出境监督管理部门，采取了哪些措施推动上海跨境电商、会展经济高质量发展？

上海海关副关长叶建：今年以来，上海口岸跨境电商进出口业务发展势头良好，尤其在出口方面，增长势头非常明显。上海海关按照海关总署部署要求，着重做好以下四方面工作，推动跨境电商高质量发展：一是持续提升通关无纸化水平。上海海关深入推进"智关强国"行动和智慧海关建设，加快实施跨境电商出口海外仓备案无纸化，目前已备案海外仓企业 34 家，备案无纸化率达 100%。二是创新优化监管流程。针对跨境电商"退货难"问题，推出了进口退货与出口合并总单申报的创新举措，切实减轻企业负担。三是拓展多元化跨境电商渠道。加快推进邮政监管场地改造，现已完成业务全流程测试，下一步将组织开展邮路跨境电商出口业务试点。四是建立联合监管机制。一方面牵头建立长三角跨境电商出口商品转关模式，充分发挥上海口岸枢纽优势；另一方面与市商务委、上海跨境电子商务公共服务平台密切协作，建立跨境电商申报数据预警监测和信息通报机制，为上海口岸跨境电商业务持续健康发展保驾护航。

在国际会展业务方面，上半年共完成国际展会海关备案 55 个，保障 21.6 亿美元展品顺利进境参展。

主要从四个方面做好服务保障工作：

一是实施"一展一指导"。制定个性化监管服务预案，派遣业务专家提供税款担保、单证申报、通关监管等一揽子政策咨询服务，指导企业采取"一次备案、分批提交清单"方式快速完成海关备案手续，及时协调解决通关过程中的疑难问题。

二是实施"一展一方案"。开设"一窗办理""5 + 2"预约绿色通道，实施"口岸、展馆查验作业相结合"的协同作业模式，实现展品即到即报、即报即放"零等待"通关。

三是实施"一展一评估"。从信用状况、安全保障能力等多维度开展风险评估，为优质会展企业提供展品入境免担保等优惠政策，有效减轻企业资金压力。

四是持续扩大进博会溢出带动效应。复制推广进博会"展转保"、延长 ATA 单证册项下展品暂时进境期限等创新举措，持续优化会展行业营商环境。

下一步，上海海关将进一步加大政策供给力度，提升监管服务效能，推动跨境电商、会展经济高质量发展，为打造国际会展之都、助力上海高水平开放贡献海关力量。

 建议课时

6 课时

工作流程与活动

1. 交易磋商

2. 订单处理

3. 跨境物流管理

4. 交易纠纷及处理

5. 任务测评

6. 任务总结与评价

📖 知识目标

1. 了解跨境电商平台交易磋商的做法以及具体流程

2. 了解跨境电商平台订单处理的要求和程序

3. 了解跨境电商平台跨境物流的管理方法

4. 了解跨境电商平台运营的交易规则

5. 了解跨境电商平台运营所需要的知识和技能

📋 能力目标

1. 能够正确认识跨境电商平台的价值

2. 能够通过相关渠道了解跨境电商平台运营人员的需求现状

3. 能够明确跨境电商平台所需要的知识和技能

📓 思政目标

1. 弘扬"敬业诚信"的社会主义核心价值观

2. 树立正确的跨境电商平台运营观念

3. 培育终身学习、不断改进的精神

4. 培育工匠精神

5. 培育积极进取的人生态度

任务一　交易磋商

◇学习目标

1. 掌握跨境电商各平台交易磋商的做法与流程

2. 了解跨境电子商务的交易流程

3. 了解跨境电商的磋商方式

4. 掌握跨境电子商务合同的签订和履行

◎**建议课时**

2 课时

◎**情景描述**

在"互联网+"背景下，购物者的购买方式发生了剧烈变化，除了传统实体店铺销售以外，网络线上购物成为另一种选择，甚至跨境购物也成为趋势。速卖通平台就是在这样市场需求下应运而生，可以给消费者更多选择，通过网上订货、在线交易、跨境物流、接收物品，缩短了买家和卖家的距离，得到了双赢的效果。速卖通平台的主要特色可以概括为小订单、大市场、周期短、利润高。

速卖通平台上主要以个人消费者为主，所以单个订单价格一般在50美元以下，小批量、多批次成为主要的平台购物模式。尽管个人消费者单笔消费金额不高，但平台用户来自220个国家近60亿的消费人群，市场潜力巨大。同时，流通渠道省去了生产厂家、分销商、供应商、海外进口商、海外批发商、海外零售商等，卖家直接向买家发货，直接线上支付，利润空间得到提升，利润收回周期缩短。

◎**活动实施**

一、跨境电子商务的交易流程

跨境电子商务的交易流程，包括进口贸易交易流程和出口贸易交易流程。进口和出口方式相似，方向相反，本书将跨境出口与传统贸易作为对比。跨境电商的流程更为简洁。简洁的成本意味着成本更少，出错的机会也更少。

从跨境电商平台的角度来看，一个完整的出口跨境电子商务的交易流程包括：

1. 备案：跨境电商企业或跨境电商商品在海关备案。

2. 入驻：跨境电商企业经过资格审查入驻跨境电商交易平台。

3. 发起订单：进口国消费者或企业在跨境电商交易平台上发起采购订单。

4. 第一次审单：出口国跨境电商企业将当日订单发送至跨境电商服务平台。

5. 消费者支付订单：进口消费者通过跨境电商交易平台的支付链接，向第三方支付平台付款，完成对出口企业的支付。

6. 第二次审单：第三方支付企业确认支付，将支付信息发送至跨境电商服务平台。

7. 发货：出口国跨境电商企业根据订单配置商品，送交物流中心的跨境监管仓库。

8. 第三个需要审查的单证：物流企业发送舱单和运单信息至跨境电商服务平台。

9. 清单审核：国内消费者在电商平台成功支付订单后，电商企业将订单信息发送至服务平台；支付企业发送支付信息至服务平台；物流企业发送舱单和运单信息至服务平台。

10. 放行：审核之后，通过国际物流将商品从出口国海关转运至进口国海关，再经过进口国国内物流企业将商品送达进口国消费者或零售商手里。

11. 报关：出口货物的发货人在根据出口合同的规定，按时、按质、按量备齐出口货物后，即应向运输公司办理租船订舱手续，准备向海关办理报关手续，或者委托专业（代理）报关公司办理报关手续。

二、跨境电子商务磋商

（一）跨境电商的磋商方式

传统贸易方式下，交易磋商的方式主要有函电磋商方式和直接洽谈方式（或称为口头磋商方式）两种。跨境电商磋商的工具主要有：电子邮件、网络站点、电子公告板及即时通信软件。

（二）交易磋商的内容

网上交易磋商的内容就是明确双方在交易中的权利、义务，对于所交易商品的种类、数量、价格、交货地点、交货期、付款方式和运输方式、违约和索赔等内容进行详细的讨论，达成共识。

通常要磋商 14 个交易条件，每个交易条件构成交易合同中的一个贸易条款。一般贸易条件：货名、规格、数量、包装、价格、装运期和支付条件。保险条款磋商与否，需要依据交易所使用的价格术语而定。基本贸易条件：检验检疫、争端与索赔、不可抗力和仲裁。基本贸易条件主要的作用是保障交易的实施，或是预防争议的发生和解决争议。基本交易条件通常印在交易合同的背面，只要对方不提出异议，就不需要逐条商定了。因此基本交易条件也称为"背面条款"或"格式条款"。当然，交易条件对方对在合同中已印制的格式条款不接受，也可作出变更。

首先要对一般贸易条件进行磋商，达成一致后，再对基本贸易条件一一商定。一旦谈判双方对各项条件达成一致，交易合同即告成立。

（三）跨境电商的磋商程序

跨境电商磋商的一般程序包括：询盘、发盘、还盘、接受。其中，发盘和接受是不可缺少的两个基本环节。

1. 询盘

询盘也叫询价，指交易的一方准备购买或出售某种商品，向对方询问买卖该商品的有关交易条件。询盘的内容涉及价格、规格、品种、数量、包装、装运以及索取样品等。询盘只是表达了与对方交易的愿望，不具备任何法律效力。不是交易磋商必须采取的环节。

2. 发盘

发盘也称为报盘、发价、报价。法律上称之为"要约"，指交易的一方（发盘人）向另一方（受盘人）提出各项交易条件，并愿意按这些条件达成交易的一种表示。发盘在法律上称为要约，在发盘的有效期内，一经受盘人无条件接受，合同即告成立，发盘人承担按发盘条件履行合同义务的法律责任。发盘多由卖方提出（Selling Offer）。也可由买方提出（Buying Offer），也称递盘（Bid）。实务中常见由买方询盘后，卖方发盘，但也可以不经过询盘，一方径直发盘。

3. 还盘

受盘人不同意发盘中的交易条件而提出修改或变更的意见，称为还盘。在法律上叫反要约。还盘实际上是受盘人以发盘人的地位发出的一个新盘，原发盘人成为新盘的受盘人。还盘又是受盘人对发盘的拒绝，发盘因对方还盘而失效，原发盘人不再受其约束。还盘可以在双方之间反复进行。

4. 接受

接受是受盘人在发盘的有效期内，无条件地同意发盘中提出的各项交易条件，愿意按这些条件和对方达成交易的一种表示。接受在法律上称为"承诺"，接受一经送达发盘人，合同即告成立。双方均应履行合同所规定的义务并拥有相应的权利。

三、跨境电子商务合同的签订和履行

（一）出口合同的履行

在出口合同的履行过程中包括备货、催证、审证、改证、租船订舱、报关、报验、保险、装船和制单结汇等多种环节。其中又以货（备货）、证（催证、审证、改证）、船（租船订舱）、款（制单结汇）4 个环节最为重要。

（二）进口合同的履行

履行进口合同的主要环节是：开立信用证、租船订舱和装运、保险、审单和付汇、报关和接货、验收和拨交、进口索赔。

任务二　订单处理

◎学习目标

1. 掌握平台的订单处理流程与要求。
2. 掌握订单管理的主要内容。
3. 掌握订单查询与回复的流程及技巧。
4. 掌握退换货处理的流程及技巧。
5. 掌握催单的主要方法及内容。

◎建议课时

2 课时

◎情景描述

近年来，中国大陆出口跨境电商无论是产业规模，还是产业综合实力，都在全世界跑出新增长速度。出口市场领域更广泛、出口品类更多元、产业服务更完善、品牌打造和物流、支付都在为中国制造高质量"出海"贡献力量，给

中国跨境商家提供前所未有的机遇。但挑战和机遇并存，进入跨境电商产业，中国商家面临的挑战还很多。

在国内注册跨境电商要求较多，首先要有国内合法的营业执照，另外销售的产品须拥有符合国内国际要求的质量标准和安全规范等，还有语言门槛、仓储和物流门槛。最难的是，国外跨境电商平台经常修改政策，商品标签、广告描述、税务等，都有变动。对整个中国制造"出海"的市场而言，营销模式和法务事务，都是新的挑战。相比以前做跨境电商，现在要拼营销、拼流量。对此，目前一些跨境电商平台兴起了全托管或半托管模式，但托管并不是免费的，商家利润被进一步压缩。

2024年，跨境电商行业将面临一系列新的发展趋势和机遇，同时政策支持和国际合作也将为跨境电商的发展提供新的动能。在这个充满挑战和机遇的时代，跨境电商企业需要不断创新，把握机遇，以实现可持续发展，并为全球经济的发展做出贡献。

◇活动实施

在跨境电子商务的世界中，订单处理是卖家日常工作的核心。一份完整的订单处理流程包括与客户进行沟通协商确认订单，在买家付款后打包产品，进行线上或线下发货，在平台上填写发货信息，以及跟踪物流信息等。每一个环节都至关重要，影响着卖家的交易效率和顾客满意度。

然而，订单处理并不意味着交易的结束。为了提高产品的通关成功率，卖家还需要正确提供报关报检材料。报关报检是跨境贸易的重要环节，需要提供准确、完整的资料，确保产品顺利通过海关的检查，减少不必要的延迟和麻烦。

在进行订单处理和报关报检时，细节决定成功与否。一份详细的订单处理流程可以确保卖家在处理大量订单时不会混乱，提高工作效率。同时，正确的报关报检资料可以避免海关审查时的问题，保证产品快速通过，缩短交易时间。

通过学习和实践，跨境电子商务卖家可以逐步提升订单处理和报关报检的技能，提高交易的成功率和效率。在竞争激烈的市场中，优秀的订单处理和报关报检能力是卖家成功的关键因素之一。

一、订单管理

订单一旦生成就会产生与订单有关的一系列问题，包括打包装拉、确以发供、取消订单、退款订单等问题。卖家及时跟进了解订单状况，能够减少不必要的纠纷与失误。

订单状态主要掌握以下两点内容：常见订单状态和订单流程。

（一）常见订单状态

要做好订单跟踪，首先要了解订单的状态，并理清状态间的逻辑关系。恰当处理每个订单状态，是跨境卖家做订单管理的难点。

订单状态有多种，常见的订单状态有以下 6 种：未付款、待发货、运送中、已完成、已取消以及退款/退货。

1. 未付款，即等待买家完成付款的订单；

2. 待发货，即买家已付款，等待卖家发货；

3. 运送中，即完成发货的商品，变更为运送中状态；

4. 已完成，即买家已确认收货，或订单时间超过平台预设的收货天数；

5. 已取消，即被买家、卖家或平台取消的订单；

6. 退款/退货，即买家申请退款/退货状态的订单。

（二）订单信息查看

在订单管理界面，可以查看订单编号、购买人数、商品信息、购买者信息、价格信息、物流信息等，同时可以编辑订单信息，包括修改价格、添加商品等。

（三）订单导出与打印

可以将订单信息导出为 Excel 文件，方便后续统计和分析，同时可以打印订单信息，方便客户查看和确认。

二、订单流程

（一）下单

客户在速卖通平台上下单，填写收货地址、收货人信息、物流方式、支付方式等，确认订单后完成支付。

（二）发货

卖家在后台看到订单后，按照订单信息将商品打包好，粘贴上快递单，交给物流公司发货。

（三）运送

物流公司接收到货物后，进行分拣、装车、运输等环节，将货物运送到买家手中。

（四）收货

买家收到货物后，可以在速卖通平台确认收货，或者在卖家上传物流单号后确认收货。

（五）评价

买家在确认收货后，可以给卖家进行评价，评价结果会影响卖家的信用评级。

总之，B2C 速卖通订单管理与订单流程是保证交易顺利进行的关键环节，需要卖家认真对待每一个环节，提高客户满意度和销售业绩。

三、订单处理

卖家最关心的就是店铺订单。运营店铺的日常工作之一就是查看新的订单、处理订单、安排发货等，订单处理也是影响店铺绩效指标的重要因素。订单处理主要掌握以下四点：

不同的订单状态，对应不同的处理方式。下面重点介绍未付款、待发货、已取消以及退款/退货这 4 种订单状态的处理方式。

（一）未付款状态的订单处理方式

对于未付款的订单，要及时跟买家沟通，以免订单因未及时付款，或者因为买家犹豫而被取消。卖家可以通过邮件给买家发送付款提醒。

（二）待发货状态的订单处理方式

一般平台都有发货时间的限制，如果超过设定的发货时间，将会影响及时发货率。商品发出，就要尽快在订单处理页面填上物流相关信息。在完成商品发货后，给买家发送发货提醒，可以提高买家的消费体验。

（三）已取消状态的订单处理方式

如果买家取消订单，卖家可以尝试联系买家，了解具体取消订单的原因。如果能解决买家担心的问题，就还有机会挽回这笔交易。

（四）退款/退货状态的订单处理方式

卖家收到退货申请后，可以先跟买家协商，具体询问退货的原因，是全部退款、部分退款，还是给买家寄新的产品。协商好之后，可以执行全部退款、部分退款、关闭申请等操作，具体操作取决于与买家的协商。

四、订单反馈

在商品发出后，常常会有买家找客服人员查询订单物流问题。物流快慢不仅影响了买家的购物体验，还直接关系到店铺评分。卖家必须时刻关注物流动态，及时反馈买家的订单查询需求，避免物流造成损失。订单查询主要掌握以下两点：

（一）异常物流情况

国际物流运输途中常常会出现意想不到的状况。由于跨境物流的特殊性，买家在购买商品后，难以了解商品的即时物流状态，如是否已经揽收、货物已经到达哪里等。卖家要做的就是实时监控物流信息，及时处理异常的物流情况。

一般来说，可能的异常物流情况有以下 5 种：货物丢件、节假日物流延误、物流信息更新慢、货物被海关扣押、天气等不可抗力因素导致货物延误。

（二）物流信息查询

一般来说，订单的物流信息查询方式有以下 3 种：

1. 通过电商平台查询

大部分电商平台的订单查询功能已经非常完善，卖家商品发出后，只需上传订单的物流商与快递单号，买家就能够通过后台的订单管理，查询到实时的物流信息。

2. 通过物流网站查询

若买家通过个人购物账户无法查询到物流信息，客服可以将快递单号和物流商告知买家。买家可以通过物流商名称和快递单号，进入物流商官网查询物流信息，也可以由客服查询后将结果告知买家。

3. 通过第三方工具查询

除了在物流商官网查询快递信息,卖家还可以借助第三方工具查询。第三方平台常兼具查询多家快递公司物流信息的功能,省去了不同物流商需要打开不同官网的麻烦。

在跨境电商实际运营中,常用的第三方国际物流(International Logistics)查询平台有 17track、51tracking、Aftership 以及 Global 全球物流跟踪。

(三)沟通回复

卖家跟踪物流信息是为了更好地服务买家。卖家将获取到的最新物流信息告知买家,这样做可以避免因异常物流处理不及时,买家心生不满而产生纠纷、退款或者给差评的情况。当卖家校实物流信息后,需要通过邮件告知买家物流延误的原因,如下表所示。

表 4-1 物流延误沟通重点

物流延误原因	沟通重点
货物丢件	物流丢失了货物,协商是否接受补发
节假日物流延误	由于什么节点导致了物流延误,告知预期到货时间
物流信息更新慢	商品已经在运输途中,安抚买家耐心等待
货物被海关扣押	商品已经到达买家所在的国家,请买家与海关联系解决
天气等不可抗力因素	由于什么因素,导致了所有货物滞留

有些买家在购买商品后,会向卖家发送邮件咨询物流方面的问题。卖家的处理方式主要有以下两点需要注意:

(1)在亚马逊平台上,对于这种情况,若卖家选择的是 FBA 发货,亚马逊会帮卖家处理所有的客户服务和物流问题。因此,卖家可以和买家说明,让买家去询问亚马逊客户服务,让其提供解决方案。

(2)对于非亚马逊平台上的跨境电子商务卖家而言,多数时候需要客户服务人员帮助买家联系物流商家,索要快递单号并查询跟踪物流信息,再将准确的物流信息及时反馈给买家,并适当安抚其焦急等待的情绪。

(四)退换货处理

1. 退货原因

收到买家的退换货申请时,客服需要先了解买家退换货的原因。通过与买家交流，客服明确退换货的责任归属。

退换货的原因主要分为以下三类：买家原因、产品原因和物流原因。

（1）买家原因

不管发生什么问题，平台首先都是站在买家这一方的。

重买家轻卖家的政策，在无理由退货这项条款中体现得淋漓尽致。面对一些买家的不当理由，卖家也只能退货。如果在销售旺季遇到退换货，卖家要做好万全的准备。买家自身原因而产生退换货的情况主要有下错订单、产品不合适、试用后无理由退货、买家反悔、问题买家这五种情况。

一是下错订单，即买家拍错了产品，或对相同的产品重复下单；

二是产品不适合，即买家收到产品后，发现颜色、尺寸等不合适；

三是试用后无理由退货，可能纯粹不想要，也可能试用后觉得不喜欢；

四是买家反悔，即买家下单之后，在其他平台或店铺，发现价格更优惠的同款产品；

五是问题买家，即买家借由平台宽松的退换货政策，恶意购买产品，频繁退换货。

（2）产品原因

如果买家收到的产品质量有问题，要求退换货是理所当然的请求。为了避免这种问题出现，卖家应该积极主动地做好产品的质检工作，在产品出库前争取做到逐个检查、逐个过关。产品原因而产生退换货的情况主要有以下几种：

一是质量问题，即产品质量不过关，或者存在侵权和假货的情况；

二是与描述不符，通常是因为产品描述不准确，过于夸大或过于简单；

三是产品遗漏，即对于一些组合的产品，以及分开寄送的产品极易产生遗漏。

（3）物流原因

物流原因而产生退换货的情况主要有产品破损、运输时间过长以及货物丢失这三种情况。

一是产品破损，即包装材料过于脆弱，导致产品在运输过程中破损、变形。

二是运输时间过长，即物流公司配送速度过慢，买家没有耐心等待。

三是货物丢失，即无法跟踪包裹物流信息，或是经跟踪后发现物流公司将包裹丢失。

2. 退货沟通

若出现退换货问题，容服人员必然要与买家进行沟通，特别是买家自身原因导致的退换货。这就需要客服人员有技巧地与买家交流，既符合店铺关于退换货的规定，也要让买家感到满意。

在与买家沟通退换货时，客服可以参考的基本思路有：

首先，对买家的情况表达歉意，并保证会尽快解决。其次，若卖家需调查情况，可让买家提供产品细节，比如拍照显示产品问题；如果原因已经清楚，就解释情况是如何发生的，问题出在哪儿，向买家给出自己的解决方案，再询问买家的建议。最后，需要保证会帮助买家解决问题，塑造负责可靠的卖家形象。

通过以上沟通思路，可以帮助客服快速掌握退换货沟通的方法，明确售后处理的方向。

3. 退换货处理

平台的退换货处理，客服不仅要与买家沟通确认解决方案，还要判断售后的处理方式，尽可能降低订单损失，并严格按照平台规则，流程化处理退换货。关于产品的退换货处理，下面从以下两点展开讲解：

（1）处理判断

由于平台的无理由退换货政策，我们是无法避免商品退换的，所以客服需要尽可能明智地处理退换货，在让买家对产品、服务感到满意的同时，将损失降到最低。在决定退换货的处理方式时，客服可以根据买家是否收到货物来进行判断。

一是当买家还未收到货物时

当买家还未收到货物时，主要有以下 5 种情况，客服人员的处理判断参考如下内容。

情况 1：如果货物还在运送途中，能截回来就截回来，给买家作全额退款处理；

情况 2：如果货物截不回来，就跟买家协商，等收到货后再决定要不要退货；

情况 3：若买家不同意，可根据产品成本跟买家协商仅部分退款；

情况 4：买家再不同意，如果货值不高的话建议退全款，货直接送给买家，让其留个好评；

情况 5：如果货值高，就按正常的程序，让买家拒绝收货，运费由物流承担。

二是当买家已收到货物时

当买家已收到货物时，主要有以下 3 种情况，客服人员的处理判断可参考如下内容。

情况 1：可以让买家退货到仓库，待货退到仓库后再退款处理；

情况 2：退回来的货物，如果没有破损，可以联系海外仓重新贴标签再次销售；

情况 3：若已经损坏，可以让海外仓运回国内，或让提供维修退货服务的海外仓公司处理。

（2）退换流程

在处理买家的退换货需求时，卖家需要有完善的售后服务程序，来规范售后服务管理，在提高买家对售后满意度的同时，也能避免不必要的损失。

退换货处理的基本流程有：

第一步，买家提交退货申请；

第二步，客服审核通过退货申请，提供退货地址；

第三步，客服跟踪退货物流；

第四步，仓库反馈货物入仓情况；

第五步，客服处理退款/重新发货。

（五）评价处理

1. 督促评价

买家在购买商品后，大部分是很少写评论的，这就需要卖家进行侧面鼓励。从买家下完订单起，卖家可以主动与买家通过邮件进行适当的沟通，使买家建立起留评的意识，这在业内被称为催评，即催促买家评价。那么催促买家评价需要注意什么呢？主要有以下两点：

（1）催评规则

很多平台都是不允许卖家操纵评论的，但并没有严禁卖家发送售后邮件。我们可以把催评邮件的主题倾向于为买家提供售后服务，然后委婉地索取评论。

平台对催评的限制，通常来说有以下四个重点：

第一，严禁任何金钱或物质给买家移除评论奖励；

第二，严禁提供犒赏（免费或折价的商品）来邀请评论；

第三，不能在邮件中出现过于明显的诱导评价的内容；

第四，严禁卖家请求买家更改或移除差评。

（2）催评方式

现在很多跨境电商卖家为了出单、为了排名，不计后果地刷单刷评论，但这些卖家最终都尝到了恶果，排名刷不上去、账号被警告，甚至被封停。诸多卖家面对严打纷纷止步，那究竟要如何获得好评呢？目前催评的方式分为以下两种：

邮件催评和售后服务卡催评。

一是邮件催评

买家收到产品的时候，是很多卖家集中发力索评的时期。很多卖家都会选择在买家下单后，先发一封索评信。但过早给买家发索评信，买家还没收到产品很难让买家有触动，可能买家过后就忘了。

二是售后服务卡催评

买家收到货后是卖家集中发力索评的时期，有的卖家会选择邮件索评，有的卖家会选择在包裹内附带售后服务卡。

一个好的售后服务卡，很大程度上在于其设计的形状款式。精美的设计版式，可以大幅提升服务卡的翻阅率。当然，仅仅有好的形式还不够，如果没有打动人心的内容，也是不行的。

撰写服务卡时，客服可以采用四段写作方式。

第一段：表示感谢，同时提升自己作为卖家的形象；

第二段：如果买家不满，我们将提供100%满意的解决方案；

第三段：如果买家不满的情况没有发生，我们就要引导满意的买家来留评；

第四段：再次致谢或加带附加内容。

2. 差评处理

每一个差评对店铺和卖家都有很大的负面影响，差评会影响店铺整体好评率，好评率是买家挑选产品的重要参考因素之一。产品差评多了以后，销量必然会暴跌。那么差评处理需要注意什么呢？主要包括差评修改和降低影响这两点。

（1）差评修改

当买家在产品评论发布负面反馈后，卖家首先要做的就是单独联系买家解决问题。

如果能够联系上买家，给买家道歉并提出解决方案（退款、重发等），争取得到买家的谅解，进而协助修改/移除差评，从长远来说，会是比较好的结果。

如果卖家希望买家改差评，卖家可以发信给买家，先表达歉意，然后解释具体情况，表示愿意退货退款或者换货、愿意承担运费。如果买家愿意修改差评，卖家另外愿意额外给几美元的补偿。这样可以争取买家消除差评，不影响销量。但如果买家态度极差不愿意修改，也不能勉强。

客服在与买家沟通差评修改时，可以参考以下基本思路：开篇道歉，表达出真心诚意想要给买家一个好的购物体验；接着，恳请买家给改进的机会，提出超过买家预期值的解决方案；然后，解释产品出现缺陷的原因，以及会采取的解决措施；最后，说明以后会做到更好，以取得买家的同情和原谅。

（2）降低影响

客服不可能联系得上每个买家，而且联系上的买家也不是每个人都愿意移除或者修改差评的。联系沟通无果后，客服可以通过以下三点内容，有效地降低差评的影响。

一是通过平台删除差评，仔细检查内容。如果评论存在一些污言秽语，或和平台规则相悖的表达，我们可以整理出来，联系平台客服申诉删评。

二是在负面评论下回复，礼貌友好地进行回应。一方面肯定买家的个人体验和感受，另一方面进行道歉，这能给潜在买家带来好感。当其他买家想购买你的产品时，他们可能先去查看评论，卖家的售后服务态度，也极大影响着他们的购物信心。

三是用正面评价覆盖低星评价。处理差评的最后一个方法，就是努力累积正面评价。这样，可以把负面评价慢慢推到评论列表的下面，不让潜在买家一眼就看到。每一条正面评价都是对负面评价的反击，大量正面评价可以抵消负面评价的影响，避免把买家吓跑。

◇**实训活动**

实训项目：顾客邮件沟通要求退货，完成退换货处理

买家收到你发出的商品后，认为收到的是假货，并给你发了一封电子邮件，要求退货。

1. 运营步骤

客服人员需要根据买家的投诉详情，提供相应的解决方案，回答买家的问题。

做好退换货工作，能够帮助卖家赢得更多的买家，提高买家满意度。

2. 实践步骤：完成退换货处理

活动情境：有买家发来邮件反馈产品问题，现需要你了解订单的具体情况，撰写邮件与买家沟通协商，并完成退换货处理。

工具/环境：跨境 B2C 实训平台；有网络的电脑机房。

3. 实施流程：分析售后原因—撰写协商邮件—完成退换货处理

任务三 跨境物流管理

◇**学习目标**

1. 掌握跨境电商物流信息管理的具体流程

2. 掌握在线发货的具体流程以及可选择的物流方式

3. 掌握线下发货的具体流程以及可选择的物流方式

4. 了解如何进行物流咨询与物流信息跟踪

◎ **建议课时**

2 课时

◎ **情景描述**

7 月 12 日展会首日，举行了第 31 届华东进出口商品交易会开幕式暨 2023 上海跨境电商发展高峰论坛。论坛以"对外贸易发展与新格局"为主题，强调了开拓外贸多元化市场，推动外贸稳规模优结构，探讨了数字贸易的发展。

开幕式上，上海市政府副秘书长章雄表示："华交会对促进外贸企业争取海外订单，开拓多元化市场，推动外贸稳规模优结构，实现全年外贸增长目标具有重要意义。"

商务部外贸司肖露副司长提到："近一年以来，跨境电商的规模也继续保持快速增长，品牌化发展的趋势也日益明显，对外贸稳规模、优结构的带动作用正在逐步显现。"

跨境电商是数字贸易的重要形式之一。全国政协常委、十三届上海市政协副主席周汉民在《数字化转型与对外贸易发展》主旨演讲中提到："我国正处于从贸易大国到贸易强国转变的关键时期，要抓住数字化转型的先机，提升外贸的国际竞争力，拓展更大发展空间。"周汉民还指出了外贸企业数字化转型中存在的问题，并提供了积极的建议。

◎ **活动实施**

一、跨境电商物流信息管理

跨境电商物流信息管理是指对跨境电商过程中的货物运输、仓储、包装、配送等环节进行信息化、自动化、智能化管理，以提高物流效率、降低成本、提升客户满意度。下面是一个简单的跨境电商物流信息管理流程：

1. 订单生成：客户下单后，系统自动生成订单信息，包括商品名称、数量、价格、收货地址等。

2. 订单处理：系统对订单信息进行审核，确认货源并分配物流方式。

3. 货物包装：根据订单信息，对商品进行包装，确保在运输过程中商品的安全。

4. 物流配送：根据物流方式，将商品送到指定地点。

5. 货物跟踪：系统实时更新货物位置信息，方便客户查询。

6. 货物签收：客户签收货物，物流信息管理系统完成该订单的记录。

在跨境电商物流信息管理中，需要运用先进的信息技术，例如物联网、大数据、人工智能等，以提高物流效率，降低成本。同时，还需要考虑到跨境物流的复杂性和多样性，如海关政策、税收政策、交通环境等，确保物流信息管理的灵活性和可扩展性。

总之，跨境电商物流信息管理是跨境电商业务的重要组成部分，可以提高物流效率、降低成本、提升客户满意度，为跨境电商的发展提供有力支持。

二、线上发货

（一）线上发货概述

线上发货是由跨境电子商务平台联合多家优质第三方物流商打造的物流服务体系，如速卖通的无忧物流、Wish 的 Wish 邮、敦煌网的 DHLink 等。卖家使用线上发货可直接在跨境电子商务后台在线选择物流方案，物流商上门揽收（或卖家自寄至物流商仓库），发货到境外。

1. 卖家保护政策

平台网规认可，规避物流低分，提高账号表现，物流问题赔付保障。

2. 运费较低，支付方便

①买家可享受速卖通卖家专属合约运费，低于市场价，只发一件也可享受折扣。

②在线用支付宝付运费，国际支付宝账户中未结汇美元也能付运费。

3. 渠道稳定、时效较快

①渠道稳定

②时效快

③物流商承诺运达时间

（二）线上发货的流程

发货的流程是按照接到订单→打包发货→填写发货通知→完成发货的步骤完成的。

图 4 - 1　线上发货流程图

（三）在线选择物流方式

1. 经济类物流

物流运费成本低，目的地包裹妥投信息不可查询，适合运送货值低、重量轻的商品。

2. 简易类物流

邮政简易挂号服务，可查询包含妥投或买家签收在内的关键环节的物流追踪信息。

3. 标准类物流

包含邮政挂号服务和专线类服务，全程物流追踪信息可查询。

4. 快速类物流

包含商业快递和邮政提供的快递服务，时效快，全程物流追踪信息可查询，适用于高货值商品的寄送。

5. 海外仓物流

已备货到海外仓的货物所使用的海外本地物流服务。

（四）在线创建物流订单

在"选择物流方案"页面里，可以选择需要的物流服务。当选择的物流服务与买家下单的服务不一致时，系统将提示卖家确认。选择完毕后，单击"下一步创建物流方案"按钮，创建相应的物流订单。如果需要修改买家收件信息，则可以单击"修改收件信息"，卖家可以在此编辑发件信息。如果发件地址在物流商揽收范围内，则系统会自动配置对应的仓库，如果所在的地址没有推荐的揽收仓，系统会提示你"自寄至指定中转仓库"。

在卖家创建物流订单的时候，页面底部有关于无法投递的包裹处理方案。卖家可以根据自己的需要，选择是否需要将包裹退回，或者在海外销毁。当卖家选择"退回"时，物流商每单会收取固定金额的退件服务费，对于选择退回的包裹，一旦发生目的国无法投递的情况，将不再收取退回运费。当卖家选择"销毁"时，不产生退件服务费，物流商将会免费为卖家销毁包裹。

（五）查看国际物流单号，打印发货标签

在物流订单创建完毕之后，会出现提示页面，提示"成功创建物流订单"。卖家可以单击"物流订单详情"链接，查看生成的国际物流单号，打印发货标签。

（六）填写发货通知

物流订单创建成功后，系统会生成运单号给卖家，卖家在完成打包发货、交付物流商之后，单击"填写发货通知"按钮即可填写发货通知。

（七）在线支付运费

支付宝（国内）账户因身份信息完善程度不同，享有不同的余额支付额度。线上发货运费支付可设置人民币自动代扣，如卖家的余额支付额度超限，则无法从余额完成运费划扣，建议及时对余额宝进行充值（余额宝不受影响），系统会从余额宝完成运费划扣。

卖家可以选择以下两种方式支付线上发货运费：

1. 仅授权支付宝公司从国际支付宝账户代扣运费。

2. 授权支付宝公司从国际支付宝账户代扣运费，并授权支付宝公司从支付宝（国内）账户代扣运费。

三、线下发货

（一）线下发货含义

线下发货是相对于线上发货而言的，除线上的物流渠道外，卖家用任何非线上物流方式发运订单均称为线下发货。

线下发货是跨境电子商务的传统发货方式，可以通过邮局或者四大快递官方来发货，但更多的还是选择和货运代理公司合作。一般的中小卖家由于日常订单的量不大，不足以和邮局或四大快递公司谈到一个合适的折扣，因此需要借助货运代理公司拿到优势折扣价。

卖家直接跟物流公司对接，货物的操作符合物流公司要求，那么在货物出现异常问题时的相关处理就会更直接，卖家无须重新打印地址标签与报关单等，

直接把货物收入与发出即可，且卖家直接跟物流公司结账。物流公司对线下发货的积极性会较高，物流公司也会提供多种物流渠道供卖家选择。

（二）线下发货的流程

线下发货的流程如下：卖家线下找到物流商→交货给物流商→卖家线下支付运费。为了让发货更加快速高效、加速资金周转，卖家需要优化流程配合货代公司操作，从而让货物快速送至客户手中，给客户提供更好的体验。

表 4－2　线下发货的流程

步骤	跨境电子商务公司		货运代理公司
	其他部门	仓库	
1	（1）业务部汇总订单出货情况 （2）业务部汇总问题件信息 （3）业务部将订单录入系统	（1）整理问题件信息 （2）整理物流需求	
2	（1）采购部汇总产品需求、制订采购计划 （2）采购部向供应商订货 （3）采购部开始网络采购 （4）采购部处理客户退货或者质检不良的产品	（1）跟货代公司核对昨日到货情况 （2）向货代公司反馈新的问题件，提出查件要求或索赔	（1）配合客户核对昨日收货情况 （2）配合客户查件 （3）配合客户理赔 （4）准备客户所需物料 （5）整理安检退件或国外退件
3	（1）采购部到市场采购 （2）几天前的网络采购产品陆续到货	（1）制作单据 （2）整理退件	发货量较少的卖家到货代公司现场打包
4	业务部将今日接单录入系统	（1）继续制单 （2）质检 （3）配货 （4）开始打包	货代公司派出员工到卖家处收货
5		（1）继续打包 （2）按不同货代公司、货代公司的不同渠道将包裹分类 （3）请货代公司收货	货代公司的司机向各大电子商务公司送前一天的退件，送当天的产品，收当天打包好的包裹
6			货代公司操作部员工处理退件

总体来说，线上线下发货都各有特点优势，线上发货优点有邮费便宜，有网规保护，同时也能照顾货代行业不发达城市，而线下发货则更方便，而且渠道较多，系统间无缝衔接。

四、物流咨询与物流信息跟踪

（一）物流咨询

物流服务有问题时，卖家可选择在线咨询。以速卖通平台为例，卖家登录速卖通后台找到需要咨询的物流订单，单击旺旺头像进行在线咨询。

（二）物流信息跟踪

系统会根据卖家填写的运单号物流信息，在订单详情页展示物流跟踪信息，并提供查询网址，买卖双方都可以在订单详情页面查看货物的配送信息。

◎实训活动

实训项目：打开至少两个国际物流查询网站，

熟悉网站的查询流程以及覆盖范围等

任务四 交易纠纷及处理

◎学习目标

1. 掌握跨境电子商务客户服务的主要内容

2. 掌握跨境售后纠纷处理流程的具体步骤

3. 掌握跨境纠纷处理的七大原则

4. 了解跨境纠纷处理的主要问题

◎建议课时

2 课时

◎情景描述

2023 年 7 月 22 日，厚德供应链管理（怀化）有限公司申报出口的 2900 余单跨境电商货物，经怀化海关监管后，搭乘中老铁路国际班列，从怀化国际陆港出发驶向老挝万象。这标志着怀化跨境电商监管中心正式投入运营。

怀化跨境电商监管中心为怀化国际陆港的重要配套设施，配有全程信息化作业、智能卡口联动、智能查验分拣线2条，可开展跨境贸易电子商务、跨境电商B2B直接出口、跨境电商B2B出口海外仓等多种模式跨境电商业务。

"作为湖南唯一对接东盟的国际货运集结中心，怀化将发挥国际陆港集聚效应，加快形成面向东盟的跨境电商产业集群，打造跨境电商发展新高地。"怀化国际陆港发展有限公司总经理杨世君介绍，目前东盟各国对跨境电商及商品有较大需求，预计今年快递和包裹总量约10万件、500标箱，到2025年快递和包裹总量将超过40万件、2000标箱。

"怀化跨境电商监管中心投入运营后，预计每月跨境电商申报量约2万单，国际班列货源将更加丰富，也为怀化申建跨境电商综合试验区提供有力支撑。"怀化海关关长吴愈柏表示，怀化海关将全力做好跨境电商监管服务工作，积极推动本地优质农产品利用跨境电商渠道拓展海外销售市场。

◎活动实施

一、跨境电子商务客户服务

跨境电子商务客户服务是指在不同国家或地区的电子商务平台之间提供的一种客户服务，旨在为消费者提供商品咨询、订单跟踪、退换货服务等，是跨境贸易的重要组成部分。

二、处理异议客户问题

（一）异议的类型

跨境电商领域没有人员推销的过程，只有客户搜索、对比、购买、售后这四个步骤。根据这四个步骤，将异议分为以下几种：

1. 需求匹配异议

链接页面展示的产品用途与消费者实际需求有"不匹配"的地方，消费者对于产品产生了异议，在对比过程中就会排除不符合需求的产品。例如，虽然都是女凉鞋，但是用户对高跟鞋和平底凉鞋的需求还是有差异的。

2. 价格异议

是否产生价格异议问题主要取决于消费者的心理价位和实际的支付能力。当产品价格与心理价位或支付能力偏差较大时，客户会产生价格异议。

3. 质量异议

在客户收到产品后，发现产品品质与链接描述有差异，或是链接中没有明确说明产品存在的"缺陷"，导致客户对产品质量产生异议。

4. 消费者认知异议

这类异议问题主要由于消费者通过以往经验和链接提供的信息，对产品产生过高的期望，导致收到产品时产生了落差，从而客户认为自己被欺骗，引来差评。

在交易过程中要尽量避免异议的产生，但当异议已经出现，如果能够顺利解决，让买家感到满意，也会成为留住客户的有利因素，并会产生口碑效应，赢得更多客户。

关于客户异议的解决，需要我们掌握两点内容：诉求类型和解决步骤。

（二）诉求类型

客户提出异议，其最终目的是希望通过和客服沟通，得到合理的解决方案。在给出解决方案之前，需要客服人员找出客户的根本诉求，对症下药。

客户异议的诉求类型不外乎以下三点：

一是请求帮助，此时需协助消费者解决遇到的问题；

二是弥补损失，此时应给予客户正常的退换货处理，并给予合理补偿；

三是表达情绪，此时应积极与客户沟通，减少客户负面情绪。

（三）解决步骤

了解了客户的诉求类型后，解决客户异议的具体步骤有哪些呢？主要有以下几点：

Step1：辨明异议内容——全面了解客户的异议；

Step2：确定异议的目的——深究客户心理，了解其动机；

Step3：找出双方的分歧——设身处地分析客户困境；

Step4：提出解决方法——尊重客户，提出合理的解决方案。

課堂互動

客服人员如何处理产品破损问题

近期，某买家在亚马逊购买了一个喇叭，收到时发现产品破损，经过协调沟通，卖家给买家重新发了一个全新的产品，但是买家收到的产品仍然是破损的。买家对此很不满，在评论区给卖家差评。

客服人员发现该情况后，在与部门领导沟通后，在信件中，提出给顾客退款的提议，并再次向顾客表示歉意，希望顾客能够删除评论。最后这名买家接受了这个处理方案，删除了评论。

请大家讨论：

1. 案例中的客户异议属于什么异议？

2. 处理客户异议的具体流程是什么？

三、处理跨境纠纷

（一）重要性

跨境纠纷是跨境电子商务中常见的问题之一，由于不同国家或地区的法律法规、商品标准、物流体系等存在差异，导致消费者在购买商品时可能遇到质量问题、物流问题等，从而产生纠纷。处理跨境纠纷不仅可以维护消费者的权益，还可以提高企业的信誉和口碑，促进跨境贸易的发展。

（二）跨境纠纷处理流程的具体步骤

1. 提交申请：消费者在购买商品后，如遇到问题需要退换货，可以向电子商务平台提交申请。

2. 调解：平台会对申请进行审核，并联系消费者和企业，进行调解。

3. 仲裁：如果调解无法解决问题，平台可以组织仲裁，仲裁结果一般具有法律效力。

4. 执行：消费者或企业如需执行仲裁结果，可向当地法院申请强制执行。

（三）跨境纠纷处理的主要问题

1. 未收到货/发货太慢

（1）首先核实该订单是否真实发货，如果为虚假发货订单，则首先向客户道歉，并立即视情况告知客户有 2 个方案：重发/退款；如果客户选择重发，那么发重发链接给客户，并告知多久会发出；如果客户选择退款，那么客户申请退款后积极回应，同时应说明客户大概会在多长时间内收到退款。

（2）如果该订单为真实发货订单，那么需分两种情况：

第一种，平邮类：先确认距离发货日已过去多久，以及剩余收货时间为多长，再进行分类处理：1）剩余收货时间≥20 天的，先安抚买家，道明产品仍在运输途中，请其不用担心，耐心等待；2）剩余收货时间＜20 天的，先给买家延长收货时间，并告知买家，同时安抚买家不用担心，如果其最终没有收到货物，我们不会让其有任何经济损失，还请耐心等待。（如果当下该国家有特殊情况诸如政变、严峻天气影响等可以顺便以此安抚买家。）

第二种，挂号类：先查询运单号，确认货物所在位置，凭借个人经验大概预测货物可能到达时间，然后同样根据剩余收货时间的情况，合理延长收货时间，安抚买家，并告知买家货物可能由于什么原因阻碍于途中，并告知预测到达时间，请其耐心等待，同时发送查询网址以及运单号，安抚买家不用担心，如果其最终没有收到货物，不会让其有任何经济损失，还请耐心等待。

特殊情况：针对个别特殊客户，包括但不限于无礼蛮横的、急躁傲慢的，看客户的言辞判断是否直接退款。

（3）如果货物已经被退回，先查清退回原因，视情况而定处理方案：

1）由买家自身原因造成的货物退回，尝试和买家协商沟通，要求其补偿运费。

2）如果有其他非买家原因被退回，那么视情况告知买家有 2 个方案：重发/退款：A. 如果订单时长超过 2 个月，那么直接退款，如果买家还想要，可以请买家再次下单；B. 如果订单时间不长，比如 1 个月，那么买家同意，可以选择重发或者退款然后再次下单，视情况而定。

（4）如果货物被扣关，那么联系货代查询扣关原因，明晰缘由后积极协助买家清关。如果买家因为关税高的原因不愿意清关，那么遵守原则。

2. 实际收到的货物与描述的货物不符

（1）首先，需要自行排查，是否真的如客户所说与实际货物不符。主要通过产品的标题描述，产品图片、尺寸、包装、颜色、产品的详细描述内容是否言过其实等这些方面逐一排查。

（2）其次，看下如果是多变量，比如多种颜色，多种标准的产品，排查买家是否选择错了变量。

（3）如果产品是随机发送的产品，排查是否在详细页面描述中有对这块的声明。

（4）如果是缺货或者备货状态的产品，一定要跟买家沟通是否愿意等待，是否同意调货换货，切忌不可自作主张，随便发货。

（5）通常遇到这类纠纷的时候，一定要耐心地和买家保持沟通，积极地去调和矛盾，适当地安抚买家情绪。大部分外国买家也是讲理友好之人，只要处理得当，他们也是愿意配合卖家协商的。

（6）如果是客户故意采取的欺诈行为，则提交平台，进行申诉和维权。

（7）通常的补救措施一般是沟通和致歉，做完这步很大一部分买家都表示理解。剩下一部分比较刁难的客户，则可以通过退换一部分货款或者赠送一些精美小礼品之类的措施来进一步弥补错误。顾客永远是上帝，注重的任何细节都有可能帮企业带来返单，因此请注意细节的维护和处理。

3. 质量问题

质量问题包括产品本身的缺陷和因介绍不足引发客户对使用功能引起的质疑。

（1）如果是产品本身的缺陷，那么你需要注意的是发货前一定要注意排查货物的质量问题，确保所有产品都是正品和高质量产品。

（2）如果是功能复杂的一些产品，发货前请配备详细的使用说明书作为辅助材料，并提醒客户如果遇到任何使用问题，请第一时间与自己进行沟通。

需要注意，不同地域不同客户不同产品总会有很大的差异性，所以处理纠纷或者回复留言的时候，都需要随机应变，不能按照准则一成不变。简言之就是：因地制宜，因时制宜，因人制宜。

四、赔付标准

（一）投诉发起

商家应根据不同的投诉类型，在相应的约定时限内发起投诉，单击"投诉"链接。标准服务发起投诉的有效期是从物流订单创建起计120天；优先服务发起投诉的有效期是从物流订单创建起计40天。

（二）投诉处理

投诉发起后，商家通过系统提供举证，物流商在10个自然日内将处理结果反馈给平台。若商家对物流商的处理结果不认同，则可发起申诉，申诉有效期为15天。菜鸟承诺一个工作日内将介入，菜鸟介入后判为物流商责任的，按照赔付标准判定物流商应向商家赔付的金额。

（三）特别提醒

①商家只能针对"揽收延迟""入库前的货物丢失/短装"和"费用争议"这三种投诉类型发起投诉。

②其他投诉类型。买家端发起未收到货（即入库后的货物丢失/短装）、货物破损、发错货物的投诉，如经速卖通平台判断该投诉可能为物流责任，则速卖通平台将代替商家处理该投诉，介入后若判定为物流商责任，速卖通平台将先行退款给买家，并按照赔付标准赔付商家。

③若商家出现延迟发货行为（自物流订单创建起的5个工作日内，未通过自寄或揽收的方式将包裹交接给物流商，物流详情未出现揽收成功或签收成功信息），那么后期如发生限时达未收到货纠纷（即入库后的货物丢失/短装），商家将无法得到赔付标准中相应投诉类型的赔付，其他类型的投诉赔付不受影响。

五、提高跨境电子商务客户服务质量

为了给客户提供更高水平的服务质量，有效避免或减少客户异议以及销售纠纷的产生，许多企业会对客服回复内容进行监督与分析。

跨境客服与客户的交流方式主要是站内信或订单留言。客服回复内容监督与分析主要掌握两点：回复内容监督和回复内容分析。

（一）回复内容监督

客服日常需要处理的工作比较琐碎，概括起来可以分成咨询回复与产品推荐、订单跟踪与反馈、退换货与评价处理三种监督类型。

以下为实际工作过程中，针对不同回复类型，客服主管需要监督的侧重点内容，如下表所示：

表 4 – 3 不同回复内容监督要点

监督类型	监督要点
咨询回复与产品推荐	1. 是否做到正确解答客户的询盘疑问 2. 是否抓住时机给客户进行关联产品推荐
订单跟进与反馈	1. 是否跟进订单状况并及时通知客户 2. 是否及时反馈客户的订单查询需求
退换货与评价处理	1. 是否确定退换货原因并给出明确的解决方案 2. 是否正确引导客户进行好评

除此之外，还有部分相同的监督要点。主要有以下几点：

1）邮件格式问题：英文电子邮件的基本要素是否齐全，如邮件主题、邮件内容、发件人、收件人等；

2）英文表达问题：是否存在单词拼写或英文语法错误；

3）回复态度问题：表述是否礼貌得体，回答是否热情耐心。

（二）回复内容管理

在监督客服人员回复内容的过程中，我们会发现各种各样的问题，这些问题归结起来无非以下几种：对产品信息不熟悉、没有追踪物流信息、没有跟进客户评价、回复过于机械化。针对以上客服人员出现的问题，企业要注重对客服这些方面的改进和提高。具体方法有以下几点。

1）加强产品信息培训

2）完善物流服务工作规范

3）积极跟进客户评价

4）开展客服情景演练

課堂互動

　　一位美国消费者在中国的某个电商平台上购买了一款手机,但收到商品后发现存在质量问题,于是他向平台提交了退换货申请。平台接到申请后,进行审核并联系卖家进行调解。经过沟通,卖家同意退换货,平台组织仲裁判定卖家责任,最终仲裁结果为卖家需要承担退换货费用。卖家按照仲裁结果支付了费用,消费者获得了满意的解决方案。

　　请大家讨论:

　　1. 跨境售后纠纷处理的周期是多久?

　　答:处理周期根据具体案件而定,一般需要数周到数月的时间。

　　2. 跨境售后纠纷处理需要消费者支付费用吗?

　　答:通常情况下,跨境售后纠纷处理是免费的,消费者无须支付额外费用。

　　3. 如何避免跨境售后纠纷?

　　答:消费者在购买商品前,应仔细了解商品信息和卖家的退换货政策,同时在购买过程中保留好相关凭证,如订单、物流单等。如果遇到问题,及时与卖家沟通,避免纠纷的产生。

　　综上,处理跨境纠纷是跨境电子商务必不可少的一个环节,通过优化服务流程、加强培训、提升技术手段以及建立良好的客户关系等措施,可以提高跨境电子商务客户服务质量,减少纠纷的发生。同时,对于出现的纠纷,应按照流程进行调解和仲裁,确保消费者的权益得到保障。

◇实训活动

　　实训项目:一位顾客在你店铺内购买了一条连衣裙,但是由于尺码不合适,想要换货,但是担心物流时间太长,请你写一封邮件给她,解决相关问题。

任务五 任务测评

一、填空题

1. 跨境电子商务物流的特征为（   ）和（   ）。

2. 阿里巴巴旗下的（   ）平台为 B2B 客户提供透明、便捷、安全、可信的站式国际贸易物流服务，包括海运、空运、陆运和国际快递。

3. 买家的搜索习惯可以通过（   ）和购买率排名确定。

4. 通常情况下，卖家店铺的商品可以分为（   ）、利润款、形象品牌款。

5. 在跨境电子商务活动过程中，市场主体面临的知识产权风险典型表现在（   ）、商标权侵权风险和专利侵权风险 3 个方面。

二、选择题

1.（速卖通）以下关于速卖通提前放款规则的说法错误的是（   ）。

A. 卖家综合经营（纠纷率，退款率，好评率等）情况不佳或数据很少（如经营时间不超过三个月等）无法享受提前放款

B. 对于经评估符合条件的交易，平台将在卖家发货后、买家付款经银行资金清算到账后进行提前放款

C. 并非每个卖家的每笔订单均可享受提前放款，如果任何订单存在平台认定的异常或卖家经系统判断不符合享受提前放款的情形的，平台有权不进行提前放款

D. 经速卖通评估，不再符合提前放款条件的卖家，放款保证金将在速卖通平台通知取消之日起 3 个月后退还

2. Alexa 工具用于网站在目标市场（   ）的分析。

A. 流量   B. 市场   C. 习惯   D. 兴趣

3. 根据速卖通平台违约金规则，因知识产权严重违规累计达 2 次，对应的违约金金额为（   ）元人民币。

A. 5000   B. 1000   C. 3000   D. 2500

4. Keyword Spy 的查询条件有（   ）。

A. 关键词   B. 站点   C. 国家   D. 时间

4. 谷歌趋势的查询条件有（　　　）。

A. 关键词　　　　B. 国家　　　　C. 时间　　　　D. 方法

5. 国际 e 邮宝单件最高限重（　　　）。

A. 1kg　　　　B. 2kg　　　　C. 2.5kg　　　　D. 1.5kg

6. 根据速卖通海外仓标签规则，采用自定义配送线路的海外仓商品，根据 60 天履约服务质量，在满足其他条件的情况下，商品要获得 Fast shipping 商品标识，其 72 小时上网率要（　　　）。

A. ≥60%　　　　B. ≥50%　　　　C. ≥80%　　　　D. ≥85%

7. 根据速卖通平台违约金规则，因商品信息质量违规扣分，每扣 12 分节点时，对应的违约金金额为（　　　）元人民币。

A. 500　　　　B. 1000　　　　C. 600　　　　D. 800

8. Wish 平台发展从单一时尚类目发展到哪四个大类目？（　　　）

A. 3C 电子类，母婴类，彩妆类，家居类

B. 3C 电子类，家居类，成人用品类，母婴用品类

C. 家居类，户外类，时尚类，电子类

D. 时尚类、户外类，家居类，定制类

9. 有关于 Wish 购物 APP 说法错误的是？（　　　）

A. Wish 购物 APP 以搜索为主

B. Wish 购物 APP 支持多种语言

C. WishAPP 一般要更新到最新版本，否则可能无法登录

D. Wish 综合类 APP 商品性价比较高

10. （速卖通）请认真分析以下订单，有关说法错误的有（　　　）

A. 该订单买家为 A4 等级

B. 该订单属于手机订单

C. 金额由 $29 变为 $24，是因为买家使用了 $5 优惠券

D. 买家若一定时间内未完成对该订单的付款，订单将超时关闭

三、简答题

1. 当前跨境电商物流存在的主要问题是什么？

2. 跨境电商卖家做视觉营销应该从哪些方面着手？

3. 跨境电子商务综合服务平台的运行机制是什么？

4. 跨境电子商务交易中欺诈交易者的方式都有哪些？

5. 跨境电子商务中的消费者权益保护的主要内容有哪些？

四、案例分析题

A 公司是深圳市一家生产桌面暖风机的中小企业，一直在一些国内电商平台上进行销售。但随着市场竞争的加剧，运营成本和人员成本不断加大，而利润却没有明显的增长。公司感觉跨境电商发展势头好、市场空间大、利润高、创新成本低，想在跨境电商平台上开店，于是就把这一工作交给了电子商务专业毕业的小张，要求小张在 2 个月内拿出具体项目方案。小张首先从跨境电商零售环境分析入手，通过网络市场调研和行业数据制定了 A 公司的跨境电商零售规划书，并选定了 2 个备选电商平台放到了方案中供公司选择。A 公司经理非常满意小张的方案，并从方案备选电商平台中选择速卖通平台作为首要尝试，同时提升小张作为公司跨境电商项目小组的组长全权负责公司跨境电商开展业务，包括但不限于人员招聘、速卖通平台的开店、运营和推广。

根据以上内容，请回答以下问题：

1. 小张做跨境电商零售环境分析的时候，可能进行了哪些分析？

2. 小张做网络市场调研的时候可能涉及哪些调研内容？

3. 公司在速卖通平台上的业务开展会涉及哪些工作内容和业务？

任务六　任务总结与评价

一、任务总结

【学习目标】

1. 能以小组形式，对学习过程和实训成果进行汇报总结

2. 完成对学习过程的综合评价

【建议课时】

1~2 课时

【活动实施】

以小组为单位，选择 PPT、图片、海报、视频等形式中的一种或多种，向全班展示、汇报学习成果。汇报的内容应包括：

1. 跨境电商平台店铺的交易磋商

2. 速卖通平台或阿里国际站产品发货流程

3. 选择一种上架商品并设计纠纷处理预案

二、综合评价表

姓名：				学号：			日期：	
评价项目	评价内容	评价标准	评价方式			创新能力	综合等级
			自我评价	小组评价	老师评价		
职业素养	学习态度	A. 积极参与活动，全勤 B. 缺勤达本任务总学时的10% C. 缺勤达本任务总学时的20% D. 缺勤达本任务总学时的30%及以上					
	团队合作	A. 与同学沟通、合作意识强 B. 与同学沟通、合作意识较强 C. 与同学沟通、合作意识一般 D. 与同学沟通、合作意识较差					
	执行能力	A. 按时保质完成任务能力强 B. 按时保质完成任务能力较强 C. 按时保质完成任务能力一般 D. 按时保质完成任务能力较差					
专业能力	任务一交易磋商	A. 学习活动评价成绩为 90 ~ 100 分 B. 学习活动评价成绩为 80 ~ 89 分 C. 学习活动评价成绩为 60 ~ 79 分 D. 学习活动评价成绩为 0 ~ 59 分					

姓名：			学号：			日期：	
评价项目	评价内容	评价标准	评价方式			创新能力（创新性建议或者做法）	综合等级
			自我评价	小组评价	老师评价		
专业能力	任务二 订单处理	A. 学习活动评价成绩为 90～100 分 B. 学习活动评价成绩为 80～89 分 C. 学习活动评价成绩为 60～79 分 D. 学习活动评价成绩为 0～59 分					
	任务三 跨境物流管理	A. 学习活动评价成绩为 90～100 分 B. 学习活动评价成绩为 80～89 分 C. 学习活动评价成绩为 60～79 分 D. 学习活动评价成绩为 0～59 分					
	任务四 交易纠纷及处理	A. 学习活动评价成绩为 90～100 分 B. 学习活动评价成绩为 80～89 分 C. 学习活动评价成绩为 60～79 分 D. 学习活动评价成绩为 0～59 分					
	任务五 任务测评	A. 学习活动评价成绩为 90～100 分 B. 学习活动评价成绩为 80～89 分 C. 学习活动评价成绩为 60～79 分 D. 学习活动评价成绩为 0～59 分					
加分							
最终得分							

项目五

<h1 style="text-align:center">跨境电商产品推广</h1>

 **情景描述**

<h3 style="text-align:center">山东 44 项政策措施力推跨境电商跃升发展</h3>

2023 年 7 月 11 日下午，省政府常务会议审议通过《山东省跨境电商跃升发展行动计划（2023—2025 年)》（以下简称《行动计划》)。根据《行动计划》，山东围绕跨境电商产业带打造、知名品牌培育、金融物流服务、便利化水平提升等 11 方面提出 44 项政策措施，实施跨境电商跃升发展行动，加快实现跨境电商产业集聚、品牌云集、服务高效、生态繁荣，推动外贸稳规模优结构。

山东自 2015 年起先后出台《山东省跨境电子商务发展行动计划》《山东省跨境电子商务等新业态提升发展行动计划》等政策文件，持续推动跨境电商快速发展。目前，在产业规模、市场主体、发展生态等方面取得了明显成效，跨境电商进出口规模不断扩大，跨境电商综试区实现了全省全覆盖。此次，山东实施跨境电商跃升发展行动，突出制度创新、科技创新和服务创新，促进产业集群与跨境电商深度融合，做优跨境电商发展生态，力争到 2025 年，全省打造 20 个跨境电商特色产业带，培育 100 个具有较强国际竞争力的跨境电商知名品牌，孵化 1000 家跨境电商新锐企业。

山东将聚焦现代轻工纺织、新能源新材料、智能家电、汽车装备等特色产业，开展"跨境电商＋产业带"培育工程，在产业带龙头企业引育、跨境电商园区建设、供应链体系完善、企业孵化、人才培养等方面加强引导和扶持，提升跨境电商产业集聚和公共服务能力，加快传统产业数字化、智能化转型。

山东将支持跨境电商企业做大做强。推动国内外知名跨境电商平台、卖家、独立站、服务商、MCN 机构等主体在山东落地总部、区域总部、运营中心、集货中心等项目，支持本土跨境电商主体发展壮大。

围绕培育跨境电商知名品牌，山东将支持企业综合运用平台引流、搜索引擎、社交媒体、跨境直播等多元渠道进行品牌全球推广，大力开展跨境电商出口直播和数字营销业务，提升品牌曝光度和知名度。支持传统生产型企业、外贸企业、商贸企业自建海外独立站，加快聚集独立站全产业链资源，为企业提供一站式建站、营销、物流、仓储等服务，抢占私域流量资源开拓国际市场。

山东将落实好跨境电商税收政策。编印跨境电商出口税收政策指引汇编，引导企业用好跨境电商零售出口增值税、消费税免税政策，对综试区跨境电商零售出口企业按政策规定试行核定征收企业所得税。持续落实跨境电商 B2B 出口增值税税收政策，提高跨境电商 B2B 出口、跨境电商海外仓模式退税便利化水平。落实出口退运商品税收政策，对符合条件的退运商品免征进口关税和进口环节增值税、消费税。

建议课时

6 课时

工作流程与活动

1. 搜索引擎营销

2. 社交媒体营销

3. 直通车付费营销

4. 任务测评

5. 任务总结与评价

知识目标

1. 了解跨境电商跨境电商产品推广的意义

2. 了解跨境电商推广中人员职业素养

3. 了解跨境电商搜索引擎营销的相关知识

4. 了解跨境电商社交媒体营销的规则

5. 了解跨境电商直通车付费营销的规则

能力目标

1. 能够正确认识跨境电商平台的推广价值

2. 能够通过相关渠道了解跨境电商平台运营人员的需求现状

3. 能够明确跨境电商平台推广中所需要的知识和技能

思政目标

1. 弘扬"敬业诚信"的社会主义核心价值观

2. 树立正确的跨境电商平台运营观念

3. 培育终身学习、不断改进的精神

4. 培育工匠精神

5. 培育积极进取的人生态度

任务一　搜索引擎营销

◇学习目标

1. 能够正确认识跨境电商平台搜索引擎的特点和作用

2. 能够描述跨境电商运营平台搜索引擎营销目标与过程

3. 能够掌握跨境电商企业进行搜索引擎精准营销的过程

4. 能够了解并掌握搜索引擎营销主要方法

◇情景描述

跨境电商搜索引擎营销工具的重要性

关于 SEO（搜索引擎优化）和电商业务之间的关联性，是个持续争论的话题。对任何规模的电商品牌来说，SEO 都是一个利润非常大的营销渠道。因此，针对想要提高自己在谷歌、必应和其他搜索引擎中排名的电商营销人员。很多电商公司仅仅依靠产品页面来推动 SEO。由于谷歌会衡量搜索引擎用户对网站内容的反应，电商人员就要留意人们会访问网站时持什么态度了。

Yotpo 的内容和社交营销经理分析 18000 个中小电商网站数据，发现 35.5% 的访客来源于谷歌、必应、雅虎和其他搜索引擎中的自然搜索。关于 SEO（搜索引擎优化）和电商业务之间的关联性，是个持续争论的话题。但是 30% 的比例非常重要，中小电商企业必须重视这点。为了说明访客量如何转化成美元，首先需要判定电商平均访客转化率和订单价值。然后，人们就可以更具体地感知到 SEO 对于大中小电商网站的价值。

在一篇博客中，Big commerce 的 Katey 指出，电商访客转化率为 2%~3%。Statista 公布的调查显示，2015 年第三季度美国购物者每个订单平均花费 77.90 美元。假设所有渠道的访客转化率是固定的（实际上不固定，但是为了证明这个论点，我们进行假设），这就意味着网站每月平均 1000 个访客中有 305 个来自搜索引擎的自然搜索访问，转化为 6~9 个订单，从 SEO 中能获取 475~713 美元。每月 10000 个访客量的网站，每月从 SEO 中获得 4750~7130 美元。而每月 10000 以上访客量的网站，一百万美元的销售额中一半或者 3/4 受益于 SEO。对任何规模的电商品牌来说，SEO 都是一个利润非常大的营销渠道。

请思考：跨境电商搜索引擎营销工具有哪些？跨境电商搜索平台应该如何选择？

◎建议课时

2 课时

◎活动实施

相信，不少国内企业还在跨境电商这条路上挣扎：广告越来越贵，竞争越来越激烈，业绩增长的瓶颈越来越明显……但是，对于众多代工厂和传统企业来说，跨境电商依然是最佳的出路之一。本文在搜索引擎及精准营销相关内容介绍的基础上，对企业借助搜索引擎进行的精准营销进行了介绍，并从营销效果及企业认可度方面对搜索引擎的精准营销进行总结。

随着网络基础建设及通信技术的发展，我国的网民越来越多，网民的互联网活动也日渐丰富，据 CNNIC 发布的最新的《中国互联网络发展状况统计报告》显示，截至 2018 年 6 月 30 日，我国网民规模达 8.02 亿，普及率为57.7%；个人互联网活动涉及即时通信、搜索引擎、网络新闻、网络视频、网络购物、网络支付等 17 项应用，其中搜索引擎占据第二位，用户规模达 6.95亿，占网民整体的 81.3%。搜索引擎能够根据用户的搜索请求提供相应的检索服务，搜索已成为网民最基本的网络行为，与此同时，企业也发现了用户群体向互联网的转移，纷纷转战互联网，企业营销由传统的线下营销转向线上的网络营销，而搜索引擎营销以其受众广、门槛低等特点，在精准营销方面受到企业的青睐。

一、搜索引擎的特点和作用

（一）跨境电商直通车的特点

通过赢得海量免费曝光，抢占先机，让有需求的买家最先找到您，跨境电商直通车的特点如下：

流量大——站内外所有流量优先推广

排名靠前——优质资源位优先推广

展示免费——海量曝光免费

方案可控——操作便捷，预算可控

（二）搜索引擎的作用

搜索引擎是一个可以为用户需求和问题提供解决方案的平台。从营销的角度而言，搜索引擎是连接目标用户和企业的桥梁。

一方面，用户通过搜索引擎在互联网中寻找自己感兴趣的产品或服务；而另一方面，企业需要让更多的人知道他们，从而寻找途径将自己的产品或服务展示给目标用户，希望用户产生购买行为，进而产生经济效益，用户和企业都在相互寻找的过程中。

搜索引擎相当于一个字典，搜索引擎的蜘蛛程序无时无刻不在互联网中爬行、抓取和收集数据，它记录了互联网的信息。当用户在搜索引擎中输入搜索词进行信息检索时，搜索引擎会根据用户键入的搜索词，按照一定的算法及规则与自己数据库中的关键词进行匹配、筛选、排序，并在搜索结果页面中显示与用户检索相关的结果信息。

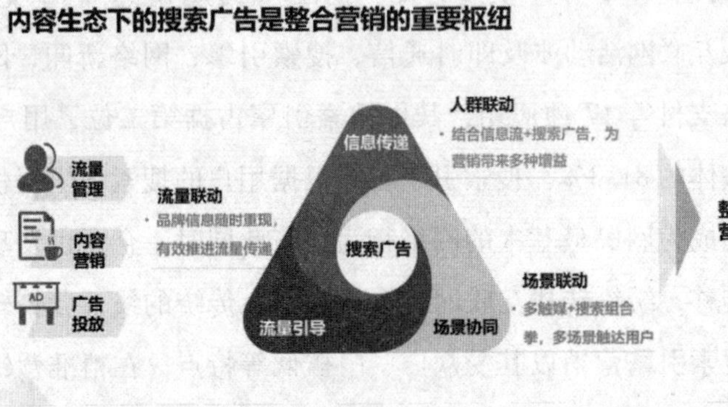

内容生态下的搜索广告是整合营销的重要枢纽

图 5 - 1　搜索引擎概况

所以，企业借助搜索引擎进行营销时，可以利用用户在搜索引擎中查找信息的机会将企业的营销信息展现在用户面前，想用户之所想，急用户之所急，投其所好，精准地对目标用户进行网络营销。

二、搜索引擎营销目标与过程

（一）搜索引擎营销目标

第一层是搜索引擎的存在层，其目标是在主要的搜索引擎/分类目录中获得被收录的机会，这是搜索引擎营销的基础，离开这个层次，搜索引擎营销的其他目标也就不可能实现。搜索引擎登录包括免费登录、付费登录、搜索引擎关键词广告等形式。存在层的含义就是让网站中尽可能多的网页获得被搜索引擎收录（而不仅仅是网站首页），也就是为增加网页的搜索引擎可见性。

第二层的目标则是在被搜索引擎收录的基础上尽可能获得好的排名，即在搜索结果中有良好的表现，因而可称为表现层。因为用户关心的只是搜索结果中靠前的少量内容，如果利用主要的关键词检索时网站在搜索结果中的排名靠后，那么还有必要利用关键词广告、竞价广告等形式作为补充手段来实现这一目标。同样，如果在分类目录中的位置不理想，则需要同时考虑在分类目录中利用付费等方式获得排名靠前。

搜索引擎营销的第三个目标则直接表现为网站访问量指标方面，也就是通过搜索结果点击率的增加来达到提高网站访问量的目的。由于只有受到用户关注，经过用户选择后的信息才可能被点击，因此可称为关注层。从搜索引擎的实际情况来看，仅仅做到被搜索引擎收录并且在搜索结果中排名靠前是不够的，这样并不一定能增加用户的点击率，更不能保证将访问者转化为顾客。要通过搜索引擎营销实现访问量增加的目标，则需要从整体上进行网站优化设计，并充分利用关键词广告等有价值的搜索引擎营销专业服务。

搜索引擎推广的第四个目标，即通过访问量的增加转化为企业最终实现收益的提高，可称为转化层。转化层是前面三个目标层次的进一步提升，是各种搜索引擎方法所实现效果的集中体现，但并不是搜索引擎营销的直接效果。从各种搜索引擎策略到产生收益，其间的中间效果表现为网站访问量的增加，网站的收益是由访问量转化所形成的，从访问量转化为收益则是由网站的功能、服务、产品等多种因素共同作用而决定的。因此，第四个目标在搜索引擎营销中属于战略层次的目标。其他三个层次的目标则属于策略范畴，具有可操作性和可控制性的特征，实现这些基本目标是搜索引擎营销的主要任务。

搜索引擎推广追求最高的性价比，以最小的投入，获最大的来自搜索引擎的访问量，并产生商业价值。用户在检索信息时所使用的关键字反映出用户对该问题（产品）的关注，这种关注是搜索引擎之所以被应用于网络营销的根本原因。

（二）企业进行搜索引擎精准营销的过程

精准营销就是在精准定位的基础上，依托现代信息技术手段建立个性化的顾客沟通服务体系，实现企业可度量的低成本扩张之路，是有态度的网络营销理念中的核心观点之一。

深度洞察用户，挖掘用户潜在需求，是精准营销的根本。精准营销包括三个要素：精准、营销、反馈。首先，精准营销需要实现将不同信息精准地展现在目标用户面前，满足不同用户的个性化信息需求。其次，企业的产品或服务信息有机会展现在目标用户面前时，能够激发目标用户的需求，从而使目标用户接受从不同渠道看到的企业信息，最终产生点击、浏览、购买等行为，形成转化，使企业产生效益，达到营销的目的。最后，目标用户相应行为发生后，能够将自己对企业的产品或服务的真实感受、用户体验相关信息，以及意见建议精准地进行反馈，企业可以根据目标用户的反馈对企业营销活动评估、总结，并进行优化改进。

1. 精准营销的价值

（1）聚焦用户，缩小推广范围

精准营销面向的都是企业的目标消费者，用户需求明确，企业只需要面向这部分特定人群进行营销推广即可，而不需要面向互联网所有的用户进行撒网式营销。

（2）消费者为中心，提升用户体验

对于用户而言，他们所看到的推广信息，是符合他们需求的，是自己感兴趣的，而不是像以前一样，打开网站、打开网页，各种广告直接弹出，用户只能被动接受，给用户造成很大的困扰。所以利用精准营销，可以实现用户主动接收推广信息，一定程度上很好地提升了用户的体验度，有助于提高营销效果。

（3）用户精准，降低成本

精准营销以客户为中心，通过大数据技术对消费者的行为进行分析，企业可以很清楚地知道目标用户的上网时间、地域分布、年龄段、职业、兴趣爱好、消费能力、媒体使用习惯等信息，借助精准营销可以实现在合适的时间、合适的地点，利用合适的营销渠道，通过合适的价格，精确地向目标消费者进行针对性营销，降低营销推广费用，实现企业利益最大化。

2. 搜索引擎精准营销的过程

搜索引擎精准营销，借助用户对搜索引擎的使用习惯及依赖性，在用户利用搜索引擎进行信息检索时，搜索引擎通过对用户搜索词的分析和匹配进行针对性推荐。企业进行搜索引擎精准营销的过程如下：

（1）商业分析

商业分析就是营销目标的确定，这是任何一种营销活动开展的第一步。企业的营销目标大致可分为两类：品牌导向型及效果导向型，经过商业分析确定营销目标后，之后所有的环节都将围绕营销目标开展，所以商业分析是否准确，决定了整个营销活动的效果。

（2）市场调研及分析

知己知彼，营销前需要充分进行市场调研和分析。首先，利用行业报告、各搜索引擎相关的数据统计报告等了解行业现状、市场行情。其次，企业需要对自身情况有清楚的认识，产品的特性有哪些、卖点是什么……最后，还需要了解竞争对手的情况：竞争对手有哪些，竞争对手的产品特点，竞争对手都采用了哪些营销手段……

（3）用户搜索行为分析，挖掘目标用户

网民搜索的行为反映了用户的关注点和兴趣点，可以借助百度指数、360指数等海量网民行为数据为基础的数据分享平台，从用户感兴趣的搜索词入手，利用大数据技术对用户的搜索行为、搜索习惯进行分析和挖掘，分析目标用户的年龄、性别、职业、地域分布、消费能力、兴趣爱好等特征，定位企业目标用户。

（4）根据目标受众常用搜索词优化关键词

无论是竞价排名还是自然检索，关键词是进行搜索引擎营销很重要的内容。

图 5-2 搜索引擎关键词

利用搜索引擎实现精准营销，需要根据目标用户在搜索引擎中常用的搜索词进行关键词优化，企业网站中关键词优化有利于自然排名的提升，竞价账户中关键词优化有利于提高关键词质量度，提升竞价广告排名。

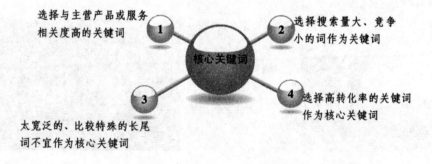

图 5-3 搜索引擎核心关键词

（5）多渠道进行搜索引擎营销

精准营销需要在合适的时间、合适的地点，利用合适的方式将企业信息展现在合适的人面前，选择合适的营销渠道能达到事半功倍的效果。而要达到好的营销效果，单一的营销渠道肯定无法实现，所以基于目标用户检索行为的深度分析、借鉴竞争对手营销渠道的选择，为企业产品或服务选择合适的营销渠道，可以为企业提供多渠道展现的机会。

（6）持续进行搜索引擎优化

优化是一个持续进行的活动，企业进行搜索引擎精准营销的过程中，需要根据访问量、点击量、网站转化率、网站综合排名等 KPI 指标，不断调整优化，实现以最少的投入，获取最大的来自搜索引擎的访问量，并为企业产生商业价值。

三、搜索引擎营销主要方法

搜索引擎营销的方法有很多，根据费用支出可分为两大类：付费和免费，付费的搜索引擎营销方法主要是竞价排名，免费的搜索引擎营销方法主要是搜索引擎优化（SEO），两种方法介绍如下：

（一）竞价排名

顾名思义，就是网站付费后才能被搜索引擎收录，付费越高者排名越靠前；竞价排名服务，是由客户为自己的网页购买关键字排名，按点击计费的一种服务。

客户可以通过调整每次点击付费价格，控制自己在特定关键字搜索结果中的排名；并可以通过设定不同的关键词捕捉到不同类型的目标访问者。竞价排名是一种按效果付费的网络推广方式，通过竞争出价的方式，可以使企业网站获得有利排名位置。

图 5-4　搜索引擎推广

1. 直通车排序规则以速卖通为例

表 5-1　直通车排序规则

直通车排序规则	
衡量维度	排序规则
1. 产品本身的信息质量	排序分 = 推广评分 × 出价
2. 关键词与产品的相关度	同一位置，推广评分和出价成反比
3. 买家的偏好	推广评分衡量是否符合买家需求
4. 卖家对关键词的出价	出价衡量卖家对自己产品的信心

2. 推广评分

图 5-5　搜索引擎元素

表 5-2　直通车排序规则

推广评分	
信息相关度	买家喜好度
1. 产品本身的信息质量	1. 展现位置、关键词、客户 . etc
2. 产品和关键词的匹配程度	2. 产品在关键词下的表现，如点击率等
3. 产品类目是否匹配	3. 客户在关键词下的表现，如点击率等

（二）搜索引擎优化与规则

是指在了解搜索引擎自然排名机制的基础上，对网站进行内部及外部的调整优化，提高网站在搜索结果中的自然排名。借助搜索引擎优化，可以使企业信息在搜索结果中靠前显示，获得更多的展现量，吸引更多目标客户点击访问网站，从而达到企业网络营销及品牌建设的目标。

1. 扣费公式与规则

（1）扣费公式：在与其竞争的客户情况都不变的条件下，当其推广产品的推广评分越高，其获得相应排名的出价将越低，而且获得一次点击所需要支付的费用也越低。

P4P 扣费 =（下一名客户的出价 × 下一名客户的推广评分）/ 自身的推广评分 + 0.01 元

以上可以看出只要我的推广评分足够高，我也可以用有限的出价区拿到比较好的排名。

注意：中国（除台湾省，香港、澳门特别行政区以外）点击和尼日利亚的点击是不收费的！一个小时以内的重复恶意点击只算一次扣费。

（2）扣费遵循以下规则：

每天美国西部时间的 0 点，实际北京时间夏令时下午 3 点（冬令时下午 4 点）更新，重新计算当天累积扣费。

如果一个 IP 在一段时间内重复点击多次，扣费算一次；

只有在直通车的推广位上被点击了才会产生费用。

（3）常见问题解答

前面通过公式可以看出推广评分的重要性，那么影响推广评分的因素有哪些？

①关键词和产品相关度—主要取决于两点—文本相关性/类目相关性，也就是说词和品的类目不匹配也就必然判为低星。如果关键词没有包含在产品标题中，也会造成低星词的情况，所以优化低星词主要是从类目匹配和词品包含两个板块。

②对应产品信息质量——信息质量分足够高也能进一步帮助提高信息质量分，比如 3 星要升 4 星，4 星要升 5 星，或者 5 星再进步，但是 5 星不代表是评分的顶级天花板，仅仅说明是 80 分以上，所以 5 星的推广评分也有可上升的空间。会考核到点击率，效果转化，商家星等级和你有没有走线上的信保订单和数据沉淀。

注意：这点也间接体现了产品信息质量分优化到4.9分或者更高的意义。

③买家喜好度。

④供应商诊断，信保等。

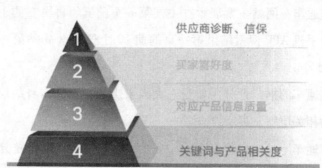

图5-6 搜索引擎推广因素

怎么设置地域流量的屏蔽？

在2022年底，每个推广组可以直接设置其余标签。部分商家仍需要到达L4级别才能设置地域限制。

该地域投放设置为过滤逻辑，未选中的地域将不再投放；设置在计划级别生效，如果你在智能推广中设置了地域溢价，建议你谨慎使用本功能。

被屏蔽的市场如果有流量进入也不会产生点击付费。自然流量是没有影响的。

所以很多屏蔽国家的流量是自然流量所带来的商机。

也可以设置投放时间段，后台会有对应的每小时花费报告和地区报告提供数据支持。

商家营销能力成长主要从6个维度考核：

①近30天日均推广产品总数（送分题）

②近30天推广天数（送分题）

③近30天的活跃天数（送分题）

④近30天的曝光

⑤近30天的点击

⑥近30天的营销组合

通过和 TOP10 和所有店铺的平均数据对比，补足短板，提升能力等级。

注意：关键词推广是没办法分时间段投放的，可以精准手动操作自主暂停。

（4）重点梳理

>外贸直通车按点击扣费！海量曝光免费，产生点击才收费！

>外贸直通车在网站主要展示在主搜第一页前五、每页右侧十个，每页下方四个，以及手机 APP 搜索结果第一页的前 10 个位置（M 站第一页两个隔一个，共展示 15 个）

>外贸直通车的推广评分主要受三大因素影响：产品本身的信息质量、关键词与产品的相关层度、买家的偏好

>外贸直通车不是按出价多少就扣多少，而是按下一名排序分（推广评分×出价）/您的推广评分 +0.1 元来扣

2. 搜索引擎优化

（1）SEO 广告标题关键词

eBay 的广告，标题只允许写 80 个字符，关键词之间顺序也有讲究。这个最好的方法就是你拿到一个产品，先用这个产品的名称去对应的网站搜索下卖得好的卖家是怎么命名自己的产品的，然后找出此类产品的命名规律，再去给自己的命名就可以了。

比如你卖一款夏天裙子，搜索出来，你就会发现卖得好的卖家基本会用这些关键词 "women, ladies, holiday, Evening Party Cocktail Dress Beach Dress"，那么你只要用这些通用关键词（即高频词），再加 1 ~ 2 个关键词能显示你的产品的特色！比如可以两面穿、防水等等就可以了，那么这就是跨境电商 SEO 推广帮你的广告获取好流量的第一步。

总结：

1）标题要有新意，但一定要包含常用目标关键词和用户搜索习惯。这样就可以保证搜索量的基础上找到精准买家。

2）现在大多数都是重复标题，所以标题中一定要包含目标关键词，但不能叠加。

3）标题包含的关键字，尽量让其位置靠前，这样能更快地被搜索到。

4）标题的字数一般在 20 ~ 30 之间，尽可能使标题在搜索页面上能够全部

被显示出来就行，最好是能自动添加上自己的品牌词后缀。

5）标题和产品需要相关联，核心关键字出现在标题里时，首段和尾段多次出现关键字，关键词的频率在 2% ~ 8% 之间。

总结：标题只是产品列表中的一部分，要想做一条好的产品列表，对图片、searchterms（搜索术语）、bulletpoint（要点）的优化都必不可少！

（2）SEO 主图推广

之所以把广告标题的关键词放在跨境电商 SEO 推广的第一位，是因为如果广告的关键词与你的产品本身毫无关系，或是没有遵循标题的一些命令规则，顾客根本就搜不到你的产品，根本就不可能有点击和被购买的机会。

那么在顾客能搜到你的广告的情况下，在同一页，所有卖家中，是什么吸引顾客点击你的广告甚至下单呢？一般来说，最直观的，就是广告的主图了，主图相当于一个人对一个陌生人的第一印象，主图足够美观就会增加顾客点击广告，购买的欲望。这是跨境电商 SEO 推广帮你的广告获取流量的第二步。

产品图片的采集与处理是我们绕不开的工作，然而在图片处理中，只要稍微添加一些"用心点"，就能轻松获得店铺转化率和搜索排名的双重提升。第一精美的产品图片能够提升产品及店铺在用户心中的关注度；第二，合理的图片 SEO 优化，能够提升产品的搜索排名。

处理产品图片时，我们要兼顾图片两个方面的信息，技术指数（图片格式、像素、尺寸大小、命名等）与美学指数（简单明了、美观、多角度多细节展示、应用场景等），从而使产品图片达到最佳优化效果。

所以，我们在做 SEO 优化时，不仅要把精力放在 listing 上，还要关注图片 SEO。据 Moz 数据，图片搜索占据了谷歌搜索总量的三分之一之多，在搜索量如此密集的入口，要想让自家的产品图片在用户搜索中脱颖而出，图片 SEO 就尤为重要。要想做好图片 SEO，我们就要了解搜索引擎是如何抓取并"读懂"我们的图片信息的！

对于我们做跨境电商的人来说，图片的处理是我们绕不开的工作，但你知道怎样做就能轻松获得店铺转化率和搜索排名的双重提升吗？

1）精美的图片能提升用户心中的关注度。

2）好的图片优化，能提升搜索排名

3）图片处理重点：图片格式、像素、尺寸大小、命名；简单明了、美观、多角度多细节展示、应用场景等

4）产品图片 SEO 优化技巧

5）图片要简单明了

6）正确命名图片文件名

7）给图片添加 Alt 标签

8）注意图片格式及大小

9）缩略图优化

（3）SEO 移动优先体验推广

有了前面顾客搜到你的广告，然后被你的广告的主图吸引，点击进去，那么第三步就是顾客点击进去之后，你的广告能否继续留住顾客，就要靠它的移动优先体验了。

通过用谷歌引擎搜索，显示有 10 个国家的移动设备搜索率超过电脑搜索，包括美国和日本。那么你要创建充分适合移动用户的网站页面，有以下几个建议：

1）"性能设计"快速登录页面必不可少

2）"聚焦用户体验"尽量少用闪烁字体、插件、弹出式页面和插页式广告

3）"优化本地搜索"有了定位技术，本地相关性在移动 SEO 中越来越重要

"追踪移动关键词"用户在电脑和手机上输入的搜索词不同。而且，很多情况下，相同搜索词在两种设备上的搜索结果并不相同。只有客户进去之后，对你的广告的体验是满意的，才有可能下单，甚至是回购，更高级就是顾客介绍其他人来买你的产品，这是跨境电商 SEO 推广促使顾客购买你的产品的第三步，也是你希望的结果。

◇实训活动

实训项目：完成以下阿里巴巴国际站平台操作。了解阿里巴巴国际站平台店铺注册，熟悉阿里巴巴国际站平台特点，能够为在阿里巴巴国际站平台上开店准备好资料，并掌握开店所需工作和流程。

任务 1：请你根据自己店铺售卖的商品根据以下步骤编辑出 80 字符以内的

标题用于搜索引擎推广：

（1）标题要有新意，但一定要包含常用目标关键词和用户搜索习惯。这样就可以保证搜索量的基础上找到精准买家。

（2）现在大多数都是重复标题，所以标题中一定要包含目标关键词，但不能叠加。

（3）标题包含的关键字，尽量让其位置靠前，这样能更快地被搜索到。

（4）标题的字数一般在 20～30 之间，尽可能使标题在搜索页面上能够全部被显示出来就行，最好是能自动添加上自己的品牌词后缀。

（5）标题和产品需要相关联，核心关键字出现在标题里时，首段和尾段多次出现关键字，关键词的频率在 2%～8% 之间。

任务 2：我们在做 SEO 优化时，不仅要把精力放在 listing 上，还要关注图片 SEO。据 Moz 数据，图片搜索占据了谷歌搜索总量的三分之一之多，在搜索量如此密集的入口，要想让自家的产品图片在用户搜索中脱颖而出，图片 SEO 就尤为重要。请你根据自己店铺售卖的商品根据以下步骤完成图片用于搜索引擎推广。

（1）精美的图片能提升用户心中的关注度

（2）好的图片优化，能提升搜索排名

（3）图片处理重点：图片格式、像素、尺寸大小、命名；简单明了、美观、多角度多细节展示、应用场景等

（4）产品图片 SEO 优化技巧

（5）图片要简单明了

（6）正确命名图片文件名

（7）给图片添加 Alt 标签

（8）注意图片格式及大小

（9）缩略图优化

任务二　社交媒体营销

◎学习目标

1. 能够正确认识对跨境电商来说社交媒体营销平台的价值
2. 能够描述做好社交媒体营销的七大关键
3. 能够掌握社交媒体营销方式
4. 能够了解和应用社交媒体营销策略

◎情景描述

运用纳米网红，共同集气力量大

品牌：Dunkin' Donuts 意式浓缩咖啡，粉丝数介于 1000 到 10000 之间的网红称为"纳米网红"，他们虽是成长中的网红，但可别小看他们的威力。

根据 SKUKING 跨境电商独立站数据报告显示，有别于大网红的广泛影响力，"小型网红"或"纳米网红"展现出绝佳的粉丝互动率，他们非常愿意跟粉丝"交陪"，与粉丝有着更紧密的情感。

Appify 跨境电商独立站 APP 开发项目主任 Bagon 认为，Dunkin' Donuts 就抓住这个特点，邀请"小型网红"或"纳米网红"共同参与"Coffee First"品牌活动，通过他们发布的贴文，沟通享受美味咖啡的真实感受与愉悦心情，从消费者的角度，网红们就像身边好友般的真实分享，同时由于他们的高参与互动率，让粉丝感受真实，也对活动产生了更高的营销效益。

请思考：跨境电商的网红宣传时是否应该注意自己的客户群体？跨境电商如何更好地利用社交媒体营销？

◎建议课时

2 课时

◇活动实施

一、社交媒体营销平台概述

（一）社交媒体

社交媒体（Social Media），也称为社会化媒体、社会性媒体，指允许人们撰写、分享、评价、讨论、相互沟通的网站和技术。像开心网、人人网、饭否、QQ 空间、优酷、土豆、新浪微博等。营销就是通过销售手段把产品提供给需要的客户。

（二）社交媒体平台介绍

社交媒体营销能够直接接触消费者，具有非常好的互动性。那么，适合跨境电商做营销的社交媒体平台有哪些呢?

1. 微信公众号

微信公众号是目前国内最为流行的新媒体营销平台之一。企业可以通过微信公众号发布文章、推广产品、开展活动等，与用户进行互动和沟通。微信公众号的用户群体广泛，涵盖了不同年龄、职业和地域的人群，适合各类企业进行营销推广。

2. 微博

微博是一种类似于推特的社交媒体平台，用户可以通过文字、图片、视频等形式发布信息，并且可以关注其他用户，进行互动和分享。微博平台具有广泛的用户群体，特别是年轻人和明星粉丝，适合于时尚、娱乐、文化等行业的企业进行营销推广。

3. 抖音

抖音是一款短视频社交媒体应用，用户可以通过拍摄、剪辑和分享短视频来展示自己的生活和才华。抖音平台用户主要集中在年轻人和女性用户，适合于时尚、美妆、健身等行业的企业进行营销推广。

4. 小红书

小红书是一款以生活方式为主题的社交电商平台，用户可以通过分享商品、写笔记等方式来推荐产品和服务。小红书平台用户以年轻女性用户为主，适合于美妆、时尚、旅游等行业的企业进行营销推广。

5. B 站

B 站是一家以 ACG（动画、漫画、游戏）为主题的视频分享网站，用户可以上传、观看和分享各种类型的视频内容。B 站平台用户以年轻人和 ACG 爱好者为主，适合于游戏、动漫、文化等行业的企业进行营销推广。

除了以上几种主要的新媒体营销平台外，还有一些其他的平台，如知乎、豆瓣、LinkedIn 等，也可以根据企业的特点和目标，选择适合自己的平台进行营销推广。

1. Facebook

Facebook 为全球最大的社交网站，小公司使用者大约有 3000 万家，其中有 150 万的企业在 Facebook 上进行付费广告营销。目前，兰亭集势、DX 等都在 Facebook 上开通了官方账号，且越来越多的跨境电商企业开始在 Facebook 上开展营销。

2. Twitter

Twitter 作为全球最大的微博网站，拥有超过 5 亿的注册用户。它以发送 140 字内的"推文"为主要形式，具有实时性和时效性。跨境电商企业可以借助 Twitter 上的名人来推广自己的产品。比如当某位名人发布"推文"后第一时间做出评论，以此吸引名人粉丝对自己的关注，进而慢慢让他们成为自己的粉丝。

3. Youtube

作为全球最大的视频网站，每天 Youtube 上都有成千上万的视频被上传、浏览、分享。与其他社交网站相比，Youtube 上的视频更容易产生病毒式的推广效果。在 Youtube 上，我们可以上传一些幽默视频来吸引粉丝关注，或者借助一些富有创意的商品植入产品广告，或者是请名人对产品宣传片进行评论，都是比较不错的引流手段。

4. Tumblr

Tumblr 是全球最大的轻博客网站。所谓轻博客是一种介于传统博客和微博之间的全新媒体形态，在注重表达的同时又注重社交，且注重个性化设置，是当前最受年轻人欢迎的社交网站之一。

在 Tumblr 上，用户可以发表文字、照片、视频、引用、链接、音乐、视频，其服务功能与国内的新浪博客类同。此外，Tumblr 可以绑定域名，使得用户可以在自己的域名下发布文章。

5．Pinterest

Pinterest 是全球最大的图片分享网站，它采用瀑布流的形式展现图片，无须用户翻页，新的图片会不断自动加载在页面底端，让用户不断地发现新的图片。Pinterest 堪称图片版的 Twitter，网民可以将感兴趣的图片在 Pinterest 保存，其他网友可以关注，也可以转发图片。

图片对于购物网站的重要性不言而喻，卖家注册 Pinterest 账号后即可在上面发布自己产品的图片，吸引粉丝进行分享互动。针对商家，Pinterest 还推出有广告服务。有多家机构称，在移动互联网时代，网民在移动设备上更喜欢观看图片，Pinterest、Snapchat、Instagram 等图片社交平台受到用户热捧，目前市场估值也明显高于其他"文本"社交网络。

6．Vine

Vine 是 Twitter 旗下的一款短视频分享应用，用户可以用它来发布长达 6 秒的短视频，并可以为视频添加一点文字说明，且视频可以无缝地嵌入 Twitter 消息之中。与其他视频分享应用不同，Vine 支持断断续续的视频拍摄，也就是说，Vine 可以把几条连续拍摄的视频片段自动拼接起来。

除了以上几种渠道外，社交媒体营销还包括博客营销、问答社区营销、论坛营销等，这 3 种渠道尤其适合电子类、开源硬件等有一定专业门槛的产品。总之，新媒体营销平台的选择需要根据企业的特点、产品属性、目标用户等因素来进行综合考虑。企业可以根据自身情况，选择适合自己的平台进行营销推广，提高品牌知名度和销售额。媒介仓是一家专业便捷的在线软文新闻稿发布平台，平台上汇集了上千网站编辑和一手媒体资源，服务内容类涵盖新闻源发布、自媒体发布等多种互联网广告渠道。媒介仓打破传统广告加价模式，全部媒体发布价格都为编辑定价，致力打造一个广告界的淘宝平台，做一个不赚差价的广告发布平台。

二、社交媒体营销的七大关键

尽管社会化媒体的潜力很大，但是企业应该如何制定有效的在线战略来接近和吸引消费者呢？要利用社会化媒体来营销就必须改变企业原有的思维定式。原来的方法是集中在对消费者的单向宣传上，而这些社会化媒体则是鼓励双方对话，鼓励消费者对品牌提供反馈。而且，这些社会化媒体促进了消费者之间的沟通，企业也可以更深入地了解消费者对自己产品的反响。但事物都有两面性，这些工具非常有效，但也必须小心对其进行管理，扬长避短。

怎样做好社会化媒体营销呢？笔者经过研究认为企业要运用好社会化媒体营销应遵循以下基本原则：

第一，社会化营销不是一个独立的可以支撑起企业品牌塑造的渠道，只是一个借助和辅助手段。

实际上，社会化媒体营销是企业把权力赋予了消费者。消费者的在线交谈对于一个企业的品牌资产起着重要影响，无论是以正面还是负面的方式。但是如果有坏消息发生，情况就会很危险。总体而言，社会化媒体营销存在以下缺点：

不易控。一旦一个病毒进入了社会化媒体之中，就很难人为地把控其发展方向、速度、结果等。更过度的群众恶搞很容易使我们植入的病毒变成对品牌伤害的一个利器，这往往是品牌客户不愿看到的结果。博客、微博、视频网站、Twitter、Myspace、SNS 等工具最有价值的在于互动性，体现在影响力和口碑价值。既然互动就有两面性，正面、积极的互动能够提升品牌价值，但负面、消极的互动只能令品牌价值贬值。如何引导好积极的互动、控制好消极的互动是社会化媒体营销永恒的话题，一般企业很难做到尽善尽美，就连知名企业也难免会有失误。王石因在汶川大地震时期博客里关于捐款的一番言论令其遭到媒体和网民的口诛笔伐，个人和万科品牌形象也跌至谷底。

难检测。任何的广告或者公关投放都是需要有一个结果数据提供给客户的，但是通过社会化媒体影响提供的数据，往往只能是转载量、评论量、搜索量，但其质量如何、效果如何、美誉度如何，都是难以监测和定论的。

易作假。淘宝上买微博的粉丝只要 5 毛钱，雇水军发帖一个也不过 1～2 块而已。社会化媒体营销的刷点击、顶帖的现象已经成为不争的事实。所以即便是客户在看数据的时候也要不自觉地打些折扣。也就是说社会化媒体营销的真实性和效果已经大打折扣。

因此，以上弊端的存在决定了企业不能将社会化媒体作为品牌塑造的唯一渠道，它不是一个独立的可以支撑起企业品牌塑造的渠道，只是一个借助和辅助手段。

第二，网络营销活动，简单易参与是王道。

在设计网络营销活动时，理念、内容和传播都必须是具有创造性，而且要简单易参与。而设计一个好的活动就需要对你的业务目标和目标受众行为事先有一个仔细的分析。而信息的传达方式必须具有简单、效率和有趣。

ScanDigital（一家网络照片扫描和视频数字化服务机构）想建立 fans 群，驱动用户通过 Facebook 来与其进行互动，他们做了一个简单的小游戏，就是每天发送两张有细微不同的照片，让用户指出其中的不同，而赢者会得到价值 25 美元的 ScanDigital 礼品卡。再说一个，VeeV 公司，他们办公室里面有许多剩余的帆布手提包，那怎么处理这些东西呢？他们想到了一个好主意。他们给每个包标上价格，用户要想获得这些包，需要在这个企业的 Facebook 上上传自己喝 VeeV 伏特加的照片，很快这些剩余的帆布手提包就赠送光了，自己的品牌知名度也增加了，成本呢？VeeV 的办公室就显得更加宽阔了。

通过用户参与产品设计来提高用户忠诚度。Vitamin Water（一饮料公司）想推出一个新产品，他们确定了自己的受众群，建立了品牌专家组，然后在社会化媒体上展开行动，整个 2009 年夏季，Vitamin Wter 都在与用户互动，让用户提供关于品牌名称及产品包装方面的想法。在这场游戏中，近一万 fans 参与，而一些名人的参与也更是提高了用户的兴趣，最终当"connect"这一新产品上架时，就已经有上万的潜在购买者了。

第三，品牌诉求越聚焦越强大。

品牌诉求越聚焦越能吸引"注意力"，实现眼球经济。树立一个高尚的目的来建立品牌资产，表达品牌诉求，品牌营销的效果才越好。讲讲 TOMS 是如何做到这点的吧。他们有一个活动，就是每卖出一双鞋子，就给第三世界的孩子提供一双免费的鞋。而为了最大化自己的贡献，TOMS 倡议消费者，如果他们买了双 TOMS 的鞋，请他们立即在 Facebook 上传照片。当然 TOMS 的这一战略成功了。比如如果我在网上买了 TOMS 的鞋子，我不仅仅要告诉我的朋友我因此而做了件好事，我还会让我的朋友也去买，从而能为第三世界的孩子提供一双鞋子。

第四，内容为本、创意为先。

企业在社会化媒体营销观念下，网络营销没有改变的还是内容。也许改变的是对内容要求的高度以及出现方式。粗制滥造的内容无人去分享，尤其是在如今各 SNS，各门户中微博的转帖转摘的流行，好的内容会在这些功能下更有利于传播的广泛、传播的便捷以及传播的形式（视频还是文字，图片还是游戏等）的选择范围，但内容的复制与传播的起点终究还要回到内容本身。

从这点出发，我们发现，内容创造也许不在于内容制作上有多么的强大，而在于是否能够产生一个足够的创意点，也就是今天所形容的，草根时代的网络，一本正经地宣传自己的品牌已经是不能切合网民特点，往往出现方式是以恶搞，或者带有明显中国网民特点的形式出现。我们看到了"贾君鹏"事件背后，其实是整个网络营销团队在背后操作，也是某游戏的最为得力的一次网络营销。背后隐藏着整套的中国版网络营销教程，从造势、点火，到传播，甚至延续到了线下，有了"你妈妈叫你回去充值动感地带"这样的延续方式出现。

第五，内容互动与真实。

一个成功的社会化媒体活动的最基本原则就是内容互动和真实。社会化媒体的主体是"个人"，最终还在于关系，所以它是一条双行道。在这里，你不是为了销售，你是为了与客户交流和相处，如果你的社会化媒体营销将销售量作为最终目标，你的客户最终会发现你的阴谋，你最终也会被忽视掉。换句话说，你在社会化媒体上的信息必须是真实的而非捏造。与用户就内容进行互动，分享有用的信息，提供一条龙的客户服务，提供折扣之类的激励活动或者完完全全的免费，不过这些都需要你持之以恒地去做。如果你跟某个品牌的代言人有着很好的且长久的关系，那么你自然会向全世界宣传这个品牌。你的信息要consisitent（持久性，坚持不懈地更新）、authentic（真实性）、meaningful（有意思的），这样持续长时间，你的客户会保持忠诚度，最终取得一个很好的口碑传播效果，而这就是社会化媒体所能带来的切实利益。

第六，后续延伸与线上线下结合。

运用社会化媒体进行营销实质是用"关系"营销。而关系的建立是需要时间、有来有往。企业在建立关系营销的过程中应该更加注重与消费者的沟通，除了可以设立关系复制的模式，还可以建立企业与消费者之间的关系。打通这两点，几乎就可以产生后续延伸的效果。同时企业在启动网络营销方案的过程中，往往的操作经验是：线下提示以吸引，线上互动传播的方式结合。

第七，成立专门机构负责社会化媒体营销。

星巴克成立了社会化媒体营销小组，有6个成员。如果在中国贵公司拥有6名专门的社会化媒体营销人员，贵公司就是中国的社会化媒体营销第一名。我认为不为过，毕竟中国这一块还在启蒙中。星巴克参与了11个频道，可见星巴克是非常重视社会化媒体营销。市场研究公司 Altimeter 分析师 Charlene Li 在最新的研究报告中列出了社会媒体关系参与度最高的100个品牌，其中星巴克排名第一，戴尔位居第二，而 eBay、谷歌和微软则分别位居三至五位。

三、社交媒体营销方式

（一）名人效应营销

所谓名人效应，是名人的出现所达成的引人注意、强化事物、扩大影响的效应，或人们模仿名人的心理现象的统称，微博上的名人效应是通过名人转发或发表评论产生的一系列连锁反应，一个影响广泛的微博博主可以轻松影响一大批潜在消费者。

例如，抖音是一款音乐创意短视频社交软件。在2016年9月上线后，抖音先进行了初期的验证及版本更新，接着于2017年2月开启大规模的用户拉新工作。

抖音拉新的主要方式之一是借助明星的微博影响力促进品牌曝光，如邀请岳云鹏、胡彦斌、李纯等明星录制视频并发至微博。

通过大量明星的原创视频及粉丝的自发传播，抖音的下载量迅速攀升，拉新效果显著。

（二）互动营销

社交媒体营销以"分享和参与"为核心，消费者通过社交媒体来分享产品的信息和观点，这与以往传统营销中"自上而下"的理念不同，社交媒体强调"自下而上"进行品牌推广，企业必须进入到社交媒体营销中去，通过与消费者的对话和互动，与消费者建立情感联系，情感是市场的主题之一，如果能赢得消费者的情感认同，距离赢得市场也只有一步之遥了。

消费者早已不满足于购买完商品就结束，他们更愿意通过社交媒体与商家、其他消费者共同完善所购商品，网上经常会看到很多产品的测评报告，商家也欢迎消费者在购买后对商品进行评估和分享，将优秀的测评报告放到首页或给予返现之类的奖励，这样，既满足了消费者分享的目的，又提升了商品的品牌形象和认可度。

例如，小米手机认证微博@小米手机于9月13日发起"拍个透明照"的微博话题，邀请用户晒出自己的"变脸照"并转发微博，在参与者中抽取一位获奖者送出1台小米手机。@小米手机微博日常转发量平均200左右，而通过此活动得到近万人转发，粉丝活跃度提升了50倍，达到了促活的目的。

（三）口碑营销

在社交媒体时代，网络口碑在消费者购买决策过程中扮演着越来越重要的角色，消费者乐于通过以往消费者对于该商品的评价从而最大限度地减少购买风险，通过了解品牌在社交媒体上的口碑，消费者极易改变原有的对该品牌的态度。

虽然企业的口碑是消费者自发传播的，但是仍然需要企业有意识地去维护，社交网络的发达可以轻而易举地让某个产品一夜之间红火起来，亦可以让其口碑毁于一旦。

例如，智联招聘是一家人力资源服务机构，其开发的手机软件"智联招聘"的主要功能是职位搜索、职位收藏、简历投递、简历编辑等。

为了提升软件的用户活跃度，智联招聘除了基础的求职相关低频功能外，增加了"智联小秘书""行业问答"等功能。

（四）内容营销

社交媒体所承载的内容与形式越来越丰富多样，从文字、图片、音频到视频，只要是人们能想到的信息，几乎都能以简短而快捷的形式进行传播，快节奏的生活和发达的移动通信设备导致用户的注意力时间越来越短，获取的信息量也越来越大，因此，更需要重视传播的内容，众多品牌通过内容营销取得了不同凡响的营销效果，给品牌带来了极好的网络口碑。

例如，运营者在今日头条旗下的"西瓜视频"上传《大学生必备的5项互联网技能》视频，并引导观众关注公众号，下载视频相关思维导图。

在微信公众号后台可以看到，西瓜视频获得2800余次播放后，部分观众由于看过了视频而关注微信公众号并获取资源。

图 5 - 7 西瓜视频宣传

（五）情感营销

营销的最高境界是不仅要把产品卖到消费者的手中，更要把产品卖到消费者心中，从"让你喜欢"到"我就喜欢"，人的大脑总是倾向情感，而不是理智，在"互联网＋时代"，情感更是主导消费者购买行为的统帅，产品的质量已经不再是取胜的关键，情感成了所有人的终极利器，如何在时代的大变革中取得长足的发展，唯有与消费者建立深厚的情感。

营销就是和消费者谈恋爱，品牌就是让消费者爱上你，而情感营销不仅会创造出一个个好的品牌，让消费者爱上你的品牌，更会为企业带来源源不断的客户和财富，是每个企业都必须掌握的"互联网＋"时代营销利器。

如"我们新增一款适合你的功能""我们对老用户有福利发放""今天有免费优惠券"等。

图 5 - 8 信息提醒

（六）粉丝营销

在如今这个社交媒体时代，其实留住粉丝比吸引粉丝更重要，提升粉丝黏性当然是通过互动，其实广义上的互动就是和客户产生联系和交易，交易本身就是一种高质量的互动，当然互动的形式还包括通过内容推送、通过各类线上与线下的活动、通过建立品牌社群并让粉丝通过参与获得良好的品牌体验。

图5-9 用户运营

很多时候，利用社交平台结合热点能够起到事半功倍的作用，对企业而言，在微信内容推送上结合热点，可以有效吸引粉丝打开阅读。

另外，要迎合互联网时代的阅读习惯，在互联网时代，人们的时间更加宝贵，人们更希望在碎片化时间来阅读，这样，随着生活节奏的加快，人们普遍感受到较大的生活压力，在这样的背景下，在内容输入上，一定要针对粉丝的具体情况投其所好。

1. 拉新，即通过微博、微信、论坛、社群、线下等渠道进行推广，邀请新用户注册或试用，其目的是提升用户总体数量。

2. 促活，即通过友好的新用户教程、创意的用户活动等方式，让用户每天多次打开软件或进入自媒体账号，其目的是提升用户活跃度。

3. 留存，即通过后台分析用户数据，以策划活动、增加功能或发放福利等形式"留住"用户，其目的是提升用户留存率。

4. 转化，即拥有一定活跃用户后，尝试通过下载付费、会员充值等方式获取收入，目的是提升转化率。

例如，"讯飞语记"是科大讯飞旗下的一款语音变文字输入的云笔记软件，其基础功能向用户免费开放，用户可以直接使用录音速记、图文编排、多端同步等功能。

（七）事件营销

社交媒体通常是一个事件的起源地，可以在任何类型的事件中占有重要地位，无论是展会还是网络研讨会，都可以帮助你达到多样性的目标，对于那些对社交媒体半信半疑的人，为你的下一个事件创造一个社交媒体营销策略将会使你获益良多。

运用社交媒体进行营销，结合最新最相关的社交媒体营销数据和知识，做出明智的决策可以给你的企业带来巨大的收益，伴随着社交媒体营销的深入发展，事件营销逐渐成为企业社交媒体营销的一种新策略，对于企业来说，无论是线下还是线上活动，都可以在正确的规划和操作后成为一个成功的事件营销。

使用多样化的平台，例如：微博、微信、Twitter 和 Facebook，你可以吸引客户到你的展位，潜在地拉动销售，增加你真正做社交媒体营销的兴趣，通过社交媒体提升公司及其品牌人气，让更多的人谈论你的公司和产品，在这里至关重要的一点要记住，整体的事件社交媒体营销策略不是关于技术的，而是建立关系，即通过社交平台拉近人与人的距离，拉近你与客户的距离。

（八）价值观营销

从以产品为核心的营销 1.0 时代，到以消费者为核心的营销 2.0 时代，现在，以价值驱动为核心的 3.0 营销时代，消费者所寻找的产品和服务不但要满足基本需要，更希望发现一种可以触及内心的体验和商业模式，为消费者提供意义感将成为企业未来营销活动的价值主张，价值驱动型商业模式将成为营销 3.0 时代的制胜之道。

例如百度知道用"财富值"代表用户积分，拥有一定财富值后，用户可以进入"知道商城"兑换抱枕、积木、书籍等。

有的人喜欢用"鸡蛋从内打破"还是"从外打破"来形容社群裂变的形式。对于社群来说，一旦曝光的范围扩大或者有事件炒作推动，其影响力就会迅速扩大，瞬间就会被更多的人知道，促使用户数量爆发式地增长。这种形式的裂变就是由外打破的裂变。由外打破的社群裂变更依赖关注量的转化，通常是短、平、快的单次爆发。有些社群不断地投入费用进行引爆式推广，但最终都没有真正地实现裂变。

由内打破的社群裂变是个持续不断的过程。这种裂变更注重社群内在用户结构的健康程度，注重培养社群内不同类型的用户储备并爆发其促成裂变的力量。因此，一次有生命力的社群裂变，前期会经历漫长的酝酿期，当用户的状态达到了临界点，裂变才会不断地由内开始显现。

四、社交媒体营销策略

(一) 抓住用户需求与痛点

社交媒体营销平台非常多,那么选好平台和做好营销的底层逻辑是什么呢? 其实,做好社交媒体营销最重要的一环就是深入了解用户的需求与痛点。

"凯叔讲故事"社群的裂变形式就有很多值得学习的地方。"凯叔讲故事"目前较大的亲子教育社群之一、全国较大的儿童故事品牌之一。

在"凯叔讲故事"中,孩子们可以听到童话、寓言、历史、科普内容等各种故事,可以买到精选的童书和亲子产品。目前,其产品在微信公众号、APP、微博、喜马拉雅 FM 等平台均有推出。

在"凯叔讲故事"的裂变过程中,初期紧抓用户听故事的刚需,运用关键意见领袖(Key Opinion Leader,KOL)的传播,即持续借助王凯在用户群中的影响力,逐步积累起较大的用户基数。当用户达到一定数量时,他们开始了一些更实在的用户裂变动作,如基于 IP 去激活用户(如和知名的亲子作家在公众号开展深度合作);更重要的是他们借助不同产品线,击中特定人群痛点进行社群裂变。

很多人在运作社群裂变时,会采取借助活动刺激用户传播的方式。这种方式忽略了用户着陆社群的价值点,最终只会导致用户的流失。社群裂变最佳的做法是采取紧抓并满足用户需求的方式激活社群裂变,当用户数量足够多时,每个用户在解决需求后会出现大大小小的基于需求影响的传播裂变。

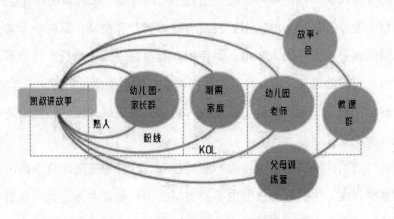

图 5-10 "凯叔讲故事"社群的裂变

（二）了解目标客户

社交媒体主体是人，是双向的传播，而不是简单的单向输出，了解目标客户的感受、喜好、习惯，做好前期市场调研，根据目标客户的画像，制订合理高效的社交媒体营销计划，赢得消费者心智，让其主动为企业或品牌传播。营销的同时注意消费者的反馈，反哺企业产品研发、营销推广和应对市场的反应能力。

1. 做好用户画像

用户画像是新媒体运营工作的起点，且为用户运营锚定整体方向。做出清晰的用户画像，需要做好两件事：

第一，提炼用户标签，用故事描述用户画像。

第二，绕开画像误区，防止从源头上出错。

图 5-11 用户标签

图 5-12 用户标签

不过，用户标签只是用户画像的中间过程，呈现的只是用户画像的基本轮廓，而不是最终的画像结果。新媒体运营者需要在用户标签的基础上进行画像描述，以呈现完整的用户特征。

2. 要将不是粉丝的群体转换成我们的用户

要将不是粉丝的群体转换成我们的用户，接下来需要我们维护好用户数量并尽可能地将粉丝的忠诚度提高。当然这里面最难得也是最重要的一步是如何让"路人"变成"忠粉"，下面一张图可以告诉你9种策略：

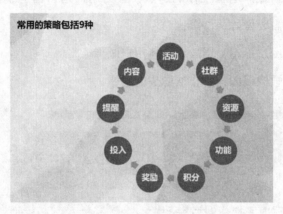

图 5 –13 "路人"变成"忠粉"策略

（三）始终保持活跃度

社交媒体有"快"的特性，传播快，热度消失也快。如果企业在很长一段时间里都不曾出现在大众的面前，那么受众对品牌的认知和热情就会减弱，营销效果是会大打折扣的。

始终在社交媒体平台保持活跃度，不断地举行各种活动，增强品牌或企业和消费者的黏性，品牌多次和消费者"照面"之后，口碑传播的可能性就大大增加。

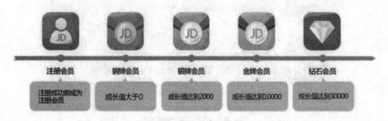

图 5 –14 会员分类

如京东的用户级别共分为 5 个等级，包括注册会员、铜牌会员、银牌会员、金牌会员及钻石会员。会员级别由成长值决定，成长值越高会员等级越高，享受到的会员权益越多。

（四）创造有价值的内容

社交媒体传播的最大原则就是价值，实用，只有你所发布的内容对接收者有用，能为接收者带来或者创造价值，那么，才能吸引受众，让受众由心里想为你做宣传，一篇高质量能激发转发、传播的内容更能收获传播、营销效果。

高质量的转发互动能带来口碑，吸引目标人群，带来点击或者购买行为。贴近消费者心理，创造高互动高转发的内容，引起小圈子共鸣，激发消费者再创造，触发内容在互联网全平台病毒式传播，有利于企业或品牌名声的积累。

1. 扫码可以下载资料。

2. 扫码可以领取听课门票。

3. 扫码领取现金红包。

4. 扫码领取商家优惠券。

最后，互联网发展，信息爆炸、碎片化，人们对信息的感知力和分辨力下降，普遍习惯听从身边的人的意见，社交媒体对口碑传播具有巨大威力和优势，Ueeshop 建议，围绕目标人群，做好社交媒体营销，建立口碑，塑造品牌效应。

不过社交媒体营销结果不可控，可能花费大量心血，效果还是不好，要保持良好的心态。

（五）提升软文推广的质量

1. 软文推广的技巧和方法

（1）突出受众

在软文推广中，要想取得最好效果，就要把受众放在首位。要在每篇软文中突出受众对某一特定内容的需求，以此达到给受众带来更好的体验感。

（2）突出优势

在软文推广中，要想让更多的人注意到自己的产品，就要把自己产品的优势突出来，让读者能更深入地了解自己产品的特点，这样才能让更多的人认可自己的产品。

（3）清晰表达

软文推广要想取得好的效果，就要让软文表达清晰明了，要让读者在短时间内就能把软文表达出来的意思理解清楚。

（4）重视素材

软文推广中，素材也是非常重要的一环，要想让软文更加吸引人，就要重视素材的选择，让软文的素材更有吸引力。

2. 提升软文推广效果

（1）精准发布

在社交平台上发布软文推广，要想让受众更加关注，就要选择合适的时间发布，这样才能把软文发布给更多的人。

（2）添加链接

在社交平台上发布软文推广，要想让受众更加关注，就要在软文中添加链接，让受众可以直接点击链接，跳转到商家的官网，进一步了解产品。

（3）积极互动

在社交平台上发布软文推广，要想让受众更加关注，就要主动参与社交平台上的互动，回复读者的留言，让受众能够获得更好的服务体验。

（4）引导转化

在社交平台上发布软文推广，要想让受众更加关注，就要在软文中加入引导语，引导读者点击链接，跳转到官网，完成转化。

以上就是关于软文推广的一些技巧方法，以及如何利用社交平台营销在软文推广中起到事半功倍的效果的介绍，希望对大家有所帮助。软文推广是一种非常有效的营销方式，如果把上述技巧方法和步骤应用到实践中，相信一定能够取得好的效果。

3. 软文推广的设计

软文推广是一种常用的网络营销方式，通过发布具有营销目的的文章，以达到宣传推广的效果。然而，如果文章无法引起受众的兴趣和注意，就难以发挥宣传效果。因此，在软文推广中，需要掌握一些技巧方法，以吸引受众的关注和强化宣传效果。

（1）标题设计

标题是软文推广最重要的组成部分之一，它能直接决定文章的阅读量。因此，标题的设计必须引人注意，并且与内容贴切相关。以下是几个实用的建议：

①短而有力

标题越简短，越能在一瞬间抓住读者的眼球。但是，短并不等于简单，必须在短篇幅内贴切表达文章的内涵。

②重点突出

在文章的关键信息设计多个标题，采用层层推进的方式，将主旨内容逐渐展示，最后一步让读者意识到自己需要关注这个问题。

③美化词汇

词语美化使标题更加引人注目，例如使用生动或新颖的词汇，使用肯定的单词等来提升表达的感染力。

（2）文章结构

在标题成功吸引读者的眼球后，软文的内容结构也对阅读体验有很大影响。要想让受众一直尽情地读到文章的末尾，需要注意以下几点：

①信息丰富

文中要包含足够的信息，让读者在短短的时间内了解到最重要的信息，切忌枯燥无味。

②节奏感强

更平衡的段落结构、多种修辞手法的运用、多种长度的句子组合等等，能够为文章增加表达效果的同时，提高文章的流畅度，加强阅读的感官体验。

③引导性强

在文章的开头段落中进行适当的描述或引用相关数据或画面，从而将其引向正文，带动读者浏览全文。

◇**实训活动**

实训项目：请根据本任务知识重点，找到店铺定位与特点，并登录 135 编辑器，完成一次社交媒体营销的公众号软文的撰写。

任务：完成一次社交媒体营销的公众号软文的撰写，步骤如下：

1. 了解135编辑器：135编辑器是一款无须下载，打开即用的在线图文排版编辑工具。用户注册数量超过800万，是新媒体人必备的排版神器。135编辑器主要应用于微信文章、企业网站（企业可个性化定制），以及邮箱等多种平台图文素材的排版。

免费注册后您可使用平台提供的样式和文章模板素材进行图文排版，网站素材种类众多，包括多种类型、多种风格、多种行业和各类节日，网站素材总数超过10万。

不仅如此，您还可以体验秒刷、一键排版、全文配色、公众号管理、微信变量回复、48小时群发、定时群发、云端草稿、文本校对等40多项功能与服务（部分功能需付费使用）。

2. 登录135编辑器主页或者微信公众号排版地址：打开浏览器。不要在浏览器的地址栏里面输入"135编辑器"，而是直接输入135编辑器的网址：https：//www.135editor.com/。

3. 编辑器界面操作

（1）打开135编辑器界面后，界面共分为3个区域：样式展示区、素材排版区（编辑区）、常用功能区。

①样式展示区：此处为排版素材参考展示区域，可在这里搜索样式并点击使用。

②素材排版区：把您的图文素材导入到这里，并通过选取左侧的样式进行模板套用，以及样式修改调整。

③常用功能区：这里有文章导入、样式配色、微信复制、图片生成等功能，主要辅助您排版完成之后进行后续操作。

4. 注册135编辑器账号并设置手机/账号登录。

5. 保存文章并预览。

在135编辑器首页右侧，点击【保存同步】，即可保存已经编辑排版好的文章。

点击左侧【我的文章】，即可找到刚刚已经保存的内容。

6. 如何将图文排版的内容上传到公众号后台？

将编辑好的内容上传到公众号的方法有两种，分别是保存同步和微信复制上传。我们首推保存同步上传。

先授权微信公众号，然后编辑好后，点击编辑框右侧【保存文章】，然后点击【同步】，就可以同步到微信公众号。

（1）首先要授权公众号

1）授权的好处：

①可使用同步功能，一键同步单图文、多图文，避免排版好的文章出现错误！省时！

②可使用定时群发，登录编辑器，编辑到群发一条龙服务，无须再登录后台！省事！

③可使用每日一题，和读者产生互动并高效转化为粉丝，是免费的涨粉渠道！省力！

④可使用特殊样式、模板，文字颜色渐变样式、企业文化宣传模板、电扇模板等仅授权用户可以使用，陆续更多特殊样式、模板会加入其中！尊享样式体验权！

2）如何授权公众号

①135编辑器主页点击个人中心的"授权公众号"

②进入我的公众号后点击"微信授权新的公众号"

③使用公众平台绑定的管理员个人微信号扫二维码授权

做完这三步，授权工作基本完成了，可以在下面两个页面中，查看相关授权信息。

①135编辑器，"授权公众号"中。

②微信公众平台添加功能插件的"授权管理"中。

3）如何同步

授权完成之后，就可以同步文章了，这里有两种情况：单篇图文同步，多图文同步。

单图文同步

①编辑完文章之后，点击右侧【保存同步】。

②填写文章相关信息，并勾选需要同步的公众号。

③点击【保存文章】，稍等几秒钟就同步成功了！

任务三　直通车付费营销

◇学习目标

1. 能够正确认识跨境电商平台直通车的价值
2. 能够描述不同跨境电商平台直通车的应用
3. 能够掌握跨境电商平台直通车推广与规则
4. 能够通过相关渠道了解跨境电商直通车推广技巧

◇建议课时

2 课时

◇情景描述

直通车优秀案例：泰国 LazGlobal 童装跨境商家

以下是对跨境电商中泰国 LazGlobal 童装跨境商家的一次直通车成功案例的总结与描述：

表 5－3　直通车案例

标题	卖家画像	"双 11"直通车运营动作	投放效果
内容	跨境商家，主营童装童鞋 店铺商品评价平均不超过 10 个 "双 11"急需提升销量，增加新品动销	提前两周开始投放，为大促提前蓄水 "双 11"当天每日预算上线提高 10 倍，保证预算充足不停投 小语种站点使用智能推广，越过语言障碍轻松投放	单品销量：新品童装"双 11"当天销量超过 440 件 店铺 GMV 占比：9% + 订单数："双 11"当天直通车成交订单 600 +

请思考：跨境电商中直通车的好处是什么？跨境电商中只要投入直通车就能有收益吗？

◎活动实施

一、什么是直通车

直通车的主要目的就是为了给商品增加曝光和出单的机会。直通车是一个可以迅速让一个商品从潜力到起爆的过程。以速卖通为例，速卖通直通车是卖家通过自主设置多维度，免费展示产品信息，通过大量曝光产品来吸引潜在买家，并按照点击量收费的全新网络推广方式和快速提升流量的营销工具。

随着电子商务行业的发展，各个国家的国内电商市场越来越饱和，所以大家已经不满足于当今的国内电商市场，反而开始关注国外市场，包括商品进出口在内的电子商务，我们统称为跨境电商，于是就有很多人想了解跨境电商。

我们的运营要以买家为导向，主动推销，在新品推广上充分利用直通车快速积累订单访客，来奠定商品的基础，快速地检测商品是不是优质商品。

二、直通车的应用

（一）选择直通车的底层逻辑

随着全球化的发展，跨境电商成了越来越多企业的选择。而在跨境电商中，开通直通车是否必需呢？下面将从八个关键因素出发，为你解答这个问题。

1. 产品属性

如果你销售的是高端、大宗或特殊的商品，比如化妆品、保健品、食品等，那么开通直通车是必需的。因为这些商品需要经过海关检验，而直通车可以提供更快、更安全、更稳定的通关服务。

2. 市场需求

开通直通车是否必需，还要看市场需求。如果你的目标市场是特定的地区，而这些地区对直通车有较高的需求，那么你就需要开通直通车，以便更好地满足市场需求。

3. 物流成本

如果你的物流成本较高，而开通直通车可以降低物流成本，那么你就需要考虑开通直通车。因为直通车可以提供更优质、更便捷的物流服务，从而降低物流成本。

4. 品牌形象

开通直通车可以提高品牌形象。因为直通车可以提供更快、更安全、更稳定的通关服务，从而提高品牌形象，增强消费者对品牌的信任感。

5. 政策法规

开通直通车是否必需，还要看政策法规。有些地区对跨境电商有较高的监管要求，需要开通直通车才能进入市场。因此，你需要了解相关政策法规，以便做出正确的决策。

6. 支付方式

如果你的目标市场对支付方式有较高的要求，那么开通直通车可以提供更多的支付方式选择，从而更好地满足市场需求。

7. 品牌授权

如果你销售的是知名品牌的商品，那么需要获得该品牌的授权才能开通直通车。因此，在考虑是否开通直通车时，需要考虑品牌授权的问题。

8. 竞争环境

开通直通车是否必需，还要看竞争环境。如果你的竞争对手已经开通了直通车，那么你也需要开通直通车以保持竞争优势。

开通直通车是否必需，需要考虑多个因素。在决策之前，需要全面了解自身情况、市场需求、政策法规等多个方面的信息。只有全面考虑，才能做出正确的决策。

（二）用直通车如何上新

直通车的主要目的就是为了给商品增加曝光，和出单的机会。直通车是一个可以迅速让一个商品从潜力到起爆的过程。

我们的运营要以买家为导向，主动推销，在新品推广上充分利用直通车快速积累订单访客，来奠定商品的基础，快速地检测商品是不是优质商品。

1. 速卖通如何用直通车上新——直通车推广前的基础准备

万丈高楼平地起，推广前准备工作不能少，很多同学利用直通车推广时一头乱撞，没有合理的布局规划，对关键词精准度也没把握。

开开停停。到头来发现流量是增加了点，钱花了不少，但是点击和转化却寥寥无几，这里有几点需要明确。

2. **速卖通如何用直通车上新——首先明白什么是产品信息的完整度**

明确推广目的，想打爆款，为店铺带来更多精准流量从而形成转化，那么这些都离不开产品本身的信息完整度。产品信息包含标题、主图、价格、属性、详情页。

产品标题是关乎我们在建立推广计划时所匹配关键词的精准度，所以一个好的标题是推广的起步之关键。而产品价格取决于我们是否存在优势，产品推广前期一定要去分析这款产品的市场销售价格作参考。（不建议大家做价格战，而是作为参考。）

产品主图直接影响我们的点击，一张主图能给你带来一些意想不到的收获。产品的属性和详情页是我们对产品的介绍，所以一定要全面，尽量让客户看完你的产品介绍以后就直接下单购买。一个好的详情页能减少客户的跳失率。

3. **速卖通如何用直通车上新——为产品匹配精准关键词**

关键词就好比一家商店的导购员，关键词好坏直接决定引入流量的精准度。当我们第一步为产品做好了准备，接下来就是为我们要推广的产品选择精准关键词。那么，首先要了解关键词的工具有哪些：

——直通车系统匹配词

——直通车关键词工具

——搜索下拉框选词

——搜索词分析选词

——单品分析选词

以上就是关于速卖通如何用直通车上新的全部内容了，由此可见，跨境电商这一行业的发展总的来说还是不错的，但是环球网校小编在此还是要提醒大家，在进行跨境电商业务的时候，一定要注意当地国家的政策以及所处跨境电商平台的制度。

三、直通车推广与规则

（一）直通车推广方式

1. 宝贝推广

直通车推广方式最常见的就是以关键词为基础，推广宝贝，运用最为广泛。展示位置主要在搜索右侧 11 个展位，底部 5 个展位，最多 200 个关键词。

2. 快捷推广

快捷推广是一种广泛推广形式，系统自动匹配，不可观，效果不明显。

3. 店铺推广

推广店铺首页、系列、专题页等推广方式，也是以关键词为基础的，展示位置在搜索右侧 3 个展示位，最多添加 1000 个关键词。

4. 品牌推广

在搜索页搜索品牌的关键词，会出现在搜索页正上方。

5. 活动专区

活动专区，一般是以热卖单品为形式，是直通车推广中点击单价最低的，一般只要几毛钱而已。

（二）推广方式分析——以阿里巴巴国际站为例

阿里巴巴国际站是世界上最大的 B2B 电子商务平台，也是阿里巴巴集团赖以起家的业务，阿里巴巴就是在阿里国际站的基础上陆续推出淘宝、支付宝、天猫、阿里云等一系列超级平台。阿里巴巴最初的业务就是帮助国际外贸企业搭建外贸网站，让国外客户可以找到国际的商品供应商。

阿里巴巴国际站会员区别：开通阿里巴巴国际站以盘锦跨境电子商务有限公司为主体，开通账户（目前该账户不支持个人注册），开通会员出口通（基础会员）费用29800元，金品诚企（高端会员）80000元，出口通与金品诚企会员功能对比如下：

1. 阿里巴巴国际站外贸直通车 P4P 推广

阿里巴巴国际站 P4P 推广，又称"外贸直通车"。P4P 是 Payforperformance，是一种按点击付费的竞价推广系统。通过对关键词进行出价抢占排名，根据点击进行扣费。也就是说，P4P 的核心理念在于精准推广，精准点击，而不在于关键词数量的多寡，在于关键词的质量和精准性。

国际站直通车作为国际站历史最悠久的广告，一直以来都是国际站商家使用最为广泛的一种推广模式。发展到今天分为搜索广告和推荐广告两种，我们分两个类目：搜索广告和推荐广告。

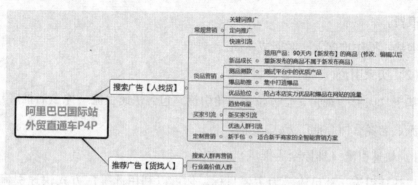

图 5 - 15　阿里巴巴直通车

（1）阿里巴巴直通车开通及首次支付费用

登录 MyAlibaba，打开"我的外贸服务"，点击"外贸直通车"，推广费用以预付款形式充值到推广账户，首次充值 1 万元。

（2）阿里巴巴外贸直通车推广目的

通过阿里巴巴直通车推广，引进大量的精准流量，吸引国外买家点击浏览商品，最后引起买家反馈及商品销售下单。

2. 阿里巴巴国际站外贸直通车推广方式

（1）常规营销

1）定向推广

操作方式：设置预算、出价范围、选品、人群、地域溢价和屏蔽词，其他选词出价都由系统帮忙完成。

优势：操作相对简单，可选品，特定人群和区域推广进行溢价。

劣势：可控性一般，精准度一般，不能控词，会造成浪费。

适合的客户群体：有特定人群和地域推广需求的商家，可以在此推广方式中设定人群与地域标签及溢价。建议推广的产品：有针对性买家群体或特定地域商机的产品。

定向推广爆品打造及溢价方案推荐。

2）关键词推广：根据买家搜索行为，设定买家搜索偏好词，以词为主导的推广方式

操作方式：用户自行设置预算、关键词、产品，手动操作出价。

优势：可控力高。自行控制关键词、出价、产品，推广获得精准流量，不造成浪费。

劣势：操作难度大，时间成本高。

（2）买家引流

基于"人群"视角，全方位多视角引流，包含快速引流（原全店推广）、新客引流、老客召回等推广方式。

1）快速引流（即原全店推广）

以快速引流，补足流量为主要目标。你可以利用此推广方式快速引流，积累线上数据并打好数据基础。

此推广方式同样适合在大促或日常期间补足流量。

操作方式：只要设置预算、出价范围和屏蔽词，其他选品选词出价都由系统帮你完成。

优势：操作非常简单，可快速推广获得流量。

劣势：可控性差，推广范围广，不能精准获得流量，不能控品控词，造成浪费。

适合的客户群体：新手商家或者刚刚开店，急需全面补流的商家，能够快速地补足流量。建议推广的产品：快速引流即原先的全店推广，适合推广全店产品。

2）新客引流：针对所在行业的网站新流量，重点营销。

全店推广、定向推广：适合不会操作P4P，不会选词、选品的新用户。操作简单又方便，省心又省力。

关键词推广：适合熟悉P4P的老用户，可控性高，能掌控预算、出价和流量。

（3）货品营销

基于"商品"视角，依据商品的生命周期，帮助卖家来进行测品测款—爆品助推—库存清仓，在此场景下包含推广方式有测品测款（找到爆品）、爆品助

推（打造爆品），待上线有库存清仓（推广库存）推广方式。

1）测品测款：系统快速均匀获取流量，利用此场景可测出产品推广情况，通过推广数据来对产品进行综合评估，为最终的定款提供数据依据。（请注意：快速均匀是相对的概念，并不代表该推广方式会绝对平均分配流量到每一个产品。）

适合的客户群体：想在多款产品中快速找到潜力爆品的商家。

建议推广的产品：建议推新品或想进行测款的产品。

2）爆品助推：以提升询盘转化为目标。建议卖家将重点推广的产品，或通过测品测款计划测出的潜力爆款加入此计划。

此场景下的推广计划，除系统选词外还可自主添加关键词。

适合的客户群体：希望打造爆品或提升询盘转化的商家。

建议推广的产品：重点想推广的产品或潜力爆款。

（4）主体营销

基于"场景"主题，通过行业化引流量和定制买家场景打造，丰富商家推广渠道，定向拓展流量。

主题营销是外贸直通车的一种新型推广方式：专款专用，重点针对该行业主题营销专场进行引流推广，凸显商家优质的生产承接能力，高效获取行业买家。

展示位置：一般在对应行业频道首页 banner 轮播位，点击 banner 进入专场活动页面（以实际上线位置为准），除此之外，还有机会参与直通车大盘推广（具体需要视平台推广策略而定）。

专场内的排序规则：场景内商品的推广评分×卖家的出价获取分数，分数越大的客户排名越靠前，商品是根据买家的浏览习惯等做千人千面展示。

专场内扣费规则：（下一位的推广评分×下一位的出价）/当前的推广评分+0.01 元。

（5）品牌营销

1）顶级展位：是阿里国际站提供的品牌营销产品，可将卖家购买关键词展现在搜索结果第 1 位。

展示效果：搜索结果第一页第一名，并带有专属皇冠标识和"TopSponsoredl isting"的字样。（根据词的不同档位，展示效果会有轻微区别）

2）明星展播：明星展播面向阿里国际站全网提供近 80 个优质展位，为企业提供专属展示机会，彰显品牌实力，助力品牌实现海量曝光。

购买条件：

a. 金品诚企服务中会员

重点注意，金品服务中是出口通服务中 + 主营产品认证完成认证服务中 + 企业能力报告完成认证服务中；

b. 开通外贸直通车账户；

c. 投放的商品/旺铺不在防控的高危类目范围内；

d. 因违规累计扣分小于 24 分且无知识产权严重侵权行为。

（6）橱窗

一般付费会员自带的 2 组共 10 个橱窗，是不需要额外操作开通的，只有以下几种情况，需要额外到后台操作开通：

1）找客户经理单独购买的橱窗产品；

2）赠送的橱窗产品；

3）金品诚企橱窗产品（金品诚企的 30 个橱窗，金品上线第二天会自动上线）。

（7）定向营销

量身定制的一站式智能定制及智能投放营销解决方案。由系统智能选流，智能选品及智能投放。

目前定制营销推广方式有：星探、3 月大促流量加油包、夜间续航、国家方案包。

其中星探和 3 月大促流量加油包是定向邀约购买，找负责店铺对接的客户经理开通即可，无须联系在线客服。

1）夜间续航：

基于阿里巴巴国际站优质营销时段：锁定北美时间：17：00—24：00（更高买家严肃度，更高营销性价比），智能选品、智能出价，操作简易的直通车托管式智能营销方案（目前仅向 L3、L4 以及特定客户群体开放）。

2）国家方案包：

可以根据自身的需求，进行目标国家、大洲的定向投放；进入方案中心，即可找到国家方案包功能，点击采纳即可；国家方案包中推广的产品展示位置与 P4P 展示位置一致。

（三）直通车位置——以速卖通为例

速卖通直通车位置位于页面底部推广区：在买家搜索或者浏览类目时，每一页的结果列表的下方区域可供同时展示最多 4 条直通车商品。

速卖通直通车位置位于页面右侧推广区：在买家搜索或者浏览类目时，每一页的结果列表的右方区域可供同时展示最多 5 条直通车商品。

1. 速卖通直通车推广计划分类

直通车推广计划分为快捷推广计划和重点推广计划。

（1）快捷速卖通直通车推广计划

其中快捷推广计划主要在"养品""养词"两个维度产生营销效果。

养品：即卖家把店铺的所有产品加入直通车，找出那些在相同出价下曝光度最大的产品，直通车推广的权重大于限时限量折扣等推广工具的权重。比如以手机壳为例，卖家把 50 个手机壳组成一个小组并设置一个养品计划，经过一段时间推广之后，卖家可以根据养品计划的数据找到哪个手机壳在出价相同的情况下获得最大的曝光度。

养词：通过直通车的数据找出精准词，即在出价相同的情况下，哪些词具有更高的曝光率。比如 womendress 中"dress"这个词太贵，需要较高的出价，因此这个词是不能被选用的。

直通车快捷推广计划的"养品"和"养词"其实就是测品的过程。

（2）重点速卖通直通车推广计划

重点推广计划主要用于推广爆款。卖家把直通车快捷推广计划中筛选出的潜在爆品和精准词加入重点推广计划。卖家将店铺的产品款式按照曝光率、点击率和转化率分别设置不同的推广计划。

2. 速卖通直通车的排序规则

（1）速卖通直通车推广评分构成

1）点击率。

2）速卖通直通车所有的点击数据在推广中均不指向结果，只表示流量，有点击≠有转化。点击率原本的意义在于，尽可能获取流量，同时点击率决定推广质量评分。

3）养词效果：买家的喜好度（点击、下单、评价等行为）推广的时间和优化，决定养词的效果。

4）关键词和所推广产品的相关度（关键词和商品的标题、类目、属性的匹配度）。

5）推广商品的信息质量。

6）关键词的转化率。

7）该商家的账户质量。

8）创意标题的质量。

（2）速卖通直通车关键词和类目出价

（3）排名因数

排名因数 = 出价 × 质量得分。（两者的高低都可以决定排名，越高越好。）

速卖通直通车关键词的出价不是一成不变的，也不会说每天花多少钱最合适，只要能挣钱，花多少都值！

直通车切记一点，并不是钱烧得多你就有效果，有的时候你一天烧 1000 元，抵不过别人一天烧 10 元的，不论你信不信，这确确实实存在的。

现在说说最重要的部分，就是质量，给大家列一个公式，质量 = 关键词 + 评分 + 策略。

（1）关键词

关键词不仅对产品而言有着至关重要的作用，在开启直通车的时候，更是有着诸多的速卖通直通车推广技巧与套路，不同的词有着不同的作用，就像大的类目词，为店铺引流，增加曝光的效果那是不错的，但是对于中小卖家来说，会造成一种"白烧钱"的错觉，那么这个时候，不如考虑一下精准的长尾词，这类词不仅流量精准，而且转换率也高，花费也没有类目词或者热词那样大，不过与之相对的，流量也就相对的较少了。

（2）评分

关键词在速卖通有一套评分机制，是关于"优""良"词的区分，这里完全可以用一些小技巧帮助"良"转"优"，网上的教程太多，这儿就不展开说了。

（3）策略

策略是在直通车运营中最为重要的一个部分了，你要让直通车为你所用，帮你达成各种各样的目的，这才是直通车真正的意义所在，比如上了新款，我通过大量的流量去测试这个商品如何，再比如我的 A 商品是个爆款，一天 1000单是否就是他的上限了？能否让爆品更爆？再比如囤货许久，仓库成本高昂，能否配合"低价 + 流量"快速地进行出单清仓。

（四）直通车推广技巧

1. 投放时间：前期投放地域，一般是偏远地域或不发货地区不投放，特殊产品特殊处理。

2. 无线端投放，主要流量现在在手机端。

3. 添加关键词 15—20，核心且精准的长尾词以及三级词，刚开始位置靠后排名低不稳定，不具备竞争优势，只能先去竞争长尾词的流量，这样便于做点击率，提升积累权重。

4. 选词要根据五大相关性选词—类目—属性—产品—标题—详情。

在直通车上面进行推广的话，我们得了解清楚直通车有哪几种类型，并且需要掌握清楚直通车的推广技巧，这样才能提高店铺转化率实现利益最大化。

◇**实训活动**

实训项目：认真阅读以下任务清单，完成以下阿里巴巴国际站外贸直通车
P4P（Pay For Performance）的两大推广平台操作。

任务：配置直通车方案

第一步：根据广告预算确定组合营销计划

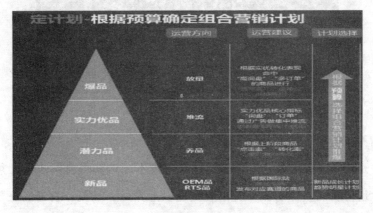

图 5-16　阿里巴巴营销计划

阿里的产品分层由产品分数从小到大排列是新品—潜力品—实力优品—爆品。我们就是需要根据公司产品的定位来选择适合的直通车营销方案，从而打造出国际站的爆款产品。

首先根据公司定位看一下自己所处的行业位置，也可参考 MA 后台—营销中心—营销顾问中的同行对比，确保自己的推广预算在平均水平之上。

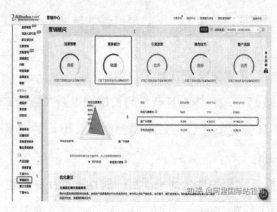

图 5 – 17　阿里巴巴数据

MA 后台—营销中心—营销顾问

第二步：推出爆品

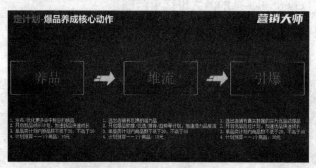

图 5 – 18　推出爆品

爆品养成计划

不论是什么电商平台，一个店铺想要持续不断地获得自然流量必须要有本店的爆款进行店铺整体引流，所以要通过以上养品、堆流、引爆的三部曲，打造出本店铺的爆品。

第三步：设出价，调整目标词、目标地域、人群的出价

注意：其实出价≠最终点击扣费，但是能大大加强产品的竞争力

第四步：进行小设置

任务四　任务测评

一、填空题

1. 社交媒体营销以"＿＿＿＿"为核心，消费者通过社交媒体来分享产品的信息和观点。

2. ＿＿＿＿智联招聘是一家人力资源服务机构，其开发的手机软件"智联招聘"的主要功能是职位搜索、职位收藏、简历投递、简历编辑等。

3. 社交媒体所承载的内容与形式越来越丰富多样，从文字、＿＿＿＿、音频到视频，只要是人们能想到的信息。

4. 拉新，即通过微博、微信、论坛、社群、线下等渠道＿＿＿＿，邀请新用户注册或试用，其目的是提升用户总体数量。

5. 转化，即拥有一定活跃用户后，尝试通过下载付费、会员充值等方式获取收入，目的是＿＿＿＿。

二、选择题

1. 通过对产品（　　）、（　　）和（　　）的布局与优化，就能帮助产品增加自然搜索流量。

A. 关键词　　　　B. 标题　　　　　　C. 描述词语　　　　D. 运输

2. 适用产品：产品进入适销期或者（　　）、（　　）、（　　）/（　　）测品计划已经测出的高潜商品（　　）是最为典型的跨境B2B电子商务平台。

A. 平台核心　　B. 主推产品　　　C. 实力优品　　　D. 新品

3. 人群、地域溢价功能：您可以在推广时，针对不同的（　　）、（　　），设置溢价，提升您在目标市场、优质人群中的出价。

A. 人群　　　　B. 地域标签　　　C. 客户端　　　　D. 手机端

4. 买家的喜好度（　　）等方面的行为。

A. 点击　　　　B. 下单　　　　　C. 评价　　　　　D. 用户量

5. （　　）、（　　）：适合不会操作P4P，不会选词、选品的新用户。操作

简单又方便，省心又省力。

    A. 全店推广   B. 定向推广   C. 设计媒体   D. 搜索引擎

三、简答题

1. 影响推广评分的因素有哪些？

2. 要提升外贸跨境电商平台的社群运营和用户参与度，可以采取哪些策略？

3. 怎么设置地域流量的屏蔽？

4. 商家营销能力成长主要维度考核？

5. SEO主图推广注意哪些？

四、案例分析题

亚马逊跨境电商四大站内推广方法

随着跨境电商行业的快速发展，各大跨境电商平台层出不穷，亚马逊作为全球电子商务和跨境电商平台的翘首，一直是许多中国企业和品牌跨境出海的首选。不过，想要成功跨境出海、获得海外客户，除了在亚马逊平台注册账户、上传产品进行售卖，还需要采取一系列推广方式。接下来，聚星实业为大家介绍常见的亚马逊平台四大站内推广方法，助力更多品牌成功打开国际市场销路。

关键词布局和优化

这里的"关键词"指消费者在亚马逊平台搜索自己想要购买的商品时所使用的词语，通过使用合适的产品关键词，商品就能在消费者搜索产品时获取亚马逊搜索流量。在布局关键词时，不仅需要选择与产品有相关性、符合用户的搜索习惯的词语，还需要根据消费发展趋势的变化及时对关键词进行优化。通过对产品关键词、标题和描述词语的布局与优化，就能帮助产品增加自然搜索流量。

亚马逊站内广告

亚马逊站内广告可以提升品牌店铺和商品的曝光度和流量，能够加深消费者对品牌的印象，进而实现销售转化，是卖家尤其是新手卖家不可忽视的亚马逊站内推广方式。通常来说，亚马逊的站内广告主要有三种类型：商品推广、品牌推广和展示型推广。商品推广能快速提升产品曝光度，让消费者了解产品信息。品牌推广则是以品牌进行宣传，更侧重于树立品牌形象和提升品牌知名度。展示型推广不仅会出现在亚马逊站内，还会出现在站外其他网站或者 APP 应用程序上，有助于品牌扩大目标受众和提升品牌知名度。

EDM 邮件营销

EDM 营销也是亚马逊平台常用的一种站内营销方式，能够有效提升用户对产品的评论数量和对品牌的忠诚度。亚马逊平台拥有自己的 EDM 营销工具——Customer Engagement，虽然该工具不能让卖家在平台建立邮件列表，但它允许卖家通过亚马逊平台向关注的消费者发送电子邮件，对消费者表达感谢或生日祝福，邀请用户对购买的产品进行评论，或是告知用户当前正在进行的促销活动。当然，邮件营销也需要适度，如果发布频率过高，可能会引起用户对品牌的反感。

亚马逊站内促销

亚马逊站内促销通常有折扣、买赠和优惠券（Coupon）等常见形式。以优惠券为例，它是亚马逊后台可以自行设置的一个促销功能，卖家为单个商品或一组商品设置优惠券折扣后，可以享受亚马逊优惠券自动推广。通过这些促销方式，消费者能享受到更优惠的价格，卖家也能得到更多曝光和流量，达成更多销售和转化。

以上便是四种常见的亚马逊跨境电商站内推广方法。如果对于亚马逊平台运营有任何疑惑，聚星实业都可以为您提供助力。从 2015 年成立跨境电商事业部至今，聚星实业团队深耕跨境电商行业已有近十年，在亚马逊平台有丰富的运营经验，对亚马逊平台的各种玩法和规则了如指掌。凭借这些丰富的实战经验，聚星实业可以帮助企业和品牌实现亚马逊平台绿色通道快速开户，并提供账号管理、后台操作指导、广告上线发布及转化追踪等服务。

请思考：为了更好做平台宣传亚马逊都采取了哪些措施？你知道的推广方式有哪些？

任务五 任务总结与评价

一、任务总结

【学习目标】

1. 能以小组形式，对学习过程和实训成果进行汇报总结

2. 完成对学习过程的综合评价

【建议课时】

1~2 课时

【活动实施】

以小组为单位，选择 PPT、图片、海报、视频等形式中的一种或多种，向全班展示、汇报学习成果。汇报的内容应包括：

1. 跨境电商平台搜索引擎营销的投放技巧。

2. 盘点社交媒体都有哪些，并说一说自己店铺适合哪个，为什么。

3. 熟悉跨境电商直通车付费营销规则对于跨境店铺日常运营的重要性。

二、综合评价表

姓名：				学号：			日期：	
评价项目	评价内容	评价标准	评价方式			创 新 能 力（创新 性 建议 或 者 做法）	综合等级
			自我评价	小组评价	老师评价		
职业素养	学习态度	A. 积极参与活动，全勤 B. 缺勤达本任务总学时的10% C. 缺勤达本任务总学时的20% D. 缺勤达本任务总学时的30%及以上					

姓名：				学号：			日期：	
评价项目	评价内容	评价标准	评价方式			创新能力（创新性建议或者做法）	综合等级
			自我评价	小组评价	老师评价		
职业素养	团队合作	A. 与同学沟通、合作意识强 B. 与同学沟通、合作意识较强 C. 与同学沟通、合作意识一般 D. 与同学沟通、合作意识较差					
	执行能力	A. 按时保质完成任务能力强 B. 按时保质完成任务能力较强 C. 按时保质完成任务能力一般 D. 按时保质完成任务能力较差					
专业能力	任务一 搜索引擎营销	A. 学习活动评价成绩为90~100分 B. 学习活动评价成绩为80~89分 C. 学习活动评价成绩为60~79分 D. 学习活动评价成绩为0~59分					
	任务二 社交媒体营销	A. 学习活动评价成绩为90~100分 B. 学习活动评价成绩为80~89分 C. 学习活动评价成绩为60~79分 D. 学习活动评价成绩为0~59分					
	任务三 直通车付费营销	A. 学习活动评价成绩为90~100分 B. 学习活动评价成绩为80~89分 C. 学习活动评价成绩为60~79分 D. 学习活动评价成绩为0~59分					
	任务四 任务测评	A. 学习活动评价成绩为90~100分 B. 学习活动评价成绩为80~89分 C. 学习活动评价成绩为60~79分 D. 学习活动评价成绩为0~59分					
加分							
最终得分							

跨境电商平台的客户服务与管理

情景描述

作为最早一批入驻速卖通的商家之一，七年来 KERUI 把自主研发设计生产的防盗报警设备源源不断地销往俄罗斯、美国、法国、西班牙、乌克兰等外国消费者手中。去年，KERUI 速卖通官方店铺销售额同比上年翻了一倍，稳居平台防盗报警设备类目第一。作为一个小众产品，KERUI 的速卖通官方店铺粉丝量已经超过 30 万，其高速增长，离不开对用户的精细化管理，用精准的服务去满足用户需求。

KERUI 速卖通官方店铺通过速买通平台提供的各种营销工具、会展渠道，KERUI 深入了解不同国家的用户在产品外观上的差异化需求。如 KERUI 与意大利的苹果营销中心合作，卖手机搭售报警器，选择的 G1 只有巴掌大小；而西班牙、法国客户更喜欢大屏幕的 K7、K5。做好精细化运营，并用高性价比的产品和精准的服务去满足用户，才是最有成长性的商家。

图 6-1　KERUI 速卖通店铺产品

报警器产品需要根据海外的用户家庭情况、网络环境、使用习惯进行精准定制。KERUI 所做的便是竭尽所能了解客户的需求和所在地的特点，匹配最合适的商品。比如美国和欧洲的网络制式不同，同样的 3G 报警设备也要看是否能与当地网络兼容。手机卡类产品适用于俄语系国家用户，而美国、西班牙等国家用户家庭需要的是 Wi－Fi 类产品。各国的消费能力也多有不同，对于消费能力强的地区用户，选用较贵一些的赠品，通常能带来更高的转化。

为克服语言障碍，让外国客户更方便地使用报警器，KERUI 根据不同国家客户的需求，提供多样化的语音选择，如英、法、俄、西等不同语言，可以满足全球六成以上国家的消费者需求。同时，KERUI 还通过改进产品外观与内置软件，其推出的家用报警器就如手机一般，以无线为主，用户通过操作视频，可以自行安装，平时的操作也只要按键就能搞定，大部分操作都可以脱离说明书。做外贸跨境电商，真的可以把一盘货卖给全世界吗？上述卖家的案例告诉我们：也许更重要的是放弃卖货思维，做好定位，找到自己的目标客群，把服务和产品做精细，以铸造自身的长远竞争力。

建议课时

6 课时

工作流程与活动

1. 跨境电商平台的客户服务
2. 跨境电商平台的客户关系管理
3. 跨境电商平台客服团队 KPI 考核
4. 任务测评
5. 任务总结与评价

知识目标

1. 了解跨境电商客服人员应具备的技能
2. 了解跨境客服应掌握的询盘沟通技巧
3. 了解交易评价的计分规则

4. 了解客服团队 KPI 考核指标

5. 了解提高客户忠诚度的途径

能力目标

1. 能够描述 CRM 数据分析的指标类型

2. 能够熟练掌握提升客户感知价值的方法

3. 能够理解电子商务行业所涉及的客户关系管理的范畴

4. 能够妥善解决产品质量的纠纷问题

5. 能够做好客户期望管理

思政目标

1. 培养并践行社会主义核心价值观

2. 维护市场秩序，不恶意攻击竞争对手

3. 树立注重提升流量转化效率、降低推广成本的职业素养

4. 树立注重客户满意、用心为客户解决售后问题的职业素养

5. 树立正确的网店运营观，树立服务社会、服务地方的理想信念

6. 培育工匠精神

任务一　跨境电商平台的客户服务

◇学习目标

1. 掌握跨境电商客户服务的概念；

2. 能够熟知跨境电商客户服务的流程；

3. 能够熟知跨境电商客户服务的正确用语及客服应有的素质。

◇建议课时

2 课时

◇情景描述

"客户至上，服务先行"——敦煌网十大服务之星卖家分享

刘涛自认是一个既不安分又有想法的人，小时候便梦想着做些事业出来。吉林大学硕士毕业后，他先后任职于百度、华为，驾轻就熟的工作内容，让他在"舒适区"中应付自如。过去的几年里，跨境电商正在快速发展。刘涛很幸运，赶上了这样的一个快速成长期，把握机会、利用深圳的优势资源与环境，他经过全面的研究和了解，选择了 B 类资源稳定、丰富的敦煌网，开拓事业。用刘涛的话讲，敦煌网对新老卖家都有非常友好的进阶和提升的界面，专门针对小额批发 B2B 模式，这些都让他能够在短短两年时间里，店铺业绩每年均呈 100% 增长，成为了近千万级体量的卖家。通过跨境电商，刘涛的公司收获了成长，把钱赚到了国外，也为国内提供了就业机会，养活了物流和工厂。目前，随着敦煌网平台的不断完善，通过开发各类产品为卖家、买家提供更优质的服务，与卖家共同成长，给予卖家发挥的空间也越来越大。下一步，刘涛会着手注册自有品牌，不仅仅满足于现状的他，还将建设研发团队、丰富产品线，把自己的这番小事业越做越大。刘涛还透露，今年的目标就是在敦煌网平台上打造五家王牌店铺。

刘涛把自己的店铺之所以能在短期之内服务做得如此好的原因，总结为五点：1. 全面的市场调研。2. 精准的市场布局。3. 专业的运营优化。4. 高效的团队支持。5. 对提升客户购物体验的不懈追求，这包括：（1）用丰富品类、优质产品为客户提供一站式体验；（2）用咨询服务、设计服务助力客户完成品牌转型的差异化服务；（3）根据客户不同类型，进行精准化、差异化推送；（4）通过进行客户分类和客户深度挖掘，建立客户档案。

敦煌网梦想合伙人项目让刘涛不仅收获了展示自己品牌和公司的机会，还能够享受到敦煌网提供的权益和服务，更让身边的亲朋好友了解自己的事业，更加支持自己。刘涛说，如今，梦想就在前方，而他也一直在路上，感谢这份不安分，让他跳出了曾经的舒适区，真正地做出了自己的事业，成就了一个全新的自己。他很幸运，因为他是一个不安分的创业者。

请思考：跨境电商如何做好客服工作，以及遇到交易纠纷应该如何处理呢？

◇活动实施

一、跨境电商客服的含义

跨境电商客服是指在开设跨境电商网店的新型商业活动中,充分利用各种网络通信工具,为境外买家提供全方位客户服务的岗位或人员。他们在网店的推广、产品的销售以及售后客户维护方面均起着极为重要的作用。

跨境电商客服与国内网络客服最大区别在于其服务的对象不同,客服人员需要具备一定的外语能力和外贸相关工作经验。客服基本可分为人工客服和电子客服,其中电子客服又可细分为文字客服、视频客服和语音客服三类。文字客服是指主要以打字聊天或者电子邮件、站内信的形式进行的客户服务;视频客服是指主要以语音视频的形式进行的客户服务;语音客服是指主要以移动电话的形式进行的客服服务。

二、跨境电商客服的工作流程

在跨境电商商业实践中客户服务一般分为三类,即售前服务、售中服务、售后服务。售前服务一般是指企业在销售产品之前为顾客提供的一系列服务,如市场调查、产品设计、提供使用说明书、提供咨询服务等。售中服务则指在产品交易过程中销售者向购买者提供的服务,如接待服务、商品包装服务等。售后服务是指凡与所销售产品有连带关系的服务。

三、跨境电商客服素质与能力要求

要想做一名合格的跨境电商客服人员,应具备严谨的工作作风、热情的服务态度、熟练的业务知识和积极的学习态度,能够耐心地解答客户问题,虚心地听取客户的意见等。除了要拥有热情认真的工作态度以外,还要拥有熟练的业务知识,热情诚恳的工作态度,始终信守"把微笑融入声音,把真诚带给客户"的诺言。倾听客户、了解客户、启发客户、引导客户,都是和客户交流时的基本功,只有了解了客户需要什么服务和帮助,了解了客户的抱怨和不满,才能对症下药,解决客户的问题。

跨境电商客服人员除了拥有传统外贸的专业技能,包括外语能力、对外贸行业的理解能力、丰富的外贸专业知识等以外，还要拥有对于产品供应链的理解能力和优质特色的产品，熟悉跨境电商平台的规章制度和跨境贸易整个流程，比如说速卖通的招商门槛政策、速卖通的大促团购玩法等。跨境电商客服人员要有一流的销售能力，善于分析客户和与客户沟通，判断客户的类型，然后实行精准营销。

客户的重复购买率和客服人员的服务专业度和耐心是分不开的，专业的跨境电商卖家会在第一次销售过程中真正解决客户的争议，比如说对于产品、跨境物流、售后的问题，以便培养客户成为忠诚客户。

四、跨境电商客服的沟通技巧

在跨境电商交易过程中，客服人员的沟通技巧起着非常重要的作用，以下是几种常见情况下的沟通技巧。

（一）首次接待客户的回复模板

跟客户初次打招呼时要亲切、自然、热情，尽量在初步沟通时把产品情况介绍清楚，比如产品价格、库存、规格、型号、用途以及运费、运输等方面的问题，促使客户尽快下单。举例如下：

1. Hello, my dear friend. Thank you for your visiting to my store, you can find the product you need from my store. If there is not what you need, you can tell us, and we can help you to find the source, please feel free to buy anything! Thanks again!

译文：您好，我亲爱的朋友。感谢您光临我的店铺，您可以在我的店铺找到您需要的产品。如果没有找到您需要的，您可以告诉我们，我们可以帮您找到货源，请随意购买！再次感谢！

2. Dear, hello, l am very happy to serve you. What can I do for you?

译文：亲，您好，非常高兴为您服务，有什么可以为您效劳的呢？

（二）买家询问商品的价格和库存，卖家回复模板

Dear × × ×,

Thank you for your inquiry. Yes, we have this item in stock. How many do you want? Right now, we only have × quantity and × color left. Since they are very popular, the product has a high risk of selling out soon. Please place your order as soon as possible.

Thank you!

译文:

亲爱的×××:

谢谢您的咨询,您现在浏览的商品有货,您要多少件? 现在我们只有×数量×颜色了。因为这款产品非常畅销,请您尽快下单。

谢谢!

(三)鼓励客户提高订单数量,提醒客户尽快确认订单

Dear friend,

Thank you for your patronage, if you confirm the order as soon as possible, I will sen some gifts. A good news: recently there are a lot of activities in our store. If the value of goods you buy count to a certain amount, we will give you a satisfied discount.

译文:

亲爱的朋友:

感谢您的惠顾,如果您尽快确认订单,我会送一些礼物。好消息:最近在我们的店铺有很多活动,如果您购买的产品价值达到一定数量,我们给予您一个满意的折扣。

(四)对于已经下单却还未付款的订单进行追踪

Dear friend,

We have got your oredr of ×. But it seems that the order is still unpaid. If there's anything I can help with the price, size, etc, please feel free to contact me. After the payment is confirmed, I will process the order and ship it out as soon as possible.

Thanks!

译文:

亲爱的朋友:

我们已经收到您的订单×,但订单似乎未付款。如果在价格和尺寸上需要帮助,请随时与我联系。当付款完成,我们将立即备货并发货。谢谢!

（五）买家付款后，卖家库存有货

Dear Valuable Customer,

Thanks for your purchase. Your item will be sent within 12 ~ 24 hours. And it would take another days to be online for tracking. We would check the product quality and try our best to make sure you receive it in a satisfactory condition.

Thanks for choosing our product again and we will update courier to you soon.

译文：

尊贵的顾客：

谢谢您的购买。您的物品将会在 12 ~ 24 小时内寄出，但是在线追踪信息需要再等几天。我们将会检查商品的质量，并尽我们所能确保您收到满意的商品。

再次感谢您购买我们的商品，我们将会很快更新快递号。

（六）产品断货处理

Dear × × ×,

We are sorry to inform you that this item is out of stock at the moment. We will contact the factory to see when they will be available again. Also, we would like to recommend to you some other items which are of the same style. We hope you like them as well. You can click on the following link to check them out. × × × (Link). Please let me know for any further question.

译文：

亲爱的× × ×：

我们很对不起地通知您，订购的产品目前缺货。我们会联系工厂，确认何时可以发货后立即告知你。以下链接提供的产品也是物美价廉的，× × ×（产品链接）希望您能喜欢。有任何问题请随时联系我。

（七）提醒客户已经发货

Dearfriend,

Your package has been send out, the tracking NO. is 0000000000 via DHL, please keep an eye on it, hope you love our goods and wish to do more business with you in the future. Good luck!

译文：

亲爱的朋友：

您的包裹已经发出，订单号为 0000000000 通过 DHL，请密切关注，希望您喜欢我们的产品，并希望我们以后有更多的业务联系。祝您好运!

The goods you need had been sent to you. It is on the way now. Please pay attention to the delivery and sign as soon as possible. If you have any questions, please feel free to contact me.

译文：您购买的产品已经发货，现在正在运送途中。请注意尽快签收，如果有任何问题，请随时与我联系。

（八）完成交易时，对客户表示感谢，并希望客户回购

Thank you for your purchase, I have prepared you some gifts, which will be sent to you along with the goods. Sincerely hope you like it, I will give you a discount, if you like to purchase other products.

译文：感谢您的购买，我已经准备好一些礼物，将随产品一起寄给您。真诚希望您喜欢它。如果您想购买其他产品，我将给予您折扣。

（九）退换货问题处理

Dear friend,

I'm sorry for the inconvenience. If you are not satisfied with the products, you can return the goods back to us. When we receive the goods, we will give you a replacement or give you a full refund. We hope to do business with you for a long time. We will give you a big discount in your next order.

译文：

亲爱的朋友：

很抱歉给您带来了不便。如果您对产品不满意，您可以把货物退回给我们。当我们收到货物时，我们将为您更换或全额退款。我们希望能和您达成长期的贸易关系。在您下次购买时，我们将给您最大的折扣。

（十）提醒买家给自己留评价

Dear friend,

Thanks for your continuous support to our store, and we are striving to improve ourselves in terms of service, quality, sourcing, etc. It would be highly appreciated if you could leave us a positive feedback, which will be a great encouragement for us. If there's anything I can help with, don't hesitate to tell me.

译文：

亲爱的朋友：

感谢您继续支持我们的店铺，我们正在改善我们的服务、质量、采购等环节。如果您可以给我们一个很高的评价，我们会非常感激，因为这对我们来说是一个很大的鼓励。如果您需要任何帮助，请立即告诉我。

（十一）收到顾客好评的回复模板

Thank you for your positive comment. Your encouragement will keep us moving forward. We sincerely hope that we will have more chances to serve you. Thanks!

译文：谢谢您的好评，您的鼓励激励我们前行，我们衷心地希望能有更多的机会合作。谢谢！

五、评价管理

（一）评价规则

以速卖通平台为例进行规则分析：

规则一：平台的评价分为信用评价（Seller Summary）及店铺评分（Detailed Ratings）。其中"信用评价"包括"好评率"和"评论内容"，"评论内容"包括"文字评论"和"图片评论"。"店铺评分"是指买家在订单交易结束后以匿名的方式对卖家在交易中提供的商品描述的准确性（Itemas described）、沟通质量及回应速度（Communication）、物品运送时间合理性（Shipping speed）三方面服务作出的评价，是买家对卖家的单向评分。信用评价买卖双方均可以进行互评，但卖家分项评分只能由买家对卖家作出。

规则二：所有卖家全部发货的订单，在交易结束后买卖双方均可评价。买家提起未收到货纠纷且发生退款，退款结束后，交易结束后买卖双方均可评价，但不计入好评率。对于信用评价，买家评价即生效；双方都未给出评价，则该订单不会有任何记录。商家好评率（Positive Feedback Ratings）、商品评分和店铺评分（Feedback Score）的计算：

1. 您店铺的订单将根据系统自动判断并计入好评率和商品分数；

2. 补运费/差价、赠品类目、定制化商品等特殊商品的评价不计入好评率和商品分数。除以上情况之外的评价，都会正常计算商家好评率、商家/商品评分。不论订单金额，都统一为：四星五星 +1，三星 0，一星和二星 –1。

规则三：评价档案包括近期评价摘要（会员公司名称、近 6 个月好评率、会员起始日期），评价历史（过去 1 个月、3 个月、6 个月历史累计的时间跨度内的好评率、中评率、差评率、评价数量）和评价记录（会员得到的所有评价记录、给出的所有评价记录以及在指定时间段内的指定评价记录）：

1. 好评率 = 6 个月内好评数量/（6 个月内好评数量 + 6 个月内差评数量）

2. 差评率 = 6 个月内差评数量/（6 个月内好评数量 + 6 个月内差评数量）

3. 平均星级 = 所有评价的星级总分/评价数量

4. 卖家分项评分中各单项平均评分 = 买家对该分项评分的总和/评价次数（四舍五入）

规则四：对于信用评价，买卖双方可以针对自己收到的差评进行回复解释。速卖通有权对异常订单对应的评价及销量作不计分、屏蔽、删除等处理。异常订单包括但不限于以下情形：

1. 交易主体被排查为在注册、登录、交易、评价、退款、售后等环节明显异于正常交易的；

2. 存在扰乱速卖通平台或商家经营秩序情形的订单；

3. 其他对终端消费者不具有购物决策参考意义的订单。

规则五：速卖通有权删除评价内容中包括人身攻击或者其他不适当的言论的评价。若买家信用评价被删除，则对应的卖家分项评分也随之被删除。

（二）中差评的处理措施

要处理中、差评问题，必须先了解买家为什么会给商品中、差评。除了职业差评师给出差评毫无道理外，一般的买家都会在差评的评语中说明差评的原因，例如商品质量不好、与描述不符，物流太慢、快递破损严重、客服态度恶劣等。只要买家提出了原因，那么客服就可以针对这些原因提出相应的解决方案和应对措施。

客服一定要和买家谨慎沟通，承认工作上的过失，引导对方修改中、差评。

如果积极与买家沟通后，买家仍然不愿意修改中、差评，客服也要保持理性的态度，毕竟有少数中、差评也是可以理解的。如果商品都是好评，买家还有可能认为店铺是靠刷单积累信誉的。中、差评的处理方法主要做到以下两点：一是预防，二是治理。

1. 针对商品差异

卖家尽量不要过度渲染产品效果；在上传商品图片时，要多发一些细节图，尽量让买家看清楚。当买家收到产品后，在第一时间询问，卖家要主动进行解释。如果解释合理，买家是可以谅解的。如果确实是商品质量有问题，最简单的办法就是，询问对方怎么样处理才能消除中、差评，然后看对方提出的条件是否可以接受。

2. 针对免邮付费的疑虑

要预先与买家沟通好，以免买家在支付关税时责怪卖家或拒收产品。

3. 针对支付账户额外扣款

卖家要给买家解释清楚，此额外收费是由其他部门如银行收取的，卖家可以提醒一下买家这种支付方式可能产生手续费。

4. 由于质量问题产生的中差评

我们可以分以下 5 步处理：

（1）收到差评之后及时和买家联系，在表达歉意的同时，询问买家对产品质量不满意的具体原因。

（2）可以通过换货或退款的方式让买家满意并且修改评价。

（3）如果买家对差评未能作出修改，则可以先查看买家的评价是否符合平台评价的投诉规则。例如，买家的评价中包含侮辱性言论、评价内容与实际星级不符。

（4）若前 3 步均未实现，中、差评无法消除，卖家则可以进行中、差评营销。例如，解释为什么会出现这样的质量问题，或者附上产品的使用说明与注意事项、色差问题等。这里的中、差评营销主要是为了向潜在的客户说明产品的真实情况。

（5）中、差评处理结束后，客服人员应该积极查找相同产品的其他评价，如果发现评价具有共通性，则应及时采取措施，改进产品质量，或上架新的无质量问题的类似产品。

（三）引导买家给好评的建议

1. 赠送小礼品

宝贝评价中，很多买家会提到店家居然赠送了礼品，说明如果给予买家一定数量的赠品，买家的期望值就会大大增加。店铺赠送礼品一般有两种方式：一种是直接在宝贝描述中说明；另一种是没有提及赠送，而直接将附赠的礼品放在快递之中。前一种可以刺激买家购买商品，后一种可以提高买家收到商品后的满意度。选择赠品时，为了避免出错，可以考虑选择万能型赠品作为礼品。

2. 实用和新颖的赠品

如果买家是女性，商家可以选择发绳、耳钉等作为赠品；若买家是男生，商家可以选择卡包等作为赠品，尽量让赠品也能满足买家的需求。

3. 数量庞大的赠品

从心理学来说，数量多的赠品比体积大的赠品更让买家满意。在保证成本的前提下，店铺可以尽可能地多赠送几种类型的礼品给买家。要让买家在满意商品质量和客服服务的同时，还能满足于赠品的质量和数量。

> **课堂互动**
>
> 2014 年 5 月，海关总署正式批准葫芦岛市为全国首批跨境电子商务出口业务试点城市，同年 11 月 11 日中国（葫芦岛·兴城）泳装跨境贸易电子商务平台正式上线运行，全国首家专业泳装跨境电子商务平台全面启动。辽宁葫芦岛各类泳装产品以物美价廉等特色，通过跨境电商平台远销海外。
>
> 2021 年 11 月 8 日，辽宁葫芦岛斯达威体育用品有限公司 14 万件特色泳装在海关监管下装箱启运，转至上海口岸以海运方式出口，泳装出口势头强劲。为促进泳装出口，沈阳海关从企业注册登记、海外仓备案、系统对接、通关申报等诸多方面，全程指导企业围绕业务量、商品类型等要素做好业务增量预判，推出"7×24"预约通关制度。为提高泳装产品国际竞争力，斯达威公司在通过自有研发机构设计开发泳装产品的同时，完成了"线上独立站"的注册登记及海外仓备案工作，生产的泳装产品已经开始搭乘"中欧班列"出口到"一带一路"市场，出口范围遍及近 20 个国家和地区。公司使用"线上独立站"接单销售，确保了绝大部分国外客户在下单 7—10 天后就可以收到产品，极大地拓展了业务范围，提高了工作效率，目前企业的销售模式也由原来"走出去"找客户转变为客户主动"找上门"。
>
> 请思考：怎样提升葫芦岛泳装产品品牌在国际市场的知名度？如何提高跨境电商企业客户服务的质量？

◇**实训活动**

实训项目：评价操作

当买家购物之后，一般会给卖家做出评价，但这个评价不是立即生效，而是需要卖家回评后才能生效。

步骤01：进入速卖通卖家中心 https：//sell. aliexpress. com/店铺后台，找到交易管理栏中的交易评价，管理交易评价。

步骤02：进入评价页面，选中"好评""中评""差评"中的任意一项，并输入"评语"，点击"发表评论"按钮。

步骤03：进入生效的评价页面，点击回复评价页面。

步骤04：在回复评价页面，输入对买家的"评语"，点击"提交回复"按钮。

步骤05：交易回复评价已生效，显示已回复。

任务二　跨境电商平台的客户关系管理

◇**学习目标**

1. 了解客户关系管理的概念及重要性

2. 了解提高客户满意度的途径

3. 能够熟练掌握提升跨境电商客户感知价值的方法

4. 了解 CRM 数据分析方法

◇**建议课时**

2 课时

◇**情景描述**

亚马逊公司海外站点有数十万中国卖家已成功加入，400 多个全球运营中心，将商品配送至 200 多个国家和地区，2 亿 Prime 会员触达全球数亿活跃用户，近 4 年内在亚马逊品牌注册的中国卖家数量增长 4 倍。亚马逊公司的客户管理成功之道，总结如下：

1. 个性化用户体验：通过分析用户的历史购买记录和浏览行为，亚马逊能够向用户推荐符合其兴趣和需求的产品，并提供定制化的推荐服务，这种个性化的用户体验不仅提高了用户的满意度，还增加了用户的忠诚度。

2. 多渠道沟通：无论是订单确认、物流跟踪还是售后服务，亚马逊都能及时与用户进行沟通，提供准确的信息和专业的支持，这种多渠道的沟通方式使用户能够随时随地与亚马逊进行交流，提高了用户的满意度和忠诚度。

3. 强大的客户支持：无论是在线帮助中心、客服热线还是在线聊天，亚马逊都为用户提供了多种渠道来解决问题和提供支持，亚马逊还实施了快速退款和退货政策，为用户提供了更加便利和可靠的售后服务。

4. 社区建设和用户参与：亚马逊的评论和评分系统让用户能够分享购物体验和产品评价，帮助其他用户做出更好的购物决策，亚马逊还通过举办用户参与活动和提供专业知识分享，增强用户对亚马逊品牌的忠诚度。

请思考：客户关系管理是什么？客户关系管理的重要性有哪些？

◇活动实施

一、客户关系管理的概念

客户关系管理是一种战略管理，商家通过深入分析客户信息，提高并完善服务，在商家与顾客之间建立一条通道，提高顾客的满意度与忠诚度，从而使顾客价值最大化。与前端销售不同，客户关系管理以客户为中心。客户关系管理是一种新的管理理念，它不再以产品为中心，而是以客户为中心，追求客户满意和客户忠诚，在以客户为中心的销售、营销和服务的基础上，提高客户对产品及企业的满意度和忠诚度，从而为企业带来长久的利益。

客户关系管理（customer relationship management，CRM）就是通过对客户详细资料的深入分析，来提高客户满意度，从而提高企业的竞争力的一种手段。客户关系是指围绕客户生命周期发生、发展的信息归集。客户关系管理的核心是客户价值管理，通过"一对一"的营销原则，满足不同价值客户的个性化需求，提高顾客忠诚度和保有率，实现客户价值持续贡献，从而全面提升企业赢利能力。

二、客户关系管理的重要性

在跨境电子商务迅速发展中，保护品牌和客户资源以谋求长期发展是尤其重要的。跨境电商企业在经营过程中，如果能够处理好与客户的关系，有利于获得长期的发展。CRM 运营好的企业能够在与客户博弈中占主导地位，CRM 在跨境电子商务运营中发挥的重要作用主要体现在以下几个方面。

（一）重塑企业的营销能力

在跨境电子商务中，企业所处的是新的全球性竞争环境，在这种全新的竞争环境中，企业经营要从以产品为核心变为以客户为核心。客户关系管理能够运用现代技术手段，将品牌、竞争、客户三要素协调运作并实现整体优化，能够迅速抓住客户机会并掌握客户需求，为企业创造一个稳定获利的经营基础。

（二）能指导企业做出正确的经营决策

CRM 能充分利用客户资源，通过与客户进行深入交流，建立客户档案，与客户形成长期合作关系等，从而获取更多具体的、具有较强针对性的涉及产品特征和性能、销售渠道、需求变动、潜在用户等方面的市场信息，长期来看，能节约交易成本和时间成本，提高客户的满意度、重复购买率和客户忠诚度。

（三）增加跨境网店的竞争优势

跨境网店的优势经卖家、客服之口说出来可信度并不高，可若是由老客户口碑营销，效果就不一样了，买家都愿意相信和自己身处同样"地位"的买家的话。将客户关系维护好了，他们自然会成为网店的广告传播者，这对于跨境商家发展新客户有很明显的效果。

三、提升客户满意度的方法

客户满意是一种心理活动，是客户的需求被满足后形成的愉悦感或状态，是客户的主观感受。当客户的感知没有达到期望时，客户就会不满、失望；当感知与期望一致时，客户是满意的；当感知超过期望时，客户感到"物超所值"，就会很满意。

（一）做好客户期望管理

1. CRM 三角定律

从企业利益的角度来看，企业只有为客户提供超越他们期望值的商品或服务，才能在激烈的市场竞争中取胜。实施客户关系管理的关键点是要在客户满意度和企业成本之间取得平衡。根据 CRM 中的三角定律"客户满意—客户体验—客户期望值"，可以得出客户期望值与客户满意度存在相关关系。CRM 三角定理，客户体验与客户期望的差值（有正值或负值）可以划分为五个部分：非常满意、比较满意、一般、比较不满意、非常不满意。

2. 客户期望管理的方法

（1）了解客户期望

了解客户期望即了解客户对商品或服务的具体期望和需求。通过满意度调查、商品和服务质量现场问卷调查、客户意见反馈及客户投诉等方式收集客户信息，如客户基本属性信息、客户消费水平、个人偏好、服务反馈等，这些信息是做好客户期望管理的基础，它们能为开展客户需求分析及客户期望水平预估提供数据支持。

（2）对客户需求进行分析

对收集的客户期望需求信息进行分析并做出评估和判断，是进行客户期望管理反馈的前提。对客户需求进行分析，主要是分析客户需求的合理性、合法性、重要性及其可能会产生的后果影响。

（3）期望管理反馈

首先，制定分级服务标准，针对客户需求的不同层次推出相对应的基础服务、期望服务、惊喜服务等，根据客户不同层次的需求，对客户的基本需求和期望需求进行优先资源配置，同时要控制惊喜服务的投入成本。其次，制定分级服务承诺。对于已经广泛推出的、属于客户基本需求层次上的服务，制定统一的标准，列明服务内容和流程，使客户了解服务的相关信息，从而使客户需求和期望合理化。最后，合理控制服务公开程度，以合理引导客户期望。

（4）开展期望动态管理

客户期望会受到社会环境、行业环境、商家服务水平、客户自身经历等诸多因素的影响，并且会随着影响因素的变化而变化，因此对客户期望的管理也需要注意保持动态调整。例如，客户需求分类，随着时间的推移，一些在前面看来可能合理但无法被满足的需求或惊喜需求会变成客户的基本期望需求，此时商家应该及时动态调整客户期望管理方式。

（二）提升客户感知价值的措施

客户感知价值是客户在感知到商品或服务的利益之后，减去其在获取商品或服务时所付出的成本，从而得出的对商品或服务效用的主观评价。提升客户感知价值的措施有以下几个方面：

1. 增加客户购物的便利性

跨境电商网络购物打破了时空和空间的限制，省时省力，因此便捷是电子商务中客户感知的利得因素。要想提高客户感知价值，可以通过优化店铺购物环境、提高关键词匹配度、国际物流配送速度等方式来增加客户购物的便利性。

2. 丰富商品种类，提高商品信息质量

丰富商品种类可以间接达到提升客户感知价值的作用。商家可以积极地收集并采集国外客户意见，了解国外客户对商品的需求，或为国外客户提供定制化的商品。保证商品信息的质量，及时对其进行更新，而且要按照客户的反馈和店铺的销售情况进行修正，以保证商品信息的准确性。

3. 提升购物安全保障

在跨境电商平台，客户会面临个人资料与支付环境安全性的问题。因此商家应该重点关注信息安全问题，为客户提供全面、有效的信息安全保护。网购环境的安全性可以提升客户的感知价值。

4. 提高商品质量

在跨境电商平台，客户只能看到商品的图片信息，无法切身感受商品的实际质量，因此容易出现商品实物与客户预期不符的情况，客户的感知价值就会大大降低。因此，商家应该保证商品质量，为客户提供真实的商品图片信息，降低客户的心理顾虑。

四、CRM 数据分析

（一）CRM 数据分析的概念

CRM 数据分析是指用适当的方法对收集来的大量数据进行分析，提取有用信息并形成结论，对数据加以详细研究和概括总结的过程。数据是商业活动的基础，也是商业活动的结果。跨境电商企业在与客户建立关系的过程中形成了大量的数据，为跨境电商企业今后的运营并赢得市场提供了有价值的参考依据。随着数据挖掘技术日益成熟，CRM 应用不断深入，数据挖掘技术也会逐渐成为获取有价值信息的重要技术和工具。

（二）CRM 数据分析指标

表 6－1　CRM 常用的数据分析指标的统计口径

统计指标	指标释义
成交订单	客户下单并成功付款的订单
未成交订单	客户下单却未付款的订单
关闭订单	下单后，买家/卖家主动关闭，或因超时未支付被系统自动关闭的订单
有效成交订单	有效购买商品（非购买赠品、邮费或补差价）的订单
无效订单	非购买商品，而是购买赠品、邮费或补差价的订单
有效购买	客户在一天内一笔或多笔有效成交的订单
成交客户	产生过成交订单的客户
有效客户	产生过有效成交订单的客户
潜在客户	产生过未成交订单、关闭订单或无效订单的客户
新顾客	一定时间段内，在有效客户中产生过一次有效购买的客户
重复购买客户	在店铺内产生过 2 次（或 2 次以上）有效购买的客户
老客户	一定时间段内，在有效客户中产生过有效购买的客户
客单价	在一定时间内，每位客户消费的平均价格
客户回购周期	客户重复购买的平均时间间隔，即在采用"交易按天合并"的算法下，计算客户每次重复购买距离上一次购买的时间间隔。如果每个客户有 N 次购买记录，意味着客户会有 N－1 个回购周期，取 N－1 个回购周期的平均值，就可以得到这个客户的客户回购周期
店铺重复购买率	以一定时间段内店铺内产生的所有有效成交订单计算，店铺重复购买率＝重复购买的客户数／（重复购买的客户数＋新客户数）

（三）CRM 数据分析方法

1. 同比/环比分析法

同比在一般情况下是指今年第 N 月与去年第 N 月相比较。同比发展速度主要是为了消除季节变动的影响，用于说明本期发展水平与去年同期发展水平对比而达到的相对发展速度，如某电商企业 2023 年 7 月的销售额与 2022 年 7 月的销售额相比。环比是报告期水平与前一时期水平之比，表明数据逐期的发展速度，如某电商企业 2023 年 7 月的销售额与 2023 年 6 月的销售额相比。同比分析和环比分析的核心是围绕时间周期的对比进行分析，同一指标既能做同比分析，也能做环比分析。在实际操作中，是选择同比更合理，还是选择环比更合理，取决于指标本身。

2. 趋势分析法

趋势分析法是通过对跨境电商店铺后台数字资料进行统计，将两期或多期连续的相同指标或比率进行定基对比和环比对比，得出它们的增减变动方向、数额和幅度，以揭示企业财务状况、经营情况和现金流量变化趋势的一种分析方法。定基动态比率即用某一时期的数值作为固定的基期指标数值，将其他的各期数值与其对比来分析，其计算公式为：定基动态比率 = 分析期数值/固定基数值。趋势分析适用于商品核心指标的长期跟踪，如点击率、GMV（拍下订单金额）等。绘制出简单的数据趋势图，并不算是趋势分析，趋势分析更多需要明确数据的变化，以及对变化原因进行分析。趋势分析的另一个核心目的是对趋势做出解释，对于趋势线中明显的拐点，发生了什么事情要给出合理的解释，无论是外部原因还是内部原因。

3. 抽样调查法

抽样调查是一种非全面调查，它是从全部调查研究对象中抽选一部分对象进行调查，并据此对全部调查研究对象做出估计和推断的一种调查方法。显然，抽样调查虽然是非全面调查，但它的目的在于提取出反映总体精况的信息资料，因此这种分析方法也可以起到全面调查的作用。

4. 相关性分析

相关性分析就是对两个或多个具备相关性的变量元素进行分析，从而衡量两个变量因素的相关密切程度。相关性的元素之间需要存在一定的联系才可以进行相关性分析。

5. A/B 测试

A/B 测试也叫作 A/Btest，是专门用来进行效果对比、为营销提供决策支持的数据分析方法。A/B 测试的核心是确定两个元素或版本（A 和 B）哪个版本更好，在测试时需要同时实验两个版本，最后从中选择最好的版本。对 A、B 两组客户分别执行不同的测试方案，为了更好地区分不同方案的实施效果，两种实施方案在设计时应该坚持"大部分内容保持相同，小部分内容存在差异"的原则，得出测试结果后，CRM 负责人就能确定哪种方案的实施效果更好，从而将这个方案用于全体客户的营销中。

> **课堂互动**
>
> 某主营女士服装的速卖通店铺，已经经营了近 3 年，积累了不少客户资源，有了许多正式客户，回头客也比较多，其中有些还与店铺有着频繁的互动；当然，也有部分访客表现出对店铺产品感兴趣，做了相关咨询，但并没有购买。为有效维护和拓展客户，该速卖通店铺该如何对客户关系进行管理，以实现对不同类别的客户实施不同服务，并进行精准营销呢？

◎实训活动

实训项目：使用 EXCEL 办公软件进行相关性分析

相关性分析是指对两个或多个具有相关性的变量元素进行分析，从而衡量两个变量因素的相关密切程度。相关性的元素之间需要存在一定的联系或者概率才可以进行相关性分析。相关性不等于因果性，也不是简单的个性化。在客户数据分析中经常需要使用相关性分析来判断两个因素之间是否存在联系，以确定数据假设是否能被用于业务中。可以使用 Excel 办公软件进行相关性分析。例如，分析店铺促销投入与销售额之间是否存在联系。

步骤 01：在 Excel 中输入各月促销投入和销售额的数值。

步骤 02：单击"公式"按钮，在弹出的对话框中的"插入函数"下拉列表中选择"全部函数"选项，在"选择函数"列表框中选择 CORREL 函数，然后单击"确定"按钮。

步骤 03：在弹出的对话框中设置第一组数值为 B1：B13，可以输入公式，也可以在 B 列拖动鼠标左键下拉，第一组数据公式自动显示出来；设置第二组数值为 C1：C13，可以输入公式，也可以在 C 列拖动鼠标左键下拉，第二组数据公式自动显示出来。

步骤 04：单击"确定"按钮，得出计算结果 0.780713611。Excel 中的相关性是通过相关系数来表示的，相关系数取值为 -1~1，负数表示起到阻碍作用，正数表示起到促进作用，数值越大，相关性越大，为零则表示没有相关性。本实例中计算结果为 0.780713611，说明促销投入和销售额之间是中度相关关系。

任务三　跨境电商平台客服团队 KPI 考核

◇学习目标

1. 能够正确理解 KPI 考核的意义
2. 能够正确描述网店客服 KPI 考核的重要性
3. 能够熟知客服数据监控的各种渠道

◇建议课时

2 课时

◇情景描述

阿里巴巴的成功离不开清晰的发展战略、有效的营销策略，但同时也在很大程度上归功于其高绩效的管理模式。阿里巴巴将员工的能力评价分为三层，包括价值观、专业能力和流程能力。其中，价值观的审核占据了基础能力的 75%，其次是流程能力的 15%，以及专业能力的 10%。

"活力曲线法则"在阿里巴巴指的是，用"271 排名"的方式来考察员工的相对业绩。前 20% 属于优秀员工，公司给予更多的奖励，70% 是中间部分，属于多数人，后 10% 是落后分子，属于面临淘汰的员工。阿里巴巴采用了主管考核和员工自我评估相结合的模式。271 排名比较清晰地考察了每个人的业绩在团队中的排名，是对员工优秀与否的一种区分方式，也是一种淘汰和激励机制。

个人绩效任务，20%属于价值观，要给予高度关注和监控；70%属于日常、例行、基本工作，保证完成即无大碍；10%则考虑是否有必要重复去做。

阿里巴巴建立的绩效管理体系将对企业文化的理解融入对员工的绩效考评中，使员工认同阿里巴巴的价值观，从而发自内心地为阿里巴巴努力工作。员工的价值观在一定程度上决定了员工的工资、奖金以及晋升。阿里巴巴的绩效管理将业绩和价值观共同作为评价员工的标准，建立起了基于自身企业文化的独特考评体系。

请思考：现实中，绩效考评在多大程度上影响员工的薪酬和晋升？

◎活动实施

跨境电商网店客服绩效考核是人员职务升降的依据。考核的依据是岗位工作说明书，工作绩效是否符合岗位的职务要求，是升职的重要依据。绩效考核又是确定劳动报酬的依据，根据岗位工作说明书的要求，对应制订薪酬制度要求，按照岗位取得薪酬，而岗位目标的实现是依靠绩效考核的目标来实现的，因此根据绩效确定薪酬，或者依据薪酬来衡量绩效，使得薪酬设计不断完善，更加符合企业运营的需要。

一、KPI 的概念

关键绩效指标（Key Performance Indicator，简称 KPI）是通过对组织内部流程的输入端、输出端的关键参数进行设置、取样、计算、分析，衡量流程绩效的一种目标式量化管理指标，是把企业的战略目标分解为可操作的工作目标的工具，是企业绩效管理的基础。KPI 可以使部门主管明确部门的主要责任，并以此为基础，明确部门人员的业绩衡量指标。建立明确的切实可行的 KPI 体系，是做好绩效管理的关键。关键绩效指标是用于衡量工作人员工作绩效表现的量化指标，是绩效计划的重要组成部分。

KPI 法则符合一个重要的管理原理——"二八原理"。在一个企业的价值创造过程中，存在着"80/20"的规律，即 20% 的骨干人员创造企业 80% 的价值；而且在每一位员工身上"二八原理"同样适用，即 80% 工作任务是由 20% 关键行为完成的。因此，必须抓住 20% 的关键行为，对之进行分析和衡量，这样就能抓住业绩评价的重心。

二、绩效考核制度设置流程

跨境电商网店客服绩效考核制度包括以下六个阶段：制订计划、制订指标、人员沟通、实施评估、数据反馈、优化绩效，每一个阶段都要谨慎实施，细化流程。

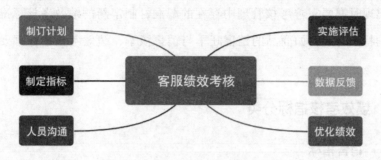

图 6 – 2 绩效考核制度设置流程

（一）制订计划

绩效通常是由跨境企业负责人或运营人员制订的，如果团队中存在客服主管，客服主管也将参与到客服团队的 KPI 设定中来。一般在制订计划时，会将考核周期、考核方式和考核过程进行一个初步设定。

（二）制定指标

指标是可以用数据量化的参数，便于商家进行统计。指标的细化程度要根据跨境商家的实际运营需求而定，指标的选择还要根据岗位、职能的不同进行比例调控和选项增减，尽可能让数据考核变得公平。

（三）人员沟通

设定好绩效计划后，要与客服团队进行沟通、协商及最终确定，目的就是体现指标公正和合理。

（四）实施评估

绩效的实施是关键，因为实施的效果直接关系到绩效设定的合理性与公正性，在实施过程中能获取真实有效的数据。实施过程中还要实时进行监控，避免考核偏离设定初衷。

（五）数据反馈

想要人性化地做到客服绩效考核，要在数据公布之前和客服进行有效沟通，发掘数据背后的信息，并找到数据中存在的问题，协商应对政策，强化客服的团队凝聚力与归属感。

（六）优化绩效

绩效的参考指标并不是一成不变的，考核方式也不是恒定的，在每一周期的结果出现时都要完善考核管理中存在的漏洞，制定新的绩效考核标准，并且在经营的特殊时期，如商品的销售旺季与销售淡季，绩效考核指标都要做相应的调整。

三、绩效考核指标分类

（一）销售指标

销售指标顾名思义是侧重于销售业绩的考核数据指标，具体包括以下五个指标：

1. 目标完成率

目标完成率是有效销售额和考核任务销售额的比例。有效销售额是商家解决完售后问题后最终成交的金额。目标完成率在新店的考核中占比相对较低，甚至可能会被取消，随着商家的规模提升而被采用。新店在开设的过程中，有运营团队不具备设置实际目标的能力，无法正确给出目标，也就无法设定商家目标完成率。

2. 询单转化率

询单转化率是在网店下单的消费者人数除以店铺咨询的人数再乘以100%。无论店铺处于哪个周期，都会存在询单转化率。新商家在组建客服团队时，采用薪资计算方式，基本也是底薪加提成，提成多与少都是询单转化率的直接结果。但随着无线端的崛起，消费者的购物方式也随之改变，静默下单比率在急剧上升，导致客服的咨询量降低，这无疑是对传统的 KPI 考核形式的一种挑战。客服的销售能力直接影响商家的转化率，询单转化率会参考行业平均值，各行业的询单转化率是不同的。

3. 支付率与付款成功率

部分商家会借助第三方工具进行数据统计，例如把最终付款成功率细化到四个维度：询单到付款、询单到下单、下单到付款、付款成功率，一般是考核客服的催付追单能力。

4. 客单价

客单价并不是商品的销售单价，而是进店消费者平均下单的金额，是商家的销售额与付款人数的比值，客服人为地推荐商品，促进消费者购买可增加客单价，例如做产品的关联推荐和搭配套餐推荐，都可以帮助促使客单价提升。客单价提升意味着销售金额的提升，意味着完成商家制定的销售业绩目标，意味着销售提成增加。

5. 客服退款率

退款率是跨境商家一定会关注的运营指标，但是将退款率作为客服的考核指标要非常谨慎。消费者退款的原因分为三大类：商家的原因退款、消费者的原因退款、物流的原因退款。站在消费者的角度，若选择七天无理由退换，则退款的原因不能完全归咎于客服的原因；若因为物流方面的因素，无论是发货速度迟缓还是丢件少件，对于客服团队也都属于不可抗力因素，是客服无法掌控的；因为商品本身质量出现问题，也不应该将退款核算至客服身上。所以不难看出，若将退款率核算在客服身上，一定要清晰地判定责任。常见的售前客服引发的退款原因如下：客服服务态度不佳，引发消费者不满；客服的工作出现失误，例如忘记备注导致发货出现偏差；客服随意承诺，最后难以兑现导致退款出现。客服的退款率多数会按照退款的原因责任到人来进行匹配，退款人数越多，意味着工作能力方面存在的问题越大。应统一按照绩效考核进行管理。

（二）服务指标

服务指标不像销售指标那样注重业绩的指向，而是更偏重客服的基本业务素质，例如客服的工作态度指向的回复率、响应时间、回复质量、违规处罚等指标。

1. 回复率

回复率是绩效考核中容易忽略的一个数据指标，通常客服在使用在线即时聊天工具时都会设置自动回复，回复的内容会根据商家的运营需要进行调整，例如简单的进店问候、商家活动的介绍、进行优惠券的发放等。即时聊天软件回复率的考核方式是从回复比例的维度进行的。

2. 响应时间

响应时间是所有商家必备的考核指标，是服务体验中一个可量化的数据指标。响应时间并非按系统的自动回复核算，而是以客服第一次人工回复的时间核算。响应时间能够反映客服的工作量与工作状态。客服的工作量增大，响应时间也会相应增加。而另一方面，客服在工作中是否投入精力也能够从响应时间反映出来。

3. 回复质量

客服的回复质量指客服回复条数与用户回复条数的比例。这个指标强化的是客服细节服务的意识。当消费者在聊天工具中输入问题时，客服应该陆续进行问题解答和回复。合理断句，将回复频次提升，在回答同样的问题时就会让消费者有更好的体验感。

4. 违规处罚

客服违规相对于客服退款率而言更容易统计，违规分为平台规则违规和商家制度违规两种。作为跨境网店客服，对各跨境电商平台的规则要熟知，否则会为商家带来各种无法预知的处罚。同时客服也要清晰企业规章制度并遵守，更要维护企业的日常考核制度。在处罚过程中要遵守人性化原则，日常小违规给予警告、提示处罚以示惩戒，若触碰到平台规则便会直接与薪酬挂钩，实施严厉的处罚。

（三）企业指标

企业指标是指一定经营期间的企业经营效益、经营者业绩以及平均售后成本等。跨境网店是实体企业中的线上销售主体，对客服的考核除了客服的工作态度、指令的完成状况等，还包括企业的经营效益和业绩等指标。

（四）店铺动态评分

店铺动态评分（DSR）系统是跨境商家都有的评分系统，评分包含三项数据，分别为商品与描述相符、服务态度与物流服务，满分为 5 分。在消费者收到商品之后会给出三个最高为五星的评分，这三个评分能够展现出消费者的体验程度。在跨境店铺中，DSR 消费者评分为绿色评分与红色评分。绿色意味着评分处在健康状态，红色则意味着处在不健康评分状态，和淘宝店铺颜色表示的意义相反。

（五）评价回复

商家往往不大重视评价回复部分，对于消费者的评价及时给出反馈是售后客服的基本工作，但是由于智能化工具的出现，提升了客服工作的便捷性，客服借助工具完成评价的数量较多。但从提升消费者体验的角度考虑，在制定这个指标的时候，一般都是按照坚持每日手动回复提升人性化的服务设为一个层级，回复使用统一模板设为一个层级，不回复消费者的评价设为一个层级，鼓励售后客服进行人工个性评价回复。

（六）人事数据指标

跨境网店商家会制定属于自己的客服工作流程，这个流程在不断优化，以避免漏洞和弊端。对专业、严谨、执行力强的客服和能够及时有效处理问题的客服给出高绩效分鼓励；对较专业、业务流程较为严谨、执行力较强的客服给出鼓励的绩效分，对不达标的客服则需要给出警示，并进行二次培训。执行力考核来源于人事对客服的管理数据，例如出勤率、全勤率、日常工作报告、工作总结、工作执行计划以及团队的配合程度等。

> **课堂互动**
>
> **某个 eBay 平台网店客服绩效考核表**
>
> 通过 eBay 客服的工作内容，绩效考核指标可以从这几方面入手：及时响应时间、回复客人 UV 数、咨询转换率、成交额转换率、退货率、换货率等。对于 eBay 店铺客服来说，除了要处理客户的问题外，对转化也是很重要的。除了主要工作业绩外，像是能力和态度也是基本的考核标准，如问题收集、数据反馈等，对电商客服来说也是很重要的。eBay 客服绩效薪酬怎么计算？
>
> 1. 售前客服提成方式：
>
> 月询单转化的销售业绩 × 提成基数 × 绩效考核得分 = 最终绩效工资
>
> 2 售后客服提成方式：
>
> 月退换件拆件数 × 平均客单价 × 提成基数 × 绩效考核得分 = 最终绩效工资
>
> 请大家讨论：您能给 eBay 公司对于客服绩效考核管理提出几点建议吗？

◇实训活动

实训项目：订购速卖通客服管理软件实训操作

为了更好地对客户人员的工作能力进行评估，需要对客服人员工作中的重要数据进行分析，如接待人员、销售量、客单价、询单转化率等，在此基础上提出切实可行的办法来提高这些指标，让客服人员的工作效率进一步提升。

步骤 01：登录速卖通服务市场网站，https：//marketplace. seller. aliexpress. com/web/home. html，找到左侧进阶经营工具栏的客户管理选项，点击进入。

步骤 02：点击进入"客户管理"后，弹出东风 CRM 客户关系管理软件。

步骤 03：了解东风 CRM 软件，它是跨境店铺的客服助手，能进行客户管理、多店铺管理、及时联系客户，它是好用的话术模板，还有物流监控功能。

步骤 04：点击专业版，15 天免费试用，立即购买。

步骤 05：订单确认，点击"确认"按钮，显示"订购成功"。

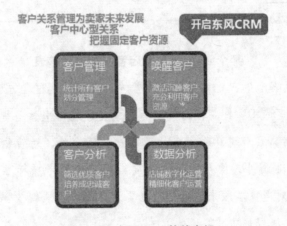

图 6 - 3　东风 CRM 软件介绍

步骤 06："订购成功"后，在软件服务授权中，点击全部服务中的"使用服务"按钮。

步骤 07：安装东风 CRM 应用，阅读服务内容，选择您已仔细阅读并同意《数据授权协议》，并点击"同意"按钮。

步骤 08：注册东风 CRM 软件，注册账号使用公司管理员手机号及邮箱注册，一个东风 CRM 管理员账号可以绑定多个店铺，管理员账号注册后可以分配其他账号及店铺权限。

任务四　任务测评

一、填空题

1. 在跨境电商商业实践中，客户服务一般分为三类，即_____、_____和_____三类。

2. _____是指在开设跨境电商网店的新型商业活动中，充分利用各种网络通信工具，为境外买家提供全方位客户服务的岗位或人员。

3. 客服基本可分为人工客服和电子客服，其中电子客服又可细分为_____、_____和_____三类。

4. _____就是通过对客户详细资料的深入分析，来提高客户满意度，从而提高企业的竞争力的一种手段。

5. KPI 法则符合一个重要的管理原理：_____。

二、选择题

1. 中差评的处理方法主要做到（　　）两点。

A. 预防　　　　　B. 修改　　　　　C. 回复　　　　　D. 治理

2. 客户关系管理的核心是（　　）。

A. "一对一"的营销　　　　　　B. 满足客户的个性化需求

C. 客户价值管理　　　　　　　D. 实现客户价值持续贡献

3. CRM 三角定理，客户体验与客户期望的差值，它可以划分为（　　）部分。

A. 非常满意　　　　　　　　　B. 比较满意

C. 一般　　　　　　　　　　　D. 比较不满意

E. 非常不满意

4. 店铺动态评分（DSR）系统是跨境商家都有的评分系统，评分包含三项数据，分别为商品与描述相符、服务态度与物流服务，满分为（　　）分。

A. 4　　　　　B. 5　　　　　C. 6　　　　　D. 7

5. 销售指标是偏重于销售业绩的考核数据指标，具体包括（　　）。

A. 目标完成率　　　　　　　　B. 询单转化率

C. 支付率与付款成功率　　　　　　D. 客单价

E. 客服退款率

三、简答题

1. 跨境电商客服与国内网络客服最大区别是什么?

2. 提升客户感知价值的措施有哪些?

3. CRM 数据分析方法有哪些?

4. 跨境电商网店客服绩效考核制度包括哪几个阶段?

5. 请用思维导图表示出绩效考核指标的分类有哪些。

四、案例分析题

全网刷屏的浙大学生聊天记录

一个浙大博士生与一位蜜橘商家的聊天记录,突然冲上了热搜第一。事情原委是这样的:浙大的博士生小肖,因为要做真菌接种实验,所以需要购买大量的橘子,于是便找到了一家网店。考虑到实验需求,关于橘子的果型、大小,小肖都问得很细。店主一边接单,一边了解到,原来小肖买橘子是为了做科研。让小肖意外的是,得知自己的需求之后,店主直接说:"你们为国家做研究,我捐一箱给你们先试试,帮不了国家什么大忙,遇到了就想着出点力。"感动之余,小肖也想到了果农赚钱不易,便婉拒了老板,自己在店铺里下单了一箱橘子。但当她收到货的时候,却完全傻眼了。原来,店主根据她之前提到的实验需求,又挑选了 5 箱 10 公斤重的橘子寄了过来,每一个都包装得极为用心。小肖一下子就被打动了。

这么有正能量、有爱心的老板,她很想帮他宣传一下。于是,就把两人的对话发到了网上。没想到突然就火了。店主叫陈凯,一个靠卖橘子养活全家的普通年轻人。他说:"当时没想那么多,想到她是为国家服务就捐了。"然而,事情到这里,还没有结束。陈凯的店铺被曝光之后,一夜之间就被赶来的网友们挤爆了。网友们都说,这么有良心的老板,今天非要狠狠地来下一单。700单、7000 单,再到 15000 单。陈凯网店的销量,暴涨到往常的 30 倍。面对网友们的野性消费,陈凯还是实诚地说:大家的好意心领了,不需要橘子的真的不用来买的,只是到我店铺里跟我打个招呼我就很高兴了。陈凯无心的一个善举,得到了这么多善意的回应。如同热评第一的网友说的：最好的国家有最好的人民，中国人爱中国人。让世间美好环环相扣，善心好意皆有回声。

请思考：再平凡的人，也有足以温暖别人一整个冬天的力量。同学们，未来如果你开设跨境网店，你该如何做到让客户满意呢？把中国人的善良，润物无声地传递到世界呢？

任务五　任务总结与评价

一、任务总结

【学习目标】

1. 能以小组形式，对学习过程和实训成果进行汇报总结

2. 完成对学习过程的综合评价

【建议课时】

1~2课时

【活动实施】

以小组为单位，选择 PPT、图片、海报、视频等形式中的一种或多种，向全班展示、汇报学习成果。汇报的内容从以下内容中三选一，具体包括：

1. 跨境电商客户服务的流程及正确用语

2. 提升跨境电商客户感知价值的方法

3. 跨境电商平台客服团队 KPI 考核内容

二、综合评价表

姓名：			学号：	日期：	
评价项目	评价内容	评价标准	评价方式	创新能力（创新性建议或者做法）	综合等级
			自我评价 / 小组评价 / 老师评价		
职业素养	学习态度	A. 积极参与活动，全勤 B. 缺勤达本任务总学时的10% C. 缺勤达本任务总学时的20% D. 缺勤达本任务总学时的30%及以上			
	团队合作	A. 与同学沟通、合作意识强 B. 与同学沟通、合作意识较强 C. 与同学沟通、合作意识一般 D. 与同学沟通、合作意识较差			
	执行能力	A. 按时保质完成任务能力强 B. 按时保质完成任务能力较强 C. 按时保质完成任务能力一般 D. 按时保质完成任务能力较差			
专业能力	任务一 跨境电商平台的客户服务	A. 学习活动评价成绩为90~100分 B. 学习活动评价成绩为80~89分 C. 学习活动评价成绩为60~79分 D. 学习活动评价成绩为0~59分			
	任务二 社交媒体营销	A. 学习活动评价成绩为90~100分 B. 学习活动评价成绩为80~89分 C. 学习活动评价成绩为60~79分 D. 学习活动评价成绩为0~59分			
	任务三 跨境电商平台的客户关系管理	A. 学习活动评价成绩为90~100分 B. 学习活动评价成绩为80~89分 C. 学习活动评价成绩为60~79分 D. 学习活动评价成绩为0~59分			

姓名：				学号：	日期：	
评价项目	评价内容	评价标准	评价方式		创新能力（创新性建议或者做法）	综合等级
			自我评价	小组评价	老师评价		

评价项目	评价内容	评价标准	自我评价	小组评价	老师评价	创新能力（创新性建议或者做法）	综合等级
专业能力	任务四 跨境电商平台客服团队 KPI 考核	A. 学习活动评价成绩为 90～100 分 B. 学习活动评价成绩为 80～89 分 C. 学习活动评价成绩为 60～79 分 D. 学习活动评价成绩为 0～59 分					
	任务五 任务测评	A. 学习活动评价成绩为 90～100 分 B. 学习活动评价成绩为 80～89 分 C. 学习活动评价成绩为 60～79 分 D. 学习活动评价成绩为 0～59 分					
加分							
最终得分							

项目七

跨境电商外贸综合服务平台及商品通关规定

情景描述

2022年，我国跨境电子商务保持平稳较快增长，相关政策体系日益健全，新增设两批跨境电商综试区，实现了全国31个省区市全覆盖。跨境电商企业加快向合规经营、线上线下融合、标准建设发展，新平台新流量成为持续发展的新动能。165个跨境电商综试区积极探索创新，交流学习先进经验，取得积极成效。

青岛综试区创新发展"产业带＋海外仓"模式，以优势产业带转型升级为契机推动海外仓高效运用，实现产业集聚、数字化赋能、品牌出海。天津综试区首次运用中长期出口信用保险推动海外仓项目建设；通过便利化措施，将"9810"海外仓出口退税时间由6个月缩短到1个月内。杭州综试区积极探索"海外仓＋一般贸易、市场采购、跨境电商、外综服"等多模式多业态联动，并正式启动海外中转仓、备货仓的合作试点，保障外贸产业链供应链稳定。

杭州综试区联合十个综试区试点城市商协会发起共建全球跨境电商品牌研究中心，打造跨区域、全球性综合服务平台。平潭综试区着力打造高效便捷对台跨境电商通道，优化仓储、通关、终端配送等全链条服务，货物从仓库到台湾消费者时长缩短至72小时。泉州综试区打造首个面向华人华侨的跨境自建平台"侨易帮"，设立侨青跨境电商实训基地，帮助海内外华裔青年、华侨、华人创业。成都综试区聚焦融合线上线下服务资源，实现全球跨境电商服务资源中心的产业公共服务功能再增强和再升级，可通过微信小程序"跨境成都"完成政策查询、入驻申请、公服备案、资源对接、数据查询等业务功能。

💡 建议课时

10 课时

📘 工作流程与活动

1. 外贸综合服务平台的介绍

2. 一达通合作模式及操作流程

3. 跨境电商商品的通关规定

4. 跨境电商 B2B 平台运营中的商家故事

5. 跨境电商 B2C 平台运营中的商家故事

6. 任务测评

7. 任务总结与评价

📖 知识目标

1. 了解外贸综合服务平台的优质服务

2. 了解一达通的入驻条件

3. 理解跨境电商产品报关报检相关名词的含义

4. 掌握跨境电商产品报关报检的常用单证

5. 了解我国和国外一些国家的清关规定

📋 能力目标

1. 能够充分利用外贸综合服务平台的通关服务进行线上发货

2. 能够正确提供报关报检材料，提高产品的通关成功率

3. 能够正确处理通关工作，可以有效提升交易的成功率

4. 能够减少产品寄递的时间，从而改善买家的购物体验

📕 思政目标

1. 培养学生的社会责任感，提高学生的政治理论素养

2. 树立正确的跨境电商平台运营观念

3. 培养学生的政治素质，培养学生爱国主义精神

4. 培育工匠精神

5. 使学生树立正确的世界观、人生观、价值观

任务一　外贸综合服务平台的介绍

◎学习目标

1. 能够正确认识外贸综合服务平台的价值

2. 能够描述不同外贸综合服务平台的差异性

3. 能够掌握外贸综合服务平台未来发展趋势

◎建议课时

2 课时

◎情景描述

根据海关总署最新数据，2023 年上半年我国跨境电商出口同比增长 19.9%，继续领跑外贸出口整体增速，成为外贸稳规模优结构的重要助力，而新技术驱动的 B2B 数字外贸平台上，新的外贸爆款也在持续涌现。

2023 年上半年，阿里巴巴国际站上，海外线上需求同比增长 33%。日前，阿里国际站发布数字外贸半年报显示，在各个出口行业、外贸市场，数字化已成当前最大趋势。据悉，阿里国际站上半年 90% 行业线上出口快速增长，91% 的海外市场线上流量上涨，不仅东南亚等新兴市场继续高速增长，欧美等传统外贸市场也回到了增长轨道。

随着新技术的推动，海外企业的采购习惯正在快速向线上转移，在 2023 数字外贸半年报中，阿里国际站还预测了下半年最大外贸旺季 9 月采购节的 8 大爆款，除了新能源、电动汽车等"新三样"外，还有柔性定制打印机、激光切割机、挖掘机等具有更高科技含量的机械设备正在或即将进入高增长周期。阿里国际站数据显示，新能源汽车的线上需求同比增长达到 5 倍之多，高尔夫球车的需求增长也达 257%。此外，海外基建、家庭房屋翻新装修、户外运动等需求回暖，也带动了机械设备、家装建材、服装、消费电子、运动娱乐的需求快速

上升。

请思考：在数字经济时代，跨境电商的迅速发展中，外贸综合服务平台的作用有哪些?

◎活动实施

一、外贸综合服务平台的含义

外贸综合服务平台是指以整合各类环节服务为基础，然后统一投放给跨境电商企业，主要的服务包括融资、通关、退税以及物流、保险等外贸必需环节，盈利也来自服务的批发和零售。外贸综合服务企业的出现，是我国外贸业务模式的创新。通过为跨境电商企业提供进出口环节相关服务，降低了跨境电商企业的成本，壮大了跨境电商企业，对促进我国外贸转型升级具有积极意义。外贸综合服务平台或将成为国际金融、国际物流服务资源整合的主体，也将是在互联网时代改变我国乃至全球服务业利益格局的有力推手。

二、外贸综合服务平台的类型

（一）阿里巴巴国际站外贸综合服务平台：https：//supplier. alibaba. com/

阿里巴巴国际站外贸综合服务平台直面全球商机，开启跨境贸易新机遇。"互联网＋外贸创新"服务模式，提升服务全球买家的能力。在交易履约方面，提供跨境供应链解决方案，让买卖交易安全可靠。阿里巴巴国际站外贸综合服务平台通过互联网技术优势为外贸企业提供快捷、低成本的通关、收汇、退税及配套的外贸融资、国际物流服务。通过电子商务的手段，解决外贸企业流通环节的服务难题。

阿里巴巴国际站外贸综合服务平台让外贸环节更加安全、便捷，让外贸出口更加快速、轻松。在一站式通关、外汇、退税服务方面下足功夫，例如，在出口综合服务方面实行"3＋N"服务，具体包括：准入、下单通关、收外汇、退税准备（开票、传备案单证）、退税款释放等。在出口代理服务实行"2＋N"服务，具体包括：专业的通关、外汇服务，"2＋N"服务是"3＋N"服务的补充，可操作范围更广，具体包括：准入、下单通关、收外汇、退税准备（开出代理证）、自行退（免）税申报等。

简化企业外贸出口流程　　　沉淀数据，帮助企业获取　　　降低企业外贸交易成本提升　　　提供本地化、专业化、
提高工作效率　　　　　　　更多商机，更高信用和　　　核心竞争力　　　　　　　个性化贴身服务
　　　　　　　　　　　　　更多融资贷款的机会

图7-1　阿里巴巴国际站外贸综合服务平台的功能

（二）环球资源服务平台——https：//www. supplier - globalsources. com/

环球资源是一家深受国际认可，致力于促成全球贸易的多渠道 B2B 贸易平台。它以定制化的采购方案及值得信赖的市场资讯联结全球诚信买家与已核实供应商，助力买卖双方应时而变，快速把握新商机。作为深受国际认可的贸易领域领导者，环球资源致力于促进全球贸易，改善人类的生活质量。这一承诺深根于企业的文化、信念和价值观中。环球资源通过外贸 B2B 贸易网站（www. globalsources. com）、Apps、展会、商业配对、专业贸易杂志，媒体以及采购直播等丰富渠道推动诚信贸易。现如今，环球资源在全球 240 个国家拥有超过 1000 万注册买家及用户，其中包括 20 万为已核实优质客户，已涵盖 97 家全球百强零售商和电商超级卖家都在使用环球资源服务进行高效采购。

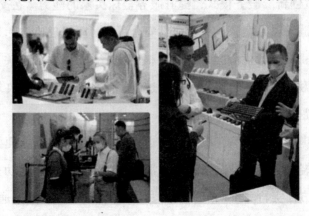

图7-2　环球资源服务平台为客户提供外贸推广服务图

通过高效运营、优质匹配，环球资源为客户提供多元化、多渠道的外贸推广服务，有效帮助供应商捕捉市场动态、提升产品销量、赢得买家青睐。50 年来，环球资源专注打造优质买家社群，从贸易杂志到数字化网络，从国内外展会到 VIP 定制服务，环球资源根据客户大数据匹配，为买卖双方量身定制专属配对方案，帮助其在短时间内高效对接符合需求的优质买家。

1. 环球资源网

环球资源网最早建立于 1995 年，是世界上第一个国际贸易在线平台，为从中国及整个亚洲采购的全球买家提供采购资讯和服务。

2. 环球资源 APP

环球资源 APP 拥有询盘管理、实时聊天、发布视频等功能，更有全新设计打通线上线下渠道，帮助买家与供应商更快掌握贸易商机，实现全方位 O2O 推广及采购。环球资源 APP 是一款操作简单、功能全面的一体化采购工具，让供应商随时随地与买家对接，实时管理询盘和报价，发现最新、最前沿的行业趋势和畅销产品。与买家实时聊天发布产品视频，赢得曝光规划、管理展会行程，具备支付功能的环球直购服务。

环球资源 APP 可让买家快速搜寻企业产品信息，建立与供应商的实时在线联系，一键发送询盘订单。阅读行业杂志是优质买家们关注贸易趋势和创新产品必不可少的一个环节，供应商可充分利用展会专刊，集中出现在高品质买家眼前。

3. 环球直购

环球直购是环球资源线上服务中重要的一个功能，买家可以随时随地通过网站或 APP 一键下单采购供应商货品，并完成物流运输的跟进。环球资源采购直播 SourcingTalk 是一档在线直播节目，节目邀请了当今世界一流的企业家和电子商务专家进行演讲并分享成功经验，为全球买家带来交互式数字采购体验。

4. 环球资源展会

为满足采购商和供应商日益多元化的需求，环球资源拓展了核心产品和服务，推出 O2O 整合推广解决方案，通过独有的线上数字化平台及线下展会业务，让采购商和供应商实现更快、更便捷的对接。根据最新买家调研显示：88% 的买家习惯通过线上线下双重渠道进行采购；80% 的买家会在参观展会前在网上浏览产品及供应商信息，做到有的放矢。展前预先吸引买家关注，进入买家展会拜访名单；现场向目标买家展示创新产品及企业生产能力，沟通具体需求，落实合作细节应用程序已经成为全球买家不可或缺的采购工具。

环球资源展会目前已在中国香港、上海、深圳以及越南、印度尼西亚和巴西启动了展会，并计划继续扩展到其他国家和地区。截至 2019 年，环球资源展会到访买家总数超过 200 万人次。

（1）环球资源香港电子展于每年 4 月及 10 月分为两期先后举行，每年吸引超过 20 万买家前往现场采购，与供应商建立业务往来，是全球电子产品采购的盛会。电子产品展结束一周后接踵而至的三期品质生活 X 时尚产品展，聚焦行业顶级家居生活用品及时尚产品，为消费者提供无与伦比的专业采购体验。

（2）巴西展：环球资源联手拉美最大电子展

拉美地区拥有 5 亿人口，幅员辽阔，是世界经济中最为引人注目的地区之一。2023 年，环球资源与拉美知名 B2B 平台 GrupoEletrolar 强强联合，共同举办全新一届巴西圣保罗国际消费类电子及家电博览会，展出来自拉美及国际最前沿、潮流的电子产品。

（3）越南展：买家不会错过的一站式采购展会

首届越南贸易展 100% 专注于国际采购——他们为寻求优质买家的供应商提供全面的线上和线下解决方案，促成与买家的见面并达成贸易合作的机会。

（4）印尼展：让采购近在咫尺

为了让买家免除差旅烦扰，实现便捷采购，环球资源将展会举办地拓展至海外地区，推出了环球资源电子展（印尼）。环球资源海外展显著加强了中国与东南亚和非洲主要经济体间的双边贸易往来，为双方增加经贸合作奠定了坚实基础。

（5）深圳电子智能制造展：聚焦智能制造，引领未来工业

秉承联结买家与供应商的使命，环球资源聚焦智能制造领域，举办一系列主打智能制造技术、产品和解决方案的展览会，为中国行业领先的供应商和制造商提供优质平台，展示引领未来工业的创新成果。

（6）上海消费者科技及创新展览会：领航消费科技及创新领域

首届消费者科技及创新展览会于 2021 年 6 月在上海举行。展会顺应双循环发展格局，从概念到应用，从产品到品牌，以科技带动产业创新，以贸易促进

产业发展，构建创新型多元消费者科技生态圈，致力于成为中国消费者科技领域极具影响力的年度盛会。

（三）世贸通——https：//www.shimaotong.com/

数字贸易为外贸发展注入了新动能、开辟了新空间，已经成为外向型经济发展的重要驱动力。世贸通作为长三角地区首家以外贸综合服务平台为运营体系的进出口服务企业，以电子商务及 IT 运维为核心手段，以供应链管理为风控及服务理念，积极为国内外客商提供一站式全方位服务。世贸通秉承产品创新、技术开放、过程透明、安全高效的理念，运用全新的技术架构，全面优化功能和流程，将更多的外部资源、服务元素和标准化管理理念融入系统，打造了具备前瞻性、开放性、标准化、灵活度、体验度的平台 2.0 版本。

世贸通平台秉持开放理念，与电子口岸、银行、中国信保、物流、综试区、甬 e 通等政府窗口和商业服务机构建立广泛的数字化连接，畅通数据流转，建立专属单一窗口，提供高效的服务能力和丰富的应用场景。

图 7-3　世贸通 2.0 版本

世贸通作为外贸及跨境电商综合服务省级标准化试点，正在落实国家级服务业标准化试点工作，打造"世贸通标准"。他们不断致力提升标准化服务能力，也时刻关注"事前—事中—事后"全流程风控，为每一位平台客户匹配 1 对 1 管家式服务专员，提供专业及时服务响应。世贸通外贸工具包括申报要素、汇率查询、HS 编码、税率查询、船期查询、国内快递查询共六个导航栏的内容，可以为查询者带来便利服务。

平台客户一次下单，数据自动流转；平台智能审单，为客户提供知识产权、申报归类等关务前置风控；支持跨境电商 B2B 报关；订单进度、报关状态、物流节点全程可溯可视。

图 7 – 4　世贸通外贸及跨境电商综合服务平台

点击汇率查询，可以直接进入中国银行外汇牌价查询页。

三、外贸综合服务平台的多元化发展趋势

2023 年下半年，据阿里巴巴国际站根据大数据预测，消费者最感兴趣的关键词会是："美""健康""简单""精致"。比如，在服装行业，消费者更喜欢带有设计、舒服面料以及更能体现自身气质的产品。预计下半年复古风、个性化的男装将热卖，而带有时尚元素的服饰也将得到更多市场的喜爱。宠物用品的需求升级进化到"智能、环保、美观、多功能"，消费者更希望能够"甩手"养宠，宠物箱、智能宠物喂养机等将成为下半年的爆款产品。另外，智能电器、智能可穿戴以及健康生活相关的产品也将爆卖，比如智能手表、快充充电器、护发吹风机、果蔬搅拌机等。而在非消费品领域，"创新""节能环保"是关键词，卡车、挖掘机依旧是爆品，电动汽车、汽车零配件等将持续热卖，而新能源相关的产品则更注重为消费者提供解决方案。

为满足消费者需求，跨境电商未来可能会改变甚至颠覆传统的生产方式和商业模式。跨境电商外贸综合服务平台可以利用数字技术建立覆盖整个跨境供应链的外贸网络，为中小外贸企业提供商检通关、出口退税、外汇结算、物流货代、信用保险、贸易融资、海外仓展、订单撮合等进出口环节全流程一站式服务，助力中国产品"卖全球"。

跨境电商外贸综合服务平台出现多元化发展趋势，不再局限于传统的 eBay、亚马逊等广品类平台，还有服装、家电、快消品等细分平台，以及 B2B 供应链

平台，同时出现了与国外社交媒体、短视频媒体平台深度绑定的独立站、直播带货、短视频等新模式。跨境电商生态链、供应链、信息链不断整合，电商不仅仅把产品卖出去，而且通过信息网络手段将信用体系、融资平台、政府监管等功能嵌入其中。

跨境电商和传统产业的边界逐渐模糊，无法分清平台企业是做金融，还是做卖家，还是做供应链等等，也正是这些角色的模糊带来商业模式创新层出不穷。

随着人工智能等前沿技术可能会改变整个商业模式，未来可能出现预测式商业，平台可以通过大数据预测世界上各国每个人和家庭下星期、下个月可能会买什么东西。这种商业模式恰恰就是跨境电商未来的发展方面，过去作为商业补充的跨境电商将慢慢变成主流。

◎实训活动

实训项目：体验环球资源网和环球资源服务平台

登录环球资源网和环球资源服务平台，以顾客的身份点击导航栏，浏览首页、环球资源展、买家社群、O2O整合推广、贸易情报、供应商培训等信息，并与客服人员进行在线沟通，了解体验环球资源服务平台和环球资源网的内容。

步骤01：登录环球资源网（https：//www.globalsources.com），进行注册；

步骤02：注册成功后，使用邮箱再次登录环球资源网，可页面翻译成中文；

步骤03：鼠标放在环球资源销售处上，自动弹出供应商推广服务，点击进入后，进入到环球资源服务平台界面；

步骤04：在环球资源服务平台界面，进行企业注册，了解专属服务；

步骤05：返回环球资源网主页，在搜索框中输入"toy"，单击"搜索"按钮；

步骤06：点击你感兴趣的商品页面，打开商品页面，浏览页面商品信息，就商品的大小、颜色、促销等信息进行咨询。再重复上一步的操作，多找几家店铺进行体验；

步骤07：总结环球资源网平台各网店运营人员的工作内容，请将你了解的店铺和产品情况填在下面的记录表中，进行评价。

表 7-1 环球资源网网店类型统计表

	平台名称	店铺名称（网址链接）	产品信息	评价	备注
1					
2					
3					
4					
5					
6					

任务二 一达通合作模式及操作流程

◇学习目标

1. 能够正确认识一达通平台的价值

2. 了解一达通平台的入驻条件

3. 能够掌握一达通平台合作模式

4. 了解一达通平台操作流程

◇建议课时

2 课时

◇情景描述

90 后外贸人胡伟峰在 2019 年创办了杭州瑾里电子商务有限公司，熟稔地操作年出口额 1 个亿的生意，公司主要经营包括厨房用品、清洁用品和收纳用品在内的家居百货。在外贸领域，更快地给到买家报价，意味着能先人一步与买家取得深入的交流和沟通，让买家快速在线确认订单和成交。当他在深夜收到一封来自偏僻得都没听说过的国家的买家询盘时，很感激总能够在阿里后台物流报价查询系统里找到海运、空运快递各种运输形式的运费报价，让他能在第一时间给予客户确切的回复。每当客户回复"You are the first one who gives me the quotation"的时候，他真切地感受到了阿里供应链实现的客户价值。

跨境贸易中有很多国际规则，最需要的就是及时的沟通和专业的服务来保证发货、到货的及时性，与买家的良好体验，从而更好地抓住每一个买家，阿里跨境供应链做到了。在他所经营的日用百货行业，"运费倒挂"（运费超过商品成本）经常发生，如果按照体积重量收费会让很多买家望而却步。为帮助商家降本提效，仅用一年时间，阿里国际站已布局国内 30 多个仓库，路线覆盖全球 200 多个国家和地区；同时推出普货、3C、重货、化妆品等全球专线，为中小企业提供行业化解决方案，相信大家现在也能看到，EMS 成功加入了阿里物流，海外仓也向买家开放入驻了。

请思考：阿里巴巴一达通平台是什么？它有哪些优势？

◎活动实施

一、一达通平台简介

深圳市一达通企业服务公司（简称：一达通）成立于 2001 年，建立了国内第一家面向中小企业的进出口流程外包服务平台，通过互联网（IE + IT）一站式为中小企业和个人提供通关、物流、外汇、退税、金融等所有进出口环节服务。2010 年 11 月加入阿里巴巴后，形成了从"外贸资讯"到"外贸交易"一站式服务链条，是典型的中小外贸企业类公共服务平台。

二、一达通的准入条件

1. 可与一达通签约合作的企业类型：注册地非境外、个人或非出口综合服务尚未覆盖地区企业（如福建莆田等）；

2. 出口的产品在一达通可以出口的产品范围内；

3. 开票人资质要符合以下要求：

（1）与一达通签约的企业注册地在浙江省的，开票人要求为：

1）生产型工厂，具有一般纳税人资格且一般纳税人认定时间大于等于 6 个月；

2）委外加工型企业，需具有一般纳税人工厂资格、具备出口产品的生产线、具备最后加工的环节；

（2）与一达通签约企业注册地在福建省的，开票人要求为：

生产型工厂，具有一般纳税人资格，一般纳税人认定时间大于等于 1 年；

（3）与一达通签约企业注册地在河南省的，开票人要求为：

生产型工厂，具有一般纳税人资格，一般纳税人认定时间大于等于2年；

（4）与一达通签约企业注册地在其他省份的，开票人要求为：

生产型工厂，具有一般纳税人资格，一般纳税人认定时间大于等于2年，且开票人注册地非内蒙古赤峰巴林右旗、福建莆田、天津武清区（武清区的自行车及其零配件、电动车及其零配件企业除外）；HS编码是61章的产品开票人，需满足一般纳税人认定时间满两年。

三、一达通的服务内容

一达通通过互联网技术优势为外贸企业提供快捷、低成本的通关、收汇、退税及配套的退税融资、国际物流服务，通过电子商务的手段，解决外贸企业流通环节的服务难题。

表7-2　一达通的服务内容统计表

顺序	服务名称	具体内容
1	金融服务	阿里巴巴B2B信用卡：阿里巴巴B2B信用卡是阿里巴巴基于国际贸易中的赊销模式所开发的融资服务，以信用卡作为其表现形式。通过虚拟信用卡，海外买家可以实现以赊销方式在中国大陆采购货物，阿里巴巴将为买家提供相应的资金支持和付款担保，并为买家全程提供国际贸易报关、物流、保险、金融等相关服务 赊销（OA）买断：是出口企业接赊销订单时，一种为企业分担收款风险，提前"放款"的金融服务 信用证（L/C）买断：是出口企业接信用证订单时，一种为企业审证制单、分担收款风险，提前"放款"的金融服务
2	通关服务	以一达通名义完成全国各口岸海关、商检的申报。海关顶级资质，享受绿色通关通道
3	物流服务	服务涵盖中国主要港口与全球贸易区间内的海陆空各种物流方式，物流专家按需为客户定制最佳物流方案，持续降低物流成本
4	退税服务	为企业与个人正规快速办理退税，加快资金周转
5	外汇服务	中国银行首创在一达通公司内设置外汇结算网点，提供更方便快捷的外汇结算服务。亦可为客户提供外汇保值服务，提前锁定未来结汇或者购汇的汇率成本，防范汇率波动风险

四、签约一达通需要提供的材料

跨境电商卖家可以登录一达通的官方网站：https：//onetouch.alibaba.com，

报名申请开通一达通服务，报名所需材料包括：营业执照、法人（复印件或原件）及授权人身份证（原件）、税务登记证、公章、合同，专业情况表并且需要法人支付宝实名认证。

五、一达通外贸综合服务流程

一达通（onetouch）是中国外贸服务创新模式的代表，也是全中国服务企业最多、地域最广的外贸综合服务平台。一达通以集约化的方式，为外贸企业提供快捷、低成本的通关、外汇、退税及配套的物流、金融服务，以电子商务的手段，解决外贸企业的服务难题。这"一揽子"外贸服务解决方案即为"一达通外贸综合服务"。一达通操作分为两种模式，分别是一达通出口综合服务（3+N）和一达通出口代理服务（2+N）。一达通出口综合服务（3+N），即电商卖家开发票给一达通，一达通帮电商卖家退税。一达通出口代理服务（2+N），即一达通给电商卖家办理代理证，电商卖家自行办理退税。

表7-3　一达通外贸综合服务流程

顺序	服务流程	具体要求
1	下单	客户于截关时间前至少2个工作日提供出口货物相关资料 备注：如为法检产品且法检备案已完成，请提前至少5个工作日提供出口货物相关资料；客户可选择人工下单或自助下单
2	报关出口	
3	收结汇	外汇款汇款至一达通账号后，一达通将在一个工作日内完成结汇，结汇规则： （1）深圳中行和浙江中行：当日上午11：30之前收到的外汇款以中国银行11：00—12：00现汇买入价结汇，当日11：30—17：30收到的外汇款以中国银行16：00-17：30现汇买入价批量结汇，17：30之后的结汇顺延至第二个工作日。 （2）香港中行：当日上午12：00前收到的外汇款以中国银行10：30对外挂牌汇率结汇，当日12：00—24：00外汇款，以中国银行下午15：30对外挂牌汇率结汇。
4	一达通垫付退税款	满足以下2个条件即可在3个工作日内获得垫付退税款：一达通收到全额外汇；一达通收到增值税专用发票原件，且增值税专用发票经一达通验证成功
5	外贸服务补贴款发放	自助下单客户享受1美元补贴3分人民币；人工下单客户享受1美元补贴2分人民币
6	结算	客户发起结算后，一达通将结算款项汇至订单对应开票人账户

六、准入一达通的优势

（一）通关

通关：顶级资质，快捷简单：以一达通名义完成全国各大口岸海关的申报。

（二）外汇

外汇：高效安全，专款专用：帮助您完成出口收汇的国际结算业务。

（三）退税

退税：合规办理，灵活选择：您可选择一达通垫付退税的服务，以一达通名义帮助您快速合规办理退税，满足条件后最快 3 个工作日到账。

◇实训活动

实训项目：体验阿里巴巴国际站跨境供应链平台：一达通服务

步骤 01：登录阿里巴巴国际站跨境供应链平台 https：//onetouch. alibaba. com/home/solutions，了解平台内容。

步骤 02：在网页下端，找到履约产品，单击"一达通"按钮。

步骤 03：点击进入一达通页面，找到你感兴趣的内容进行体验。

步骤 04：查找工作台管理、订单跟进、客户服务中心以及帮助中心内容，深入学习了解一达通内容。

任务三　跨境电商商品的通关规定

◇学习目标

1. 理解跨境电商产品报关报检相关名词的含义

2. 掌握跨境电商产品报关报检的常用单证

3. 了解我国和国外一些国家的清关规定

4. 能够正确提供报关报检材料，提高产品的通关成功率

◇建议课时

2 课时

◇情景描述

绍兴综合保税区首单"1210"模式跨境电商商品顺利通关

2022年7月29日，经绍兴海关监管，绍兴综合保税区永裕酒业有限公司申报进口的一票红葡萄酒，在绍兴综保区跨境电商监管中心顺利验放。这是绍兴市首单经跨境电商保税进口模式销售的进口商品，标志绍兴跨境电商进口零售新业态实现了从无到有的突破。跨境电商"1210"模式，即"保税跨境零售电子商务"，是指商品通过海运方式批量运至特殊区域，待国内消费者下单后，再配送至消费者。在该模式下，因已在国内备货，进口货物具备响应订单快、运输时间短、综合运费低等优点，在通关效率、商品质量、性价比方面等都具有明显优势，能够有效降低企业运营成本，同时为客户提供物美价廉的商品。

以绍兴综合保税区永裕酒业有限公司进口的葡萄酒为例，如果以一般贸易方式进口，综合折算下来税率约为48%，而在"1210"模式下综合税率约为18%，这种新业态模式让企业切切实实地享受到了税收优惠政策，也为销售带来更具竞争力的价格。自绍兴综合保税区建立以来，绍兴海关积极发挥作用，严谨制定监管方案，梳理好系统申报、现场监管、后续管理各环节，并加强与综保办等部门的联系配合，多次开展模拟试验，确保首票业务顺利进行。绍兴海关将进一步优化和完善监管服务措施，为推动绍兴跨境电商高质量发展保驾护航。

请思考：绍兴海关为跨境电商商品顺利通关做了哪些工作？

◇活动实施

跨境电商快递流程包括下单、包装、揽件、运输、清关、派送等环节。每个环节都需要进行精细化管理，以确保商品能够快速、安全、可靠地运输到消费者手中。如果您需要跨境电商快递服务，建议选择一家专业的快递公司，以确保商品的安全性和可靠性。快递公司在揽件完成后，将会将商品运输到目的地。运输时间和运输方式取决于商品的重量、体积、目的地等因素。在运输过程中，快递公司将会为商品进行投保，以确保商品在运输过程中的安全性。在商品到达目的地时，需要办理清关手续。

一、报关报检相关名词的含义

（一）清关

清关是指将商品从出口的海关、物流部门和其他相关机构出口，进入进口的海关、物流部门和其他相关机构的过程。在清关过程中，需要办理商品报关、缴纳关税等手续。在完成清关手续后，快递公司将会将商品派送到消费者手中。在派送过程中，快递员将会与消费者进行联系，以确保商品能够准确地送达消费者手中。跨境电商涉及的物流和清关较为复杂，需要消费者、卖家和物流公司的共同配合，同时需要严格的操作流程和相关政策法规的遵守。另外，企业可以选择合适的跨境电商平台和物流公司来实现跨境电商的物流清关服务。

具体清关流程如下：

1. 确认收货：海外发货商将货物装箱后，通过快递或航运公司交给清关公司，为之后的清关手续做好准备。

2. 海关查验：货物经过海运或空运后，到达目的地国家的海关，海关会对货物进行检查和查验，并核实与文件的一致性。

3. 缴纳税款：若货物的价值超过一定数额，消费者需缴纳一定的进口关税和增值税。

4. 海关申报：需在规定时间内到海关办理报关手续。

5. 填写资料：消费者需提供购买凭证、物流单据、商品清单等资料。

6. 等待放行：待海关对货物进行审核通过后，货物可以被提取和送达客户手中。

（二）报关报检

1. 报关的含义

报关是指货物、行李和邮递物品、运输工具等在进出关境时，由其所有人或其代理人向海关申报，交验规定的单据、证件，请求海关办理进出口有关手续的全过程。跨境电商商品的报关流程分为两种：自助报关和委托报关。自助报关指的是商家自行办理报关手续，而委托报关则是将报关事宜委托给专业的报关公司处理。跨境电商商品的报关流程包括如下四个步骤：

（1）提交文件材料：电商平台订单，商品清单，税款凭证，商家的营业执照以及缴税清单，进行文件材料的提交。

（2）商家在向海关提出申报时，需要在关务平台上提交如下相关信息：商品名称、数量、价值、海关编码、价值、运费、保险费以及其他附加费用。

（3）海关审核商家的报关信息，对商品的价格、品质、材质等信息进行认真核对，对涉嫌侵权或不合规的商品有权进行扣留或毁损处理。如报关信息有误或者需要补充相关材料，海关还可能要求商家进行调整或重新提交。

（4）清关通关：海关审核通过后，商家需要缴纳足够的关税，然后才能完成清关通关，将商品投递到用户手中。

2. 报检的含义

报检是指出口前产品的生产、经营部门或进口商品的收货、用货或代理核运部门按照《中华人民共和国进出口商品检验法实施条例》的规定，向商检机构申请办理检验、鉴定手续的过程。一般而言，报检先于报关，经商检部门检验完毕，确认无误后，海关将接受报关申请，然后，将采取审单放行等措施。当然，在实际工作中，并非所有出口商品都需要检验。通常只有一些国家规定要报检的商品要报检，但所有进出口商品都要报关。

一般来说，首先检查完毕，商检部门确认无误后，海关接受货主的报关申请，然后是一系列审查、释放等环节。但在实际应用中，并不是所有的货物都需要检验，只有一些国家明确规定的货物必须检验，但所有进出口货物都必须报关，这是毋庸置疑的。

3. 关检合并

按照海关总署统一部署，从 2018 年 8 月 1 日起，海关进出口货物实行整合申报，报关单、报检单合并为一张报关单。此次整合申报项目是关检业务融合标志性的改革举措，将改变企业原有报关流程和作业模式，实现报关报检"一张大表"货物申报。整合申报项目主要是对海关原报关单申报项目和检验检疫原报检单申报项目进行梳理，报关报检面向企业端整合形成"四个一"，即"一张报关单、一套随附单证、一组参数代码、一个申报系统"。同步编写并对外发布《进出口货物报关单填制规范》（2018 年 60 号）、《进出口货物报关单和进出境货物备案清单格式》（2018 年 61 号）、《进出口货物报关单申报电子报文格式》（2018 年 67 号）等公告。原出入境检验检疫系统统一以海关名义对外开展工作，口岸一线旅检、查验和窗口岗位实现统一上岗、统一着海关制服、统一佩戴关衔。

二、报关报检常用单证

（一）进出口商向海关报关时，需提交以下单证

1. 进出口货物报关单。一般进口货物应填写一式两份，需要由海关核销的货物，如加工贸易货物和保税货物等，应填写专用报关单一式三份，货物出口后需国内退税的，应另填一份退税专用报关单。

2. 货物发票。要求份数比报关单少一份，对货物出口委托国外销售，结算方式是待货物销售后按实销金额向出口单位结汇的，出口报关时可准予免交。

3. 陆运单、空运单和海运进口的提货单及海运出口的装货单。海关在审单和验货后，在正本货运单上签章放行退还报关员，凭此提货或装运货物。

4. 货物装箱单。其份数同发票，但是散装货物或单一品质且包装内容一致的件装货物可免交。

5. 出口收汇核销单。一切出口货物报关时，应交验外汇管理部门加盖"监督收汇"章的出口收汇核销单，并将核销编号填在每张出口报关单的右上角处。

6. 海关认为必要时，还应交验贸易合同、货物产地证等。

7. 其他有关单证，包括：

（1）经海关批准准予减税、免税的货物，应交海关签章的减免税证明，北京地区的外资企业需另交验海关核发的进口设备清单。

（2）已向海关备案的加工贸易合同进出口的货物，应交验海关核发的《登记手册》。

（二）进出口商向海关报检时，需提交以下单证

1. 出口方应该在报关之日的前三天备齐所需要的单证向检验检疫局申报，需要提供的单证有：报检单、货物发票、贸易合同、工厂检验单、报检委托书以及装箱单、其他有关单证等单证各一份。

2. 如果出口货物到美国、澳大利亚、加拿大或者是欧盟，货物的外包装为

木质的，需要做熏蒸或者是热处理。此时出口方需要提供的单证有：清单、发票、合同、报检委托书，还需要提供熏蒸证明。

3. 做熏蒸处理或者是热处理的单品，出口方应该在报关的前两天将货物运抵指定的堆场或者是港区，然后等待进行熏蒸，熏蒸的时间一般为 24 小时。

三、避免被海关扣货的注意事项

与国内快递不同，国际快递涉及通关环节。通关，即海关对货物的审查过程，检查货物是否符合并与申报信息一致。如果包裹申报不符合当地国家的规定或政策，包裹可能会被销毁或退回，甚至会对寄件人处以一定的罚款。一般来说，货物被海关扣关的原因有：

1. 申报问题。异常申报会导致包裹被海关扣留。申报主要体现在对货物价值的申报上。如果原本价值 1000 美元的货物为了避税申报为 10 美元，货物肯定会被海关扣留。

2. 违禁物品。每个国家都有禁止运输的物品，比如易燃易爆物品、枪支武器、放射性物品、钱币古玩、水果蔬菜等等。也有特殊情况，比如巴西禁止原木进口，西班牙和澳大利亚禁止电子烟。此外，一些国家因为其特殊的文化，也禁止一些常见物品的运输。

3. 有些出口国外的货物需要相应的认证文件，否则会被当地海关扣留。比如电子产品、纯电池产品、液体产品、化妆品、知名品牌产品等，都需要提供相应的认证文件，无法提供的只能退回或者销毁。

4. 特殊政策不同的国家有不同的通关政策。如果我们不遵守当地的政策，货物将被扣留。

要避免国际包裹被海关扣留，卖家要做好以下相关工作：

1. 报关文件完整详细。很大程度上，包裹被海关扣留，是因为报关单证出了问题，可能是缺失、不全甚至不合规。根据报关要求，你可以提供报关单证和详细的报关资料，合规申报可以很大程度上避免被海关扣留。

2. 了解进口国家的政策。有些国家有特殊的海关政策，如巴西、俄罗斯、印度尼西亚、伊朗等国家。邮寄包裹前，需要详细了解目的地国家的政策，根据当地政策要求进行邮寄。

3. 有针对性地选择物流渠道。这样可以避免包裹因关税问题被滞留，避免影响商品的物流时效。

4. 在国际快递中，不要将多种物品同时放在一起邮寄，因为很难准确保证每一件物品在申报时都申报到位。所以一般情况下，国际快递拒收内容杂乱的包裹。

5. 了解各国政策，比如澳洲虽然通关容易，但是电池类产品是海关不允许的。因此电池或带电磁的产品，尽量不发往澳洲。如果一定要卖带电池的产品，可以给客户说清楚不发电池，只发产品。

6. 选择安全的递送方式，DHL 的扣货率是很高的，其次是 FedEx 和 UPS，相对安全的递送方式是航空挂号小包的 EMS，另外 EMS 就算是被海关扣货，还是能够免费退回到发货地点的。

四、跨境商品检验检疫有关规定

跨境电商商品进入市场前需要进行质量检验。质量检验的目的是确保商品符合国家和地区的质量标准和法律法规。质量检验包括商品的外观、质量、标识、包装等方面的检验。还需要进行检疫检验，检疫检验的目的是确保商品符合国家和地区的检疫标准和法律法规，避免携带病毒、细菌等有害物质进入进口国市场。

检疫证明是指进口商品在进入进口国市场前，由出口国家或地区的检验检疫机构出具的证明文件。检疫证明是商品进入进口国市场的必要条件，没有检疫证明的商品将被拒绝进入进口国市场。对于某些可能携带病毒、细菌等有害物质的商品，需要进行检疫隔离。检疫隔离是指在进口商品进入进口国市场前，对商品进行隔离处理，确保商品不会对进口国市场造成污染和危害。

（一）我国禁止以跨境电子商务形式入境物品的八种情况是

1. 《中华人民共和国进出境动植物检疫法》规定的禁止进境物；

2. 未获得检验检疫准入的动植物源性食品；

3. 列入《危险化学品名录》《剧毒化学品目录》《易制毒化学品的分类和品种名录》和《中国严格限制进出口的有毒化学品目录》的；

4. 除生物制品以外的微生物、人体组织、生物制品、血液及其制品等特殊物品；

5. 可能危及公共安全的核生化等涉恐及放射性等产品；

6. 废旧物品；

7. 以国际快递或邮寄方式进境的电商商品，还应符合《中华人民共和国禁止携带、邮寄进境的动植物及其产品名录》的要求；

8. 法律法规禁止进境的其他产品和海关总署公告禁止进境的产品。

（二）我国对跨境电商进口食品、化妆品的相关规定

从跨境电子商务进口的食品、化妆品应符合以下要求：

1. 境外注册食品生产企业。

2. 保健食品、化妆品、转基因食品、食品新原料应当经有关部门登记、备案、安全评价。

3. 婴幼儿奶粉应符合国家总局《中华人民共和国食品安全法》及其实施细则和有关规定。

4. 跨境电子商务平台企业在境外注册的，应当委托具有合法资格的境内企业作为代理人承担相应的法律责任。

5. 跨境电子商务经营者应通过跨境电子商务公共信息服务平台向有关机构备案。

6. 检验检疫机构实施跨境电子商务进口食品、化妆品的全过程申报管理。产品经海关总署批准的跨境电子商务公共信息服务平台申报批准后，方可在线展示、销售或分销。需提供以下相关材料：

（1）HS 编码、规格型号应提供进口食品和化妆品报关单；

（2）出口国官方检疫（卫生）证书；

（3）质量安全评价报告或说明；

（4）电子版中文标签及警示信息；

（5）企业备案号。

7. 跨境食品和化妆品应附有相关说明书，告知消费者商品的基本信息。

8. 跨境电子商务经营者首次进口食品、化妆品时，应当提交自检报告。企业应当每批提交检验检疫机构风险评估认定的高风险产品的自检报告。

9. 跨境电子商务进口食品、化妆品经营者应建立产品追溯体系，如实记录卫生证号、产品名称、规格、数量、生产日期、保质期、生产企业、出口等信息。商户、收货人、交货日期等名称及联系方式。

10. 有质量安全问题的产品应当召回，对召回产品采取补救、无害化处理、销毁等措施，并向检验检疫机构报告情况。

11. 需要动植物检疫批准的，必须取得相关检疫许可证。

五、其他国家海关的通关规则

在速卖通平台商家规则频道，国家规则导航栏里，美国、欧洲、韩国、巴西、中东等通关规定部分内容如下：

（一）美国

对美销售相关商品必须遵守对应的联邦、州和地方法律。出于美国市场对商品安全性和合规性的要求，保障消费者体验，速卖通平台已针对以下行业（部分见下表7-4，详情请查询速卖通平台）的相关类目在商品发布页面开放美国资质提交入口（涉及 CPC、UL、美国或加拿大标准的检测报告、商品实物标签图等），进行商品资质的认证和提交。

表7-4　速卖通平台关于部分商品资质要求

涉及类目和资质要求

一级类目	二级类目	叶子类目(英文)	叶子类目(中文)	资质要求	检测标准
Home & Garden	Household Merchandises	Bathing Bucket	沐浴桶/沐浴盆	CPC证书+包装/标签实拍	CPSIA + 16 CFR Part 1130 + CPSA Section 14(a)(5) + 【ASTM F2670-18/16 CFR Part 1234】
Home Appliances	Household Appliances	Electric Heaters	电取暖器	UL证书/检测报告+包装/标签实拍	UL 1278
Home Appliances	Household Appliances	Electric Portabale Warmer	便携取暖器	UL证书/检测报告+包装/标签实拍	UL 1278
Home Appliances	Personal Care Appliances	Hair Dryers	吹风机(婴儿用的请发布到婴儿吹风机下)	UL证书/检测报告+包装/标签实拍	UL 859/UL 1727

管控开始执行后的违规和处罚如下：

1. 若商品未提交或通过平台的美国资质审核，平台将对商品进行美国市场的屏蔽。

2. 若上传资质材料与商品严重不符，平台将对商品进行冒证删除，并扣 6 分/次。

3. 若商品类目错放，平台处罚措施如下：

首次违规，下架商品（可编辑）；第二次违规，删除商品。重复违规将升级处罚至删除扣 2 分。对于违规情况严重的账号，平台依据《全球速卖通"扰乱平台秩序"规则》执行以下处罚：严重：12 分/次（冻结账号 7 天）；特别严重：48 分/次（关闭账号）。

（二）欧盟

2023 年 6 月 14 日全球速卖通关于加强出口欧盟商品资质管控的通知要求：商品合规一直是速卖通关注的重点，为了应对当下全球消费者的需求增长，保障商家安全公平的交易环境、提升消费者体验以及满足各国合规和安全要求，速卖通要求商家发布的商品符合目的市场的相关法律及规定。任何销往欧洲地区的商品需要严格符合欧盟相关的商品合规及商品安全要求。平台拟进一步加强售往欧盟的婴幼儿玩具、电子电器、小家电、装饰灯具、医疗器械、化妆品、珠宝饰品、运动户外、安全防护等品类的商品管控。商家需确保自己提供的商品符合销售国当地的相关法律法规。

具体类目的合规要求，平台将结合各国合规及法律安全要求，对于不满足目的国合规要求的商品，包括但不限于缺失 CE 证书，EMC/LVD 检测报告，ROHS 检测报告及商品外包装标签图（包含产品信息、生产企业信息、欧代责任人信息以及资质 Logo 及必要警示语）等，速卖通可能对相关商品屏蔽区域化市场，对于恶意规避的商品将执行下架扣分等处罚。

（三）韩国

为了应对当下全球出口商品需求增长、提高速卖通商品总体产品品质，保护消费者体验并满足韩国当地合规要求，平台将于 2023 年 7 月 20 日起，针对以下行业（部分见下表 7 - 5，详情请查询速卖通平台）的相关类目在商品发布页面开放韩国资质提交入口，请卖家尽快在商品发布页面补充完善商品的资质信息：资质信息模块：KC 认证编号、KC 认证证书和商品外包装/标签实拍图（需含 KC 标志、生产企业和韩国责任人信息，儿童用品需要包含适用年龄）。

表 7-5　速卖通平台关于部分商品的 KC 认证要求

【管控范围】(更新至2023年7月20日)

一级类目	二级类目	叶子类目	资质要求	KC认证类型	备注
玩具	游泳池/戏水等水上玩具	水枪	KC认证编号、KC认证证书和商品外包装/标签实拍图	KC安全认证	
玩具	游泳池/戏水等水上玩具	水上浮排/坐骑类漂浮玩具	KC认证编号、KC认证证书和商品外包装/标签实拍图	KC安全认证	
玩具	游泳池/戏水等水上玩具	水上滑梯	KC认证编号、KC认证证书和商品外包装/标签实拍图	KC安全认证	
玩具	游泳池/戏水等水上玩具	游泳池	KC认证编号、KC认证证书和商品外包装/标签实拍图	KC安全认证	

因当地商品合规和贸易风险，平台将于 2023 年 9 月 30 日陆续对未提交和未审核通过 KC 认证资质的商品进行韩国屏蔽。请卖家尽快完成合规要求和提交资质证明材料，以保障对韩贸易平顺。

管控开始执行后的违规和处罚如下：

1. 若商品未提交或通过平台的韩国 KC 资质审核，平台将对商品进行韩国市场的屏蔽。

2. 若上传资质材料与商品严重不符，平台将对商品进行冒证删除，并扣 6 分/次。

3. 若商品类目错放，平台处罚措施如下：

首次违规，下架商品（可编辑）；第二次违规，平台将删除商品。重复违规将升级处罚至删除扣 2 分。对于违规情况严重的账号，平台依据《全球速卖通"扰乱平台秩序"规则》执行以下处罚：严重：12 分/次（冻结账号 7 天）；特别严重：48 分/次（关闭账号）。

（四）巴西

商品从巴西境外运输到巴西境内时，即被视为进口。一般可通过国际邮政运输、快递运输或一般进口的方式进行进口业务。国际货运是指邮政和快递运输。海关完税价格指："购买价格＋运费＋保费＋（如有）"。该价格为计税基础。进口关税税率为60%，此外还需缴纳州增值税（State VAT – ICMS），具体税率根据买方所在州确定。海关完税价格不超过3000美元的进口订单，可适用简化税制（Simplified taxation regime – RTS）。除农业生产者、工匠和艺术家以外，个人进口商品不得用于转售目的；法人实体进口的商品（海关完税价格不超过3000美元的情况下）可用于转售目的，但每年的总金额不得超过10000美元；向单个买方的销售金额不得超过3000美元（一批进口商品可以包含多个商品，但需要详细列明）；巴西邮局或快递公司负责运输和清关。

速卖通平台国家规则

（五）中东

2023年7月，全球速卖通中东区域物流服务升级公告中指出，中东区域具有互联网渗透高、购买力强、客单价高等特征，所以一直是速卖通运营的重点市场之一，但目前邮政清关、VAT增值税邮局到付的履约体验不符合当地心智及消费习惯，也不符合本地及跨境电商的通用交付标准。为了向消费者和商家提供更好的交易服务和物流服务，帮助商家和消费者在线预付VAT税费、便利进口清关，助力卖家提升物流时效、降低物流成本，提升生意转化，速卖通平台联合菜鸟共同计划在中东区域自北京时间2023年7月25日起全面升级物流服务，速卖通提供技术服务，菜鸟向非仓发商家提供无忧集运物流服务及向优选仓商家提供无忧标准DDP服务。（详情请查询速卖通平台）

课堂互动

　　近年来，我国谈判并签署了多项含有电子商务专门章节的国际经贸协定，包括《中国—澳大利亚自由贸易协定》《中国—韩国自由贸易协定》和《中国—毛里求斯自由贸易协定》等。特别是2021年正式开始实施的《区域全面经济伙伴关系协定》（RCEP），在数字经济和电子商务领域涉及了更多前沿议题，作出了有益的尝试。数据显示，2022年我国进口、出口货物整体通关时间分别为32.02小时和1.03小时，比2017年分别缩短了67.1%和91.6%；我国沿海港口收费水平已低于日本、新加坡等周边国家，更大大低于欧美国家的港口收费水平；世界银行发布的《2023年物流绩效指数报告》显示，中国在全球物流绩效的排名已由上次的第26位升至第20位；2022年中国的消费品进口额达到1.9万亿元，跨境电商进口额就达到5600亿元。

　　我国积极参与构建跨境电子商务的国际规则体系，全面参与世界贸易组织电子商务规则谈判，并推动在我国签署的11个自贸协定中设立电子商务章节。中国的"丝路电商"伙伴国也已增加至22个。另一方面，2019年包括中国在内的部分世界贸易组织成员正式启动了电子商务谈判，目前参加这一谈判的成员已经达到了86个，这些成员覆盖了全球贸易的90%。

　　请大家讨论：

　　1. 我国积极推动跨境电商发展的通关政策有哪些？

　　2. 我国如何做才能为跨境电商安全发展营造良好的制度环境呢？

◇实训活动

实训项目：登录中国海关网站和商务部网站，了解最新跨境电商政策

　　步骤01：登录中国海关网站网址（http://www.customs.gov.cn/），点击导航栏，进入"互联网+海关"，了解商品检验和货物通关等模块内容。

　　步骤02：登录商务部网站网址（http://www.mofcom.gov.cn/），点击导航栏，进入公共服务模块，点击全球法规。

步骤 03：进入全球法律主页（http：//policy. mofcom. gov. cn/law/index. shtml）。

步骤 04：在全球法律主页，继续点击分别进入中国商务法规、中外条约、境外法规检索、境外法规、国际条约、出口商品技术指南，查看世界各国法律法规。

任务四　跨境电商 B2B 平台运营中的商家故事

◇学习目标

1. 能够学习到跨境电商 B2B 平台的价值
2. 能够通过创业者故事的讲述理解创业的价值
3. 能够提升自身的就业创业能力

◇建议课时

2 课时

◇情景描述

数据显示，近几个月我国化妆品类的商品零售额同比大幅增长，美妆市场回暖态势较好，潮流美妆再次成为业内关注的焦点。国产美妆品牌加速出海抢占国际市场，国货化妆品不仅在国内火了起来，在海外也成了"出圈"产品。同心锁口红等国产美妆产品将中式妆容、中国美学一并带"出海"。

在广东深圳一家美妆企业里，曾玲正在和同事准备出货前的样品校对，她告诉记者，他们发往非洲市场的第一批货品已经卖完了，现在急需补充新品。让曾玲开心的是，国外消费者对国产化妆品的需求有了不小的提升。广东深圳某美妆供应链企业市场部经理曾玲：出货现在 SKU（款式）选了大概二十多个，每个可能在六千到一万二的数量。可能是之前太过保守了，后来发现这个市场其实大有可为。某跨境电商平台负责人表示，美妆是国际站平台采购量排名前十的行业之一。今年海外活跃采购需求同比提升两成，北美和欧洲是核心需求市场，而中东和东南亚市场呈现高速增长趋势。日前发布的《RCEP 化妆品市场研究报告（东盟篇）》指出，2022 年中国出口至 RCEP 其他成员的化妆品总额，从 2021 年的 9.8 亿美元升至 15.1 亿美元，同比增长 53.8%，占中国化妆品出口总额的比重从 20.2% 上升至 26.4%。

请思考：国货出海，又卖爆了，商户急补货，为啥这么火？

◇活动实施

故事一 开门红：00 后开年赢百万订单，2023 年目标两倍增长

——在阿里巴巴国际站的创业故事

Mason，厦门斯美达轻工有限公司（下文简称斯美达）外贸负责人，带领团队 10 人运营国际站店铺，6 个月把店铺从零星做到三星，拿下千万业绩。2023年开年半个月，Mason 带领团队拿下 100 万美元的订单。

图 7-5 斯美达外贸负责人 Mason

斯美达成立于 2005 年，公司主要经营休闲鞋、运动鞋、板球鞋、曲棍球鞋、足球鞋、篮球鞋、举重鞋等专业功能鞋类。由斯美达研发和制造的 Jazba 品牌的专业功能鞋多次登上国际赛事，陪伴多国的运动员拿下好成绩。

在做国际站前，他们已经做了 15 年的传统外贸。2020 年开始，他们没办法出去开发新客户。市场整体大环境又不好，那时开发客户的压力很大，想着两条腿走路，线上线下一起做，于是他们选择了阿里巴巴国际站。国际站开通后，还没摸索清楚，线下的老客户就回流了。那时全球供应链受到影响，中国工厂反应最为迅速，在强大的供应链能力下，订单反而增长了，产能一度比较紧张，没有精力去关注国际站。线上店铺有客户咨询他们就回复，完全是守株待兔的方式。

2022 年他们增加了生产线，产能得到了释放，公司也把销售目标调整了，

他们才开始把心思放在了平台上面。2022年10月他开始组建了一个10人的外贸团队，在阿里巴巴国际站平台上进行精细化运营，加大广告的投入，同时店铺产品的布局，也重点突出产品竞争力和优势领域，于是询盘量相较于之前翻了一番，在强大的业务团队转化之下，订单量激增了很多。2023年春节后，店铺收到了很多新订单，有一些是线下客户裂变出来的。分析成功背后的原因主要有：

第一点，要有自己的产品和运营团队：他们公司有研发工程师和设计团队20人，产品从设计到模具都是自己开发，拥有专业鞋类专利数十项。产品素材都是工厂自己生产过的产品，然后自己进行拍照美化上传，做出产品差异化。

第二点，国际站店铺的标题和关键词的设置一定要覆盖全面：关键词设置，中间是营销词和属性词，核心词置末。要覆盖全面的意思就是要把行业产品词全部都覆盖掉，这样才会有足够的流量。

第三点，实力优品比重加高：实力优品要占到60%以上，实力优品和排名、权重有关系，一个店铺如果实力优品的占比较高的话，店铺的权重高，自然流量也会好。

第四点，不能走捷径，产品素材方面要招聘专业的美工与拍摄人员，店铺里的图片不能去其他网站下载，否则产品同质化严重会使P4P推广无效果。

第五点，在拍档的推荐下，他们用的是Alibaba. comPay本身就是属于新加坡的收款账号，客人一打款他们就能看到款项的对应轨迹，仅仅半天时间，款项就顺利到账。Mason要做的就是在电脑面前动一动鼠标，关联国际站信保订单，再把款项提走。从客人打款到提款成功，整个过程不到24小时，收汇的时效和顺畅度是他过去无法想象的，而且同比其他的收款工具，Alibaba. comPay的手续费也是比较良心的。

现在他们店铺运动休闲鞋和专业鞋的销售额是1:1，专业功能鞋在平台的流量其实是比较有限的。下一步将重点在国际站上运营休闲鞋、运动鞋，通过休闲鞋、运动鞋把店铺的流量做大，把星等级做一个快速的提升，设置定向推广，流量会更加的精准以收获更多的客户。2023年，他们的目标是1亿，为了这个目标，Mason和他的团队充满信心，并且全力以赴。

请思考：阿里巴巴国际站成立于1999年，是阿里巴巴集团的第一个业务板块，现已成为全球最大的数字化贸易出口平台，也是全球专业的国际外贸出口、海外 B2B 跨境贸易平台，拥有超过 1.5 亿注册会员，每天在平台上发布 30 万笔跨境采购需求。在阿里巴巴国际站开通店铺后，达到 Mason 和他的团队预想中的效果了吗？

故事二　我的"店铺心愿卡"：许下愿望愿你如愿
——在敦煌网的创业故事

一转眼，一流年，依稀记得 2022 过完年从家乡出发的情景，一年很快又要过完了……五年前，我刚从学校出来，那时候的自己就像现在网络上流传的"少赚就是亏""不赚会死"等一些看似搞笑却字字有力的句子一样渴望着做生意能挣到钱，却也和多数人一样漫无目的，无从下手。

2017 年一个夏天我在家"躺尸"，父亲比较严格总是要求我早睡早起，可是我总是爱睡懒觉，所以我和父亲多数时间横眉相对……所以我也暗下决心，有一天一定要振作起来，开辟一片天地，让父亲看看。后来有一天，高中的同学约我吃宵夜，吃饭过程中聊起，她的同学在大学期间卖鞋服就挺挣钱。由于和父亲的关系紧张，我在家待着也很无聊，就毅然决定出来，然后来到了莆田。就这样我遇见了人生中的第一个他——敦煌网。刚开始的一个多月时间，我都在了解鞋服类产品，仔细研究产品，琢磨销路情况。在敦煌网，我没有做太多的前期准备工作，就开了第一家店铺，上手就干，因为我认为马克思的一句话很对——实践是检验真理的唯一标准。

自此我每天都是在上传产品，因为我物欲很低，对美食也不敏感，所以几乎所有的时间都花在了敦煌网，学习别人的店铺，上一些好卖的产品，研究不同的环节和规则。就这样做了几个月，我的店铺开始小有成绩，月销售额达上万美金！我看见了希望，之后开了第二家、第三家，上链接、发货、售前、售后，越来越忙。当年年底我叫来了我的好朋友决定一起做，就这样一个小工作室成立了，慢慢发展到了现在，月销售额上百万美元！这里我说说我们敦煌网的电商经验，希望能够给大家带来一点帮助：

1. 首先是态度。这个世界上没有小事，你把它当大事，那就会有大成果。你把它当小事，那自然就是小果子。比如敦煌，你对它漫不经心，那么它只会让你感到疲惫，你对它认真负责，可能一个店就能做百万销售额。不要无所谓，面对事情，一定要认真对待并把它做好。

2. 要积极地发现问题，勇于发问，可以在脑海里经常问自己，这个数据是干吗用的？这个数据体现了什么问题？我要怎么优化这个数据？这样就能够不断地有新发现。如果按部就班，那可能你也会一成不变。

3. 店铺运营就像你开了一个小卖部，首先你要对自己负责，装修好自己店铺，更新好自己的产品，不能将就，比如产品图片做到满意后再上传，价格一定要设定在合理位置。其次，你要对每一位顾客负责，面对询盘、纠纷等问题及时解决，让客户满意才能带来更多收益。创业中间的困难自然是很多，很多！其间也曾想过放弃，但是现在回首看去，还算比较顺利！因为我们内心始终保持乐观。积极的人像太阳，照到哪里哪里亮；消极的人像月亮，初一十五不一样。所以不要让困难把你吓退，最后的回报足以释放我们心中所有的坚强。很庆幸我能遇见敦煌，很庆幸我可以和我的朋友们一起努力创业，中间有他们很多的鼓励和支持，我们相辅相成。

我的店铺心愿是：希望能和敦煌网一起持续发光、熠熠生辉。敦煌网让我少走了很多的弯路，感谢遇见，未来我们会竭尽全力，与敦煌携手并进，共创美好未来。

请思考：敦煌网集团由王树彤女士于 2004 年创立，是领先的 B2B 跨境电子商务交易平台。以在线交易为核心的 B2B + B2C 双赛道跨境平台，一站式布局全球千亿级市场，全方位的平台资源政策，赋能商家起步成长，帮助中小企业实现"买全球，卖全球"的梦想，助力中国品牌无忧出海。小成本也能开启跨境电商路，我们该如何与敦煌网进行创业合作呢？

◇实训活动

实训项目：体验跨境电商平台：阿里巴巴国际站和敦煌网卖家故事

步骤 01：登录阿里巴巴国际站网址（https：//www.alibaba.com/）"课程与分享"导航栏，点击"商家故事"

步骤 02：在"商家故事"里，查找并讲述卖家故事

步骤 03：登录敦煌网（https：//www.dhgate.com/），进入敦煌跨境课堂模块，查找跨境资讯，阅读并讲述卖家故事

任务五　跨境电商 B2C 平台运营中的商家故事

◎学习目标

1. 能够学习到跨境电商 B2C 平台的价值
2. 能够通过创业者故事的讲述理解创业的价值
3. 能够提升自身的就业创业能力

◎建议课时

2 课时

◎情景描述

2019 年 10 月底，速卖通在西班牙发布并落地了一项新的创新业务——AliExpressOCIO。OCIO 的西班牙语意思是休闲的意思。西班牙人民对这个词认可度非常高，因为这个词语可以涵盖一切和工作无关的活动，自然也就成了西班牙大多数人民都喜爱的全民运动。

AliExpressOCIO 作为创新业务，主要为本地消费者提供线上休闲娱乐虚拟商品。这也是速卖通为迎接天猫"双 11"全球购物狂欢节所采取的一个行动，旨在为海外商家创造新的商业机会，并为海外消费者提供多样性的商品选择，带来生活的便利和乐趣。

据悉，首批推出的 AliExpressOCIO 主要有 8 个卖家和 40 多种产品。其中，主要类别包括电子票、手机充值和餐饮折扣。另有 8 个子类别，分别是充值、西班牙 DJ 音乐派对门票、博物馆与文化、食品和饮料折扣、户外体验、喜剧节目、游乐园和本地到全球测试（如巴黎 Asterix 游乐园门票，葡萄牙波尔图旅游门票等）。到第三季度，计划招募多达 100 名卖家和 500 多种产品。

全球化是阿里的未来。为让客户和合作伙伴生意做得更好，让消费者生活得更好，阿里巴巴将进一步推进全球化、内需、大数据云计算三大战略，同时全面推进"阿里巴巴商业操作系统"的建设。

请思考：速卖通的创新业务为什么要搭天猫"双 11"快车入驻西班牙？

◇活动实施

故事一 95 后卖家创业故事：如何在速卖通从 0 做到同类目第一

成功的关键词有哪些？努力、机遇、选择等。在跨境电商行业，不同的人有不同的"成功学"。22 岁的朱黎航一毕业就扎进跨境电商领域，从入驻时的一窍不通到 5 个月完成蜕变成为银牌店铺，8 个月成为金牌店铺，两年内"双 11"销售额增长了近 10 倍。问其原因，朱黎航表示，是速卖通为他这样选择创业的大学生提供了平台。他初出校门，借速卖通平台实现创业抱负。他向同处跨境电商行业中的叔叔进行讨教，而这次谈话也影响了他的抉择，让他对便携式照明类目有了进一步的认识。便携式照明，是速卖通灯具这个大类目下增长较快的细分品类。有调查数据显示，经过近几年的发展，中国照明产业其实已经在从传统光源向 LED 转型的过程中取得明显进步，但与欧美等发达国家相比，中国制造在产品设计、工艺技术等方面仍有突破的空间。

未知是初创者面临的挑战，年轻却是 90 后够硬的资本。面对创业市场的严峻环境，借助速卖通平台的渠道优势，去开拓和布局海外市场，是朱黎航明确的致富目标。速卖通仍然是很多创业者的机会，并为年轻人创造了更多的可能。

如何了解和掌握更多店铺实操技巧？他选择了速卖通大学，通过十分系统的运营课程学习，积累了丰富的运营知识并付诸店铺日常实践。不只是老板这一个身份，朱黎航还化身"三头六臂"，同时担任运营、客服、美工以及物流等多重角色。针对商品详情页的图片设计，图文结合的浏览量、转发量和订单转化率是要比纯文字或图片类型的高 50% ~ 150% 不等；为增强页面的吸引力，卖家其实也可以在站内推广和站外推广的过程中搭配图表、视频的多样化使用。

虽说做不到无师自通，但朱黎航上手特别快，熟练地使用 PS、AI 等软件的同时，快速实现产品文案的落地和推广，通过系统学习和实践，短时间内实现单店一个月销售额 5 万美元的突破。从入行到越发熟稔，从一窍不通到得心应手，朱黎航默默地在背后付出了许多努力。2017 年，在备战创业以来的第一个"双 11"时，他果断决定从海外仓入手，选择了平台买家数量较为庞大的俄罗斯市场作为尝试，几款产品的出单数量涨幅明显。在此之后，他还参加了速卖通行业黑马商家培训计划，对平台整体的运营规划，有了更加清晰的认识。

在引流推广的阶段中，速卖通平台提供了较大的帮助。大促前一个月，通过达人营销联系了当时较有影响力的俄罗斯网红，以有偿的方式让其帮忙宣传速卖通店铺产品。"同时，借助网红的传播力告诉消费者，我们的店铺有俄罗斯海外仓收货快，可以尽量避免'双11'高峰期时包裹的长久等待。"

"黑五"的营销策略与"双11"基本一致，配合速卖通平台的互动，朱黎航更加放开了手脚："今年第一次参加'黑五'，价格扛得住的都上，大促的成交金额也接近'双11'的60%。接下来，我们还会针对'黑五'销量较大的国家，布局海外仓，做好引流产品和爆款产品的海外营销和本土化服务。"

未来会基于平台大数据和市场表现针对购买力较强的国家，相应调整不同的产品区域定价吸引购买力，与此同时也会继续跟上平台的步伐，寻找优良、低价的物流渠道。参加速卖通的平台活动，是帮助店铺短期内成长起来的重要推手。他建议卖家多多注重拓展关联类目，做创新产品，通过速卖通提高品牌在行业类目及海外市场的影响力。

请思考：最懂中国商家的跨境平台——速卖通于2010年平台成立至今已过10年，高速发展，日趋成熟。它覆盖全球220个国家和地区，主要交易市场为俄罗斯、美国、西班牙、巴西、法国等国，支持世界18种语言站点。流量瞩目，海外成交买家数量突破1.5亿。22个行业囊括日常消费类目，商品备受海外消费者欢迎，支持全球51个国家的当地支付方式。谈谈你对速卖通"全球速卖、货通天下"的理解。

故事二　全年营收2.5亿美元｜中国泳装品牌 Cupshe 出海案例

——在亚马逊平台的销售故事

Cupshe 由企业家 MikeZhao 于2015年创立，总部位于南京，供应链立足于广州。其主营的女式泳装与许多其他快时尚零售商的定位并无二致——主张以实惠的价格提供时尚泳装。然而，Cupshe 通过将品牌和用户体验放在首位，最终在高度饱和并且竞争激烈的市场中脱颖而出。

不过在一开始成立时，这只是一家提供各种产品的快时尚公司，没有主品类，产品差异化不明显——泳装只是其中之一。直到2016年，他们才开始做细分类目——泳装，并将他们的品牌和公司定位在这一特定类别上。

　　两年后的 2018 年，Cupshe 的全球消费群体超过 1000 万。于此，Cupshe 的品牌战略开始发挥作用，2019 年他们还推出了加大码泳装系列。为了与品牌对用户体验和参与度的重视保持一致，Cupshe 在推出新的包容性产品系列时还找了大码的红人进行带货营销，并且进行了专属的红人折扣营销以提高转化。这些来自红人（influencer）的 review 一方面增强了品牌的影响力，另一方面使 Cupshe 了解客户的想法和需求，在公司与消费者之间建立了沟通渠道。

　　创始人秉承"让消费者穿上合适的泳衣，让他们感到自信和美丽"的理念。他还表示：全球年轻人对时尚品牌的诉求，除了对产品和服务的诉求，还有对品牌文化认同的诉求。成功出海的中国品牌并不多。品牌的发展壮大需要综合竞争力和长期积累。提升品牌价值和品牌文化认同，努力成为全球领先的时尚和高品质沙滩装品牌。该公司现在正在扩大他们的产品线，并已跨入运动休闲领域。他们今年推出的最新产品包括紧身裤、毛衣和短裤等非泳装产品。

　　欧美市场对泳装的需求量非常大，近年来增长速度很快，美国女性每年购买 2.6 件泳装。为了进军欧美市场，Cupshe 做了大量的市场调研，在产品设计上更加大胆，注重突出身材曲线。产品主打性感比基尼，设计和卖点更突出身材曲线，符合欧美人的审美和穿着风格。在主打泳装系列的基础上，泳装种类不断丰富，男装和儿童泳装产品线也在不断壮大。目前已成为全球最大的专注于海滩场景的跨境电商品牌。尽管女性消费者一直是泳装市场的主力军，但近年来，男士泳裤、沙滩装和儿童泳装市场增长迅速。

　　对于服装行业的海外品牌来说，强大的国内供应链和物流体系是保障产品更新和补货的基础。同时，和 Shein 一样，Cupshe 的成功，也离不开国内的供应链支持。在成本控制和市场定价方面，Cupshe 一直占据着市场的主导地位，这也成功地将品牌牢牢地打入了欧美消费者的心中。除了价格优势，而且产品款式、设计、图案等都非常新颖，对于大多数消费者来说，完全没有消费压力，高价位的产品最容易抢占市场。Cupshe 在品牌推广方面的投入比较全面。从 Youtube 到 Facebook、Pinterest、Instagram，都有大量博主对 Cupshe 泳装产品进行开箱测评和反馈。Cupshe 在与红人进行合作分享产品的同时也会和红人进行带货的合作，比如为博主的粉丝提供不同的专属 code，从而进行 CPS 的佣金合作等。当然，Cupshe 自己的社交账号也聚集了大量的私域流量。在 Instagram

上，Cupshe 的粉丝已经超过 100 万并且积极地与粉丝进行互动，一方面提升了用户体验，另一方面也增加了品牌感的树立。

将亚马逊和独立站营销的方式相结合，在品牌出海的前期是，"先做独立站还是先做亚马逊"，在 Cupshe 的市场策略里则对这两种做了一个很好的结合。在初期当 Cupshe 品牌在亚马逊上拥有更多的受众后，他们就开始利用其庞大的客户群将一些流量引导至他们自己的独立站。亚马逊仍然是 Cupshe 成功的重要因素。尽管在线市场上可用的产品线有限，但该公司在亚马逊的销售额仍然大幅增长了 131%。

Cupshe 在营销当中很多营销亮点都是可以被模仿和学习的。选择蓝海有市场需求的品类，做好流量引入，保持产品和供应链优势，为转化提供更多可以信赖的 review 和达人背书等等。现如今在市场产品同质化逐渐加剧的情况下，如果不想卷价格，那必然要做差异化运营，而进行场景化营销是一种很好的思维打开方式。Cupshe 的成功可以归因于在饱和、竞争激烈的国际市场中，能够专注于用户体验和品牌，以及他们愿意适应和追随市场趋势。Cupshe 的策略在其业务的各个层面都很清晰：无论他们是发布新产品线以跟上潮流，还是战略性地吸引客户访问他们自己的网站，Cupshe 清楚地明白品牌营销的重要性。

请思考：亚马逊成立于 1995 年 7 月，总部在美国西雅图。2015 年，亚马逊全球开店业务进入中国，旨在借助亚马逊全球资源，帮助中国卖家抓住跨境电商新机遇，发展出口业务，拓展全球市场，打造国际品牌。目前，亚马逊在美国、加拿大、墨西哥、英国、法国、德国、意大利、西班牙、荷兰、瑞典、比利时、日本、新加坡、澳大利亚、印度、阿联酋、沙特和波兰等 18 个海外站点已面向中国卖家开放，吸引数十万中国卖家入驻。谈谈 Cupshe 在亚马逊平台销售成功的原因有哪些。

故事三　Wish 平台成功案例分享

Wish 平台的创业历程，怎样一步步实现大学生的成功逆袭。以下是一个大学生的自述：

我是浙江某职业技术学院大二的一名学生，一次偶然的机会让我接触到一个平台，可以说它彻底改变了我的人生，那就是 Wish。在学校的学习和实践中，我有机会接触当前最新的创业政策、资讯，参加过学校组织的网络创业培训班，以及学校的跨境电商校企合作，所以我毫不犹豫地选择和抓住了这次机会！

我准备做移动端购物平台——Wish 业务，因为我相信移动端购物一定会是未来的趋势，这也是 Wish 能在众多知名跨境电商平台中脱颖而出，成为跨境电商中的一匹"黑马"的原因。

第一道坎——PS 基础为零。由于从来没有接触过 Photoshop，我必须要从零开始学，否则连最基本的产品发布都完成不了。不过我对自己学习新事物的能力充满了信心，我从最简单的创建图片开始，别人一天能完成 6 个产品的作图，我要求自己必须在相同的时间内完成 12 个，并且要保证质量，处理好每一个细节。我们一开始做的是男装图，主图要有足够的吸引力；第二张是尺码表，要保证客户能选到合适的尺码，要有所有颜色衣服的拼图，以方便客户选择合适的颜色，还要做好细节图、内衬图。过了一个星期，我总算填平了 PS 的"坑"！

第二道坎——英语词汇量小。图片做完之后，接下来就是发布产品。我们知道 Wish 产品的出售要依赖系统按 Tags 的推送，那么 Tags 的设置就至关重要。我的英语基础差，词汇量小，根本定不出 10 个 Tags，怎么办？好记性不如烂笔头，我首先去看速卖通的大分类，记下它们的名称，然后找到爬虫软件，把 Wish 的一些热销词及场景词记下来，每做一个品类我都会这样做，慢慢积累下来，就能把 Tags 写齐了。接下来我就通过各大论坛、跨境电商媒体、微信公众号等渠道，去收集 Wish 的干货信息，不放过任何一个细节。书读百遍其义自见，我慢慢总结出了自己定 Tags 的技巧。

1. 看平台爆款鞋子的款式

目的：我想大家都想得到，这是看国外客户主要喜欢哪些款式的鞋子，后期选品时可以往这方面靠，来增加产品的出单率。我把平台的爆款都截图存着，只要给我看产品的主图，我就知道它一天可以出多少单！

2. 看收藏与购买的比例

目的：由比例的大小可以看出受欢迎的程度。如果这件产品收藏量非常大，但是购买量很小，多数是因为价格的问题，我就会记录下这一款，看价格是否有下降的空间、有挖掘的潜力。

3. 看评价

目的：我看的多数是1星或者2星的评价，因为这些是可以改正的点，也正是我的下手点。假如客户评价产品物流慢，那么我就要考虑按照现在的物流速度是否能避免这种情况。除了观察之外你还需要去分析。

（1）分析爆款主图是怎么样的，跟卖为什么就卖不好，为什么跟卖的可以"干掉"爆款等。

（2）分析爆款详情是怎么设置的，是否有独特之处。

（3）分析怎么设置阶梯价格，提高产品转化率。

2016年10月，我有了独立运营平台的能力，成立了一家新的公司。店铺通过审核的第二天就出单了。我们确定的目标是年销售额1000万元，2016年底，我们实际完成的销售额远远超出了这个目标！从以前的跟卖步入了爆款的二次开发阶段，对产品的卖点进行了更加深入的挖掘！在退款率的降低、产品的维护、客户购买体验等细节方面做了以下处理：

1. 产品的二次开发

国外消费者的体型偏胖，但是中国产的衣服尺寸会偏小，所以我们会从爆款中选出几款，联系厂家做加大尺码的衣服，加大到5XL。为什么要选爆款呢？因为这款产品是受客户认可的，我们在这个时候去开发这款产品，一来会减少囤货的风险，二来可以提升产品的转化率。Wish的推送就是钱，如果在相同的推送量下你的产品的产出率比别人的高，那么Wish有什么理由不推送你的呢？

2. 对产品卖点的深入挖掘

当时平台上有一款充气沙发卖得非常好，但是我们发现得比较迟，那么我们是怎样实现弯道超车的呢？要抓住客户的心理，我们知道Wish平台的客户多数是"90后"，喜欢新奇的产品，同时他们也喜欢发光的东西，所以我们就在产品中加入了用USB充电的户外夜行灯，新产品带来的视觉冲击，让产品变得非常奇特，所以新产品获得了不错的销量！

3. Fashion类目的退款率

Fashion类目的退款率居高不下一直是一个难题，我们想了很多办法。最后我们在产品附图及详情中加入了尺码表，来告知客户产品的尺寸，虽然对每件产品都要做尺码表会非常烦琐，但是这大大降低了产品的退款率。

我们就凭着对细节的处理，每天要求自己进步一点点，一年积累下来，就有了巨大的进步！2016年8月我通过了 Wish 官方讲师的认证，10月我在深圳的 Wish 年会上也分享了我选品的经验，以及一路走来的心路历程。我希望更多像我一样的年轻人加入 Wish，专注地去做 Wish，在任何时候都要相信 Wish，Wish 一定会给你们大大的惊喜！

请思考：Wish 平台是一个全球性的电商平台，通过连接卖家和买家，提供各种商品和服务，如时尚配件、电子设备、家居用品、美容化妆品等，是一款移动电商购物 APP。由 ContextLogic 于 2011 年独立设计开发，平台通过反复计算以及消费者行为和偏好的分析的个性化产品。Wish 平台的特点和优势是什么？大学生如何利用 Wish 平台进行创业呢？

◎实训活动

实训项目：登录跨境电商平台：速卖通、亚马逊和 Wish 找寻卖家创业故事

步骤01：登录速卖通卖家网址（https：//sell. aliexpress. com），点击进入卖家故事导航栏

步骤02：点击卖家成功故事，进入页面，可以看到多个成功故事分享

步骤03：登录亚马逊中国平台网址（https：//origin - www. amazon. cn/），了解商家故事

步骤04：登录 Wish 平台网址（https：//origin - www. amazon. cn/），了解商家故事

任务六　任务测评

一、填空题

1. 环球资源网最早建立于_____，是世界上第一个国际贸易在线平台，为从中国及整个亚洲采购的全球买家提供采购资讯和服务。

2. _____是指以整合各类环节服务为基础，然后统一投放给跨境电商企业，主要的服务包括融资、通关、退税以及物流、保险等外贸必需环节，盈利也来自服务的批发和零售。

3. 跨境电商快递流程包括 _____、_____、_____、_____、_____、_____等环节。

4. _____是指将商品从出口的海关、物流部门和其他相关机构出口，进入进口的海关、物流部门和其他相关机构的过程。

5. 报关是指货物、行李和邮递物品、运输工具等在进出关境时，由其所有人或其代理人向_____申报，交验规定的单据、证件，请求_____办理进出口有关手续的全过程。

二、选择题

1. 外贸综合服务平台呈（   ）发展趋势。

A. 快速发展   B. 多元化

C. 国际化   D. 单一化

2. 报关报检面向企业端整合形成"四个一"，即（   ）。

A. 一张报关单   B. 一套随附单证

C. 一组参数代码   D. 一个申报系统

3. 为符合韩国当地合规要求，对商品类目错放，速卖通平台处罚措施（   ）。

A. 首次违规，下架商品

B. 第二次违规，平台将删除商品

C. 重复违规将升级处罚至删除扣 4 分

D. 对于违规情况严重的账号扣 12 分/次

4. 出口商向海关报检时，出口方应该在报关之日的前（   ）天备齐所需要的单证向检验检疫局申报。

A. 一   B. 二   C. 三   D. 五

5. 进出口商向海关报关时，需提交以下单证（   ）。

A. 进出口货物报关单   B. 货物发票

C. 货物装箱单   D. 出口收汇核销单

三、简答题

1. 一达通操作分为哪两种模式？

2. 跨境电商商品的报关流程包括哪些？

3. 清关流程是什么？

4. 货物被海关扣关的原因有哪些？

5. 要避免国际包裹被海关扣留，卖家要做的工作有哪些？

四、案例分析题

共创开放繁荣的美好未来

2018 年，我国开始举办第一届进博会，习近平主席说，举办进博会就是要扩大开放，让中国大市场成为世界大机遇。现在，进博会已经成为中国构建新发展格局的窗口、推动高水平开放的平台、全球共享的国际公共产品。开放是人类文明进步的重要动力，是世界繁荣发展的必由之路。我们要以开放纾发展之困、以开放汇合作之力、以开放聚创新之势、以开放谋共享之福，推动经济全球化不断向前，增强各国发展动能，让发展成果更多更公平惠及各国人民。

中国共产党第二十次全国代表大会强调，中国坚持对外开放的基本国策，坚定奉行互利共赢的开放战略，坚持经济全球化正确方向，增强国内国际两个市场两种资源联动效应，不断以中国新发展为世界提供新机遇，推动建设开放型世界经济。中国将推动各国各方共享深化国际合作机遇，推动贸易和投资自由化便利化，共同培育全球发展新动能，积极推进加入《全面与进步跨太平洋伙伴关系协定》和《数字经济伙伴关系协定》，扩大面向全球的高标准自由贸易区网络，推动构建人类命运共同体。"山重水复疑无路，柳暗花明又一村。"路就在脚下，光明就在前方，让开放为全球发展带来新的光明前程！

请思考：在全球经济发展面临的困难和挑战的情况下，我国该如何继续发挥好外贸综合服务平台的作用呢？

任务七 任务总结与评价

一、任务总结

【学习目标】

1. 能以小组形式，对学习过程和实训成果进行汇报总结

2. 完成对学习过程的综合评价

【建议课时】

1～2 课时

【活动实施】

以小组为单位，选择 PPT、图片、海报、视频等形式中的一种或多种，向全班展示、汇报学习成果。汇报的内容从以下内容中三选一，具体包括：

1. 外贸综合服务平台的操作流程汇报

2. 跨境电商商品的通关规定举例

3. 讲述跨境电商平台运营中的商家故事和学习感悟

二、综合评价表

姓名：			学号：	日期：			
评价项目	评价内容	评价标准	评价方式			创新能力（创新性建议或者做法）	综合等级
			自我评价	小组评价	老师评价		
职业素养	学习态度	A. 积极参与活动，全勤 B. 缺勤达本任务总学时的 10% C. 缺勤达本任务总学时的 20% D. 缺勤达本任务总学时的 30% 及以上					
	团队合作	A. 与同学沟通、合作意识强 B. 与同学沟通、合作意识较强 C. 与同学沟通、合作意识一般 D. 与同学沟通、合作意识较差					
	执行能力	A. 按时保质完成任务能力强 B. 按时保质完成任务能力较强 C. 按时保质完成任务能力一般 D. 按时保质完成任务能力较差					

| 姓名： | | | | 学号： | 日期： | |

评价项目	评价内容	评价标准	评价方式			创新能力（创新性建议或者做法）	综合等级
			自我评价	小组评价	老师评价		
专业能力	任务一 外贸综合服务平台的介绍	A. 学习活动评价成绩为 90～100 分 B. 学习活动评价成绩为 80～89 分 C. 学习活动评价成绩为 60～79 分 D. 学习活动评价成绩为 0～59 分					
	任务二 一达通合作模式及操作流程	A. 学习活动评价成绩为 90～100 分 B. 学习活动评价成绩为 80～89 分 C. 学习活动评价成绩为 60～79 分 D. 学习活动评价成绩为 0～59 分					
	任务三 跨境电商商品的通关规定	A. 学习活动评价成绩为 90～100 分 B. 学习活动评价成绩为 80～89 分 C. 学习活动评价成绩为 60～79 分 D. 学习活动评价成绩为 0～59 分					
	任务四 跨境电商B2B平台运营中的商家故事	A. 学习活动评价成绩为 90～100 分 B. 学习活动评价成绩为 80～89 分 C. 学习活动评价成绩为 60～79 分 D. 学习活动评价成绩为 0～59 分					
	任务五 跨境电商B2C平台运营中的商家故事	A. 学习活动评价成绩为 90～100 分 B. 学习活动评价成绩为 80～89 分 C. 学习活动评价成绩为 60～79 分 D. 学习活动评价成绩为 0～59 分					
	任务六 任务测评	A. 学习活动评价成绩为 90～100 分 B. 学习活动评价成绩为 80～89 分 C. 学习活动评价成绩为 60～79 分 D. 学习活动评价成绩为 0～59 分					
加分							
最终得分							

参考文献

[1] 邓志超，崔慧勇，莫川川. 跨境电商基础与实务［M］. 北京：人民邮电出版社，2017.

[2] 麓云. 跨境电商：速卖通开店、推广、运营一册通［M］. 北京：清华大学出版社，2016.

[3] 陈道志，卢伟. 跨境电商实务［M］. 北京：人民邮电出版社，2017.

[4] 覃广林，陈媛. 跨境电子商务［M］. 北京：中国财富出版社，2017.

[5] 农家庆. 跨境电子商务［M］. 北京：清华大学出版社，2020.

[6] 张冠凤，邱三平，刘亚节. 跨境电子商务［M］. 镇江：江苏大学出版社，2021.

[7] 杜小样. 网店客服技能一体化实训教程［M］. 广州：华南理工大学出版社，2020.

[8] 李倩. 跨境电子商务［M］. 北京：中国财富出版社，2020.

[9] 杜鹃，王冰，蔡君如. 跨境电商运营［M］. 西安：电子科技大学出版社，2020.

[10] 余以胜，吕星海，杨泽乾. 跨境电商实务——速卖通运营与实操［M］. 北京：人民邮电出版社，2022.